全国各类院校财经管理专业基础课规划教材

税　法

主　编　马文君　李　静　曹亚晖

副主编　张志宇　方　莹　李增欣　赵丽洪

中国商业出版社

图书在版编目(CIP)数据

税法/ 马文君,李静,曹亚晖主编.—北京:中国商业出版社, 2014.3

ISBN 978-7-5044-8332-4

Ⅰ.①税… Ⅱ.①马…②李…③曹… Ⅲ.①税法-基本知识-中国 Ⅳ.①D922.22

中国版本图书馆 CIP 数据核字(2013)第 275766 号

责任编辑:孙启泰

中国商业出版社出版发行

010-63180647 www.c-cbook.com

(100053 北京广安门内报国寺 1 号)

新华书店总店北京发行所经销

北京航天伟业印刷有限公司印刷

* * * * *

787×1092 毫米 16 开 15.75 印张 280 千字

2014 年 3 月第 1 版 2014 年 3 月第 1 次印刷

定价:35.00 元

* * * *

(如有印装质量问题可更换)

前　言

税法是财务会计类专业的专业核心课，也是会计师、经济师、注册税务师等经济类行业资格证书考试的必考内容，具备一定的税收法律知识是从事财务类岗位工作人员必备的专业素质。

本书以最新颁布实施的政策规定为依据，力求教材内容能体现最新的税收法律，同时为保证课程内容与职业资格证书考试的对接，也参考和借鉴了一些资格类考试的教材，另外，根据高职高专的教学特点和人才培养目标定位的要求，在内容安排上遵循“适度、够用”的原则，确保知识的实用性和内容的简洁性。

本书的主要内容包括三个部分，第一部分税法概述即第一章，主要讲述税法的基本知识；第二部分税收实体法，是本教材的重点内容，即第二章到第十二章，主要讲目前我国开征的主要税种的计算及征收管理；第三部分程序法，即第十三章到第十四章，讲述税收征收管理、税务行政法制等内容。

本教材由秦皇岛职业技术学院马文君、李静、曹亚晖担任主编，秦皇岛职业技术学院张志宇、方莹、李增欣、赵丽洪担任副主编，全书由马文君负责总体方案策划并进行统稿。

在教材编写过程中，我们参阅、借鉴和引用了大量国内外的书刊资料和业界的研究成果，并得到了实践经验丰富的注册会计师等有关财税专家的指导，在此表示衷心的感谢。由于水平有限，书中难免有疏漏和不足之处，恳请同行和读者批评指正。

编者

2014 年 3 月

目　录

■ 第一章　税法概述

【学习目标】

通过学习，了解税收与税法的基本知识、税法的原则和作用、税收征管范围的划分；掌握税法的原则的内涵和税收法律关系的构成；重点掌握税法的构成要素。

第一节　税收与税法

一、税收的概念与特征

税收是国家凭借政治权力，按照法定标准和程序参与社会产品或国民收入分配，强制和无偿获取的财政收人。作为分配范畴的税收是国家赖以生存并发挥其职能的物质基础。当今，税收不仅是国家稳定、可靠取得财政收入的主要形式，更是政府充当宏观调控的经济杠杆。为此，世界各国政府都高度重视税收征管立法，积极培育和有效保护税源，确保税收的稳定性。

从本质上说，税收反映的是一种国家与纳税人之间的分配关系，具体表现为国家与各类纳税人之间、纳税人相互之间以及各级政府之间的分配关系。从形式特征上看，税收具有强制性、无偿性和固定性的特征。

1. 强制性

所谓强制性主要指国家以社会管理者的身份，运用法律、法规等形式对征收捐税加以规定，并依照法律规定强制征收。

2. 无偿性

无偿性指国家征税后税款即成为财政收入，不再直接归还纳税人，也不支付任何报酬。

3. 固定性

固定性是指国家在征税之前，以法的形式预先规定了征收标准和征收程序。

二、税法的概念

税法是国家制定的，用以调整国家与纳税人之间在征纳税方面的权利及义务关系的法律规范的总称。它是国家及纳税人依法征税、依法纳税的行为准则。其目的是保障国家利益和纳税人的合法权益维护正常的税收秩序，保证国家的财政收入。

税法与税收二者密不可分，有税必有法，无法不成税。税法是税收的法律表现形式，税收则是税法所确定的具体内容。现代国家大多奉行立宪征税、依法治税的原则，即政府的征税权由宪法授予，税收法律须经议会批准，税务机关履行职责必须依法办事，税务争议要按法定程序解决。简而言之，国家的一切税收活动，均以法定方式表现出来。因此，税法属于国家法律体系中一个重要的部门法，它是调整国家与各个经济单位及公民个人分配关系的基本法律规范。

三、我国税收的立法原则

税收立法原则是指在税收立法活动中必须遵循的原则。我国的税收立法原则是根据我国的社会性质和具体国情确定的，是立法机关根据社会经济活动、经济关系，特别是税收征纳双方的特点确定的，并贯穿于税收立法工作始终的指导方针。税收立法主要应遵循以下原则：

1. 从实际出发原则

贯彻这个原则，首先要求税收立法必须根据经济、政治发展的客观需要，反映客观规律，也就是从中国国情出发。充分尊重社会经济发展规律和税收分配理论。其次。要客观反映一定时期国家、社会、政治、经济等各方面的实际情况，既不能被某些条条框框所束缚，也不能盲目抄袭别国的立法模式。在此基础上，充分运用科学知识和技术手段，不断丰富税收立法理论，完善税法体系，以适应社会主义市场经济发展的客观需要。

2. 公平原则

所谓公平，就是要体现合理负担原则。在市场经济体制下，参加市场竞争的各个主体需要有一个平等竞争的环境，税收的公平性是实现平等竞争的重要条件。具体体现在：

(1)从税收负担能力上看，负担能力大的应多纳税，负担能力小的应少纳税，没有负担能力的不纳税；

(2)从纳税人所处的生产和经营环境看，由于客观环境优越而取得超额收入或级差收益者应多纳税，反之少纳税；

(3)从税负平衡看，不同地区、不同行业间及多种经济成分之间的实际税负必须尽可能公平。

3. 民主决策原则

坚持这个原则，要求税收立法的主体应以人民代表大会及其常务委员会为主，按照法定程序进行。对税收法案的审议，要进行充分的辩论，倾听各方面意见，并做到立法过程的公开化，让广大公众及时了解税收立法的全过程，从而使税收法案尽可能完善。

4. 原则性和灵活性相结合原则

为了保证税法制定后在全国范围内、在各个地区都能贯彻执行，不致与现实脱节，又要求在制定税法时，不能规定得过细过死。这就要求必须坚持原则性与灵活性相结合的原则。我国是一个幅员辽阔、人口众多、多民族的国家，各地区的经济、文化发展水平不甚平衡。因此，国家制定税法时，必须贯彻法制的统一性与因时、因地制宜相结合，在某些情况下，应当允许地方在遵守国家法律、法规的前提下，制定适合当地的实施办法。

5. 法律的稳定性、连续性与废、改、立相结合的原则

税法一旦制定，在一定阶段内就要保持其稳定性，不能朝令夕改，变化不定。如果税法经常变动，不仅会破坏税法的权威和严肃性，而且会给国民经济生活造成非常不利的影响。

但是，这种稳定性不是绝对的，随着国内政治、经济状况的发展，税法也要做相应的修正。在保持税法连续性的基础上，非常有必要总结实践经验，进一步完善原有的税法或者制定新的税法，以适应发展着的社会需要。此外，还必须注意保持税法的连续性，即税法不能中断。在新的税法未制定前，原有的税法不应随便中止、失效；在修改、补充或制定新的税法时，应保持与原有税法的承继关系，应在原有税法的基础上，结合新的实践经验，修改、补充原有的税法和制定新的税法。只有遵循这个原则，才能制定出符合社会政治、经济发展规律的税法。

四、税法的分类

对税法进行分类研究，便于人们进一步认识不同税法类别的功能，进而逐步完善税法体系。按各税法的立法目的、征税对象、权限划分、适用范围、职能作用的不同，可将税法分为不同类型：

1. 按照税法的职能作用的不同，可分为税收实体法和税收程序法。

(1)税收实体法 税收实体法是规定税收法律关系主体的实体权利、义务的法律规范的总称。其主要内容包括纳税主体、征税对象、税目、税率、减免税等，是国家向纳税人行使征税权和纳税人负担纳税义务的要件。税收实体法直接影响到国家与纳税人之间权利义务的分配，因而是税法的核心部分。没有税收实体法，税法体系就不能成立。

(2)税收程序法 税收程序法是税收实体法的对称。它是以国家税收活动中所发生的程序关系为调整对象的税法，是规定国家征税权行使程序和纳税人履行纳税义务程序的法律规范的总称。其内容主要包括税收确定程序、税收征收程序、税收检查程序和税务争议的解决程序等。它是关于如何实施税法的法律规范，是税法体系的基本组成部分。《中华人民共和国税收征收管理法》即属于税收程序法。

2. 按照税法的立法主体与效力不同，可分为税收法律、税收法规和税收规章。

(1)税收法律 我国税收法律是由全国人大及其常委会制定的，其法律地位和法律效力仅次于宪法，但高于税收法规、规章。在我国现行的税法体系中，《中华人民共和国个人所得税法》、《中华人民共和国企业所得税法》和《中华人民共和国税收征收管理法》以及 1993 年 12 月全国人大常委会通过的《关于外商投资企业和外国企业适用增值税、消费税、营业税等税收暂行条例的决定》都是税收法律。

(2)税收法规 我国税收法规由国务院制定的税收行政法规和地方立法机关制定的地方税收法规两部分构成，其效力低于宪法、税收法律，但高于税收规章。其具体形式主要是条例或暂行条例，如《中华人民共和国增值税暂行条例》、《企业所得税法实施条例》、《税收征收管理法实施细则》等，都是税收行政法规。税收行政法规构成我国税收立法的主要形式。

(3)税收规章 税收规章是指国家税收管理部门、地方政府根据其职权和国家最高行政机关的授权，依据法律、法规制定的规范性税收文件。在我国具体指由财政部、国家税务总局、海关总署以及地方政府在其权限内制定的有关税收的办法、规则、规定，如《税务代理试行办法》等。税收规章的法律效力较低，一般情况下，税收规章不作为税收司法的直接依据，而只作为参考。

3. 按照税法的基本内容和效力的不同，可分为税收基本法和税收普通法。

(1)税收基本法 也称税收通则，是税法体系的主体和核心，在税法体系中起着税收母法的作用。其基本内容一般包括：税收制度的性质、税务管理机构、税收立法与管理权限、纳税人的基本权利与义务、征税机关的权利和义务、税种设置等。我国目前还没有制定统一的税收基本法，随着我国税收法制建设的发展和完善，将研究制定税收基本法。

(2)税收普通法 税收普通法是根据税收基本法的原则，就某一纳税人、征税对象或税收问题单独设立的税收法律、法规或规章。它是相对于税收基本法而言的，受税收基本法约束和指导。

4. 按照税法征收对象的不同，可分为四种：

(1)对流转额课税的税法 主要包括增值税、营业税、消费税、关税等税法。这类税法的特点是与商品生产、流通、消费有密切联系。对什么商品征税，税率多高，对商品经济活动都有直接的影响。

(2)对所得额课税的税法 主要包括企业所得税、个人所得税等税法。其特点是可以直接调节纳税人收入，发挥其公平税负、调整分配关系的作用。

(3)对财产、行为课税的税法 主要是对财产的价值或某种行为课税。包括房产税、印花税等税法。

(4)对自然资源课税的税法 主要是为保护和合理使用国家自然资源而课征的税。我国现行的资源税就属于资源课税的范畴。

5. 按照主权国家行使税收管辖权的不同，可分为国内税法、国际税法、外国税法等。

(1)国内税法 国内税法一般是按照属人或属地原则，规定一个国家的内部税收制度。国内税法是指一国在其税收管辖范围内调整税收分配过程中形成的权利义务关系的法律规范的总称。通常所说的税法即指国内税法。

(2)国际税法 国际税法是指调整国家与国家之间税收权益分配的法律规范的总称。主要包括双边或多边国家间的税收协定、条约和国际惯例等。

(3)外国税法 外国税法是指外国各个国家制定的税收法律制度。

6. 按照税收收入归属和征收管辖权限的不同，可分为中央税、地方税和中央与地方共享税。

(1)中央税 中央税属于中央政府的财政收入，由国家税务局征收管理如消费税、关税等为中央税。

(2)地方税 地方税属于各级地方政府的财政收入，由地方税务局征收管理，如城市维护建设税、城镇土地使用税等为地方税。

(3)中央与地方共享税 中央与地方共享税属于中央政府和地方政府的共同收入，目前主要由国家税务局征收管理，如增值税。

五、税法的作用

由于税法调整的对象涉及社会经济活动的各个方面，与国家的整体利益及企业、单位、个人的直接利益有着密切的关系并且在建立和发展我国社会主义市场经济体制中，税法体现了税收政策和税收内在规律，正确认识税法的作用，对人们在实际工作中准确地把握和认真执行税法的各项规定是很有必要的。在我国社会主义市场经济条件下，税法主要有以下几方面的作用：

1. 税法是国家稳定取得财政收入的法律保障

保证国家财政需求是税收最根本的职能。为了保证税收这一根本职能的发挥，必须通过制定税法，以法律的形式确定企业、单位和个人履行纳税义务的具体项目、数额和纳税程序，惩治偷逃税款的行为，防止税款流失，保证国家依法征税，及时足额地取得税收收入。

2. 税法是国家宏观调控经济的法律手段

税收作为国家宏观调控的重要手段，通过制定税法，以法律的形式确定国家与纳税人之间的利益分配关系，调节社会成员的收入水平，合理配置社会资源，使之符合国家的宏观经济政策；同时按税法的公平原则要求，公平税负，鼓励平等竞争，为市场经济的发展创造良好的条件。

3. 税法对维护经济秩序有着重要的作用

从一定层面上看，市场经济就是法制经济。一切经济活动都是在一定的法律规范保护和约束下有规则地进行着。由于税法的贯彻执行，涉及从事生产经营活动的每个单位和个人，一切经营单位和个人通过办理税务登记、建账建制、纳税申报，其各项经营活动都将纳入税法的规范制约和管理范围。都将较全面地反映出纳税人的生产经营情况。这样税法就能够监督经营单位和个人依法经营，加强经济核算，提高经营管理水平。同时，税务机关按照税法规定对纳税人进行税务检查，严肃查处偷逃税款及其他违反税法规定的行为，也将有效地打击各种违法经营活动，为国民经济的健康发展创造良好、稳定的经济秩序。

4. 税法是正确处理税收分配关系的法律依据

由于国家征税直接涉及纳税人的切身利益，如果税务机关随意征税就会侵犯纳税人的合法权益，影响纳税人的正常经营，这是法律所不允许的。税收的特征决定了国家需要一套具备权威性、且对征纳税双方都具有约束力的规范标准。如果没有这样一套客观公正的标准，就不能判定纳税人是否及时足额纳税；另一方面国家的课税权一旦不受任何约束，征收无度无序，纳税人的合法权益也可能得不到有效的保障。因此，税法在确定税务机关征税权力和纳税人履行纳税义务的同时，相应规定了税务机关必尽的义务和纳税人享有的权利，如纳税人享有延期纳税权、申请减税免税权、多缴税款要求退还权、不服税务机关的处理决定申请复议或提起诉讼权等。税法还严格规定了对税务机关执法行为的监督制约制度，如进行税收征收管理必须按照法定的权限和程序行事，造成纳税人合法权益损失的要负赔偿责任等。因此，税法不仅是税务机关征税的法律依据，同时也是纳税人保护自身合法权益的重要法律依据。

5. 税法是维护国家权益，扩大对外交流的可靠保证

国际经济交往中，任何国家对在本国境内从事生产、经营的外国公司、企业或个人都拥有税收管辖权，这是国家权益的具体体现。税收采用法的形式，无疑有助于提高税收维护国家权益的权威性，便于在签订有关双边或多边国际税收协议时，对等处理税收利益关系，同时也有益于消除外商对我国税收政策稳定性的疑虑，从而更好地吸引外资。

第二节　税法的原则与税收法律关系

一、税法的原则

税法的原则反映税收活动的根本属性，是税收法律制度建立的基础。税法原则包括税法基本原则和税法适用原则。

1. 税法基本原则

税法基本原则是统领所有税收规范的根本准则，为包括税收立法、执法、司法在内的一切税收活动所必须遵守。

（1）税收法定原则。

税收法定原则又称为税收法定主义，是指税法主体的权利义务必须由法律加以规定，税法的各类构成要素皆必须且只能由法律予以明确。税收法定主义贯穿税收立法和执法的全部领域，其内容包括税收要件法定原则和税务合法性原则。税收要件法定主义是指有关纳税人、课税对象、课税标准等税收要件必须以法律形式作出规定，凡有关课税要素的规定必须尽量明确。税务合法性原则是指税务机关按法定程序依法征税，不得随意减征、停征或免征，无法律依据不征税。

（2）税法公平原则。

一般认为税收公平原则包括税收横向公平和纵向公平，即税收负担必须根据纳税人的负担能力分配，负担能力相等，税负相同；负担能力不等，税负不同。税收公平原则源于法律上的平等性原则，所以许多国家的税法在贯彻税收公平原则时，都特别强调“禁止不平等对待”的法理，禁止对特定纳税人给予歧视性对待，也禁止在没有正当理由的情况下对特定纳税人给予特别优惠。

（3）税收效率原则。

税收效率原则包含两方面，一是指经济效率，二是指行政效率。前者要求税法的制定要有利于资源的有效配置和经济体制的有效运行，后者要求提高税收行政效率，节约税收征管成本。

（4）实质课税原则：指应根据客观事实确定是否符合课税要件，并根据纳税人的真实负担能力决定纳税人的税负，而不能仅考虑相关外观和形式。

2. 税法的适用原则

税法适用原则是指税务行政机关和司法机关运用税收法律规范解决具体问题所必须遵循的准则。税法适用原则并不违背税法基本原则，而且在一定程度上体现着税法基本原则。但是与其相比，税法适用原则含有更多的法律技术性准则，更为具体化。包括：

（1）法律优位原则：其基本含义为法律的效力高于行政立法的效力。法律优位原则在税法中的作用主要体现在处理不同等级税法的关系上。法律优位原则明确了税收法律的效力高于税收行政法规的效力，对此还可以进一步推论为税收行政法规的效力优于税收行政规章的效力。效力低的税法与效力高的税法发生冲突，效力低的税法即是无效的。

（2）法律不溯及既往原则：法律不溯及既往原则是绝大多数国家所遵循的法律程序技术原则。其基本含义为：一部新法实施后，对新法实施之前人们的行为不得适用新法，而只能沿用旧法。在税法领域内坚持这一原则，目的在于维护税法的稳定性和可预测性，使纳税人能在知道纳税结果的前提下作出相应的经济决策，税收的调节作用才会较为有效。

(3)新法优于旧法原则：新法优于旧法原则也称后法优于先法原则，其含义为：新法、旧法对同一事项有不同规定时，新法的效力优于旧法。其作用在于避免因法律修订带来新法、旧法对同一事项有不同的规定而引起法律适用上的混乱，为法律的更新与完善提供法律适用上的保障。新法优于旧法原则在税法中普遍适用，但是当新税法与旧税法处于普通法与特别法的关系时，以及某些程序性税法引用“实体从旧，程序从新原则”时，可以例外。

(4)特别法优于普通法的原则：其含义为对同一事项两部法律分别订有一般和特别规定时，特别规定的效力高于一般规定的效力。特别法优于普通法原则打破了税法效力等级的限制，即居于特别法地位的级别较低的税法，其效力可以高于作为普通法的级别较高的税法。

(5)实体从旧、程序从新原则：这一原则的含义包括两个方面：一是实体税法不具备溯及力。即在纳税义务的确定上，以纳税义务发生时的税法规定为准，实体性的税法规则不具有向前的溯及力。二是程序性税法在特定条件下具备一定的溯及力。即对于新税法公布实施之前发生，却在新税法公布实施之后进入税款征收程序的纳税义务，原则上新税法具有约束力。

(6)程序优于实体原则：程序优于实体原则是关于税收争讼法的原则，其基本含义为，在诉讼发生时税收程序法优于税收实体法。适用这一原则，是为了确保国家课税权的实现，不因争议的发生而影响税款的及时、足额入库。

二、税收法律关系

1. 税收法律关系的概念与特征

税收法律关系是指国家与纳税人之间形成的征纳税关系受税法的调整所形成的权利和义务关系。税收法律关系是法律关系的一种具体形式，除具有法律关系的一般特征外，还有其自身的特点：

(1)主体的一方只能是国家

税收本身就是国家参与社会产品分配而形成的特殊社会关系，没有国家的直接参与，就不成其为税收分配，其间形成的法律关系自然也就不是税收法律关系。因此，构成税收法律关系的主体有一方可以是任何负有纳税义务的法人和自然人，但是，另一方只能是国家。

(2)只体现国家单方面的意志

税收以无偿占有纳税人的财产或收入为目标，从根本上讲，双方不可能意思表示一致。因此，作为拥有权力的国家，在将自己的意志通过法律的形式表现出来时，只会体现国家单方面的意志，而不体现纳税人一方主体的意志。自然税收法律关系的成立、变更、消灭也不以主体双方意思表示一致为要件，而只能体现国家单方面的意志。

(3)权利和义务不对等

在税收法律关系中，国家享有较多的权利，承担较少的义务；相反纳税人承担较多的义务，享有较少的权利。这种不对等性，源于税收是国家无偿占有纳税人的财产或收益，也决定了国家只能采取强制手段才能达到目的。

(4)具有财产所有权或支配权单向转移的性质

在税收法律关系中，纳税人依法纳税，就意味着将自己拥有或支配的一部分财物，无偿地交给国家，成为政府的财政收入，国家凭借社会管理者的身份，也认为理所当然不再直接返还给纳税人。因此，税收法律关系中的财产转移，具有无偿、单向、连续等特点。

2. 税收法律关系的构成

税收法律关系与其他法律关系一样，也是由主体、客体和内容三个要素构成。

(1)税收法律关系的主体

在我国，税收法律关系的主体包括征纳双方，一方是代表国家行使征税职责的国家行政机关，包括国家各级税务机关、海关和财政机关，另一方是履行纳税义务的人，包括法人、自然人和其他组织，在华的外国企业、组织、外籍人、无国籍人，以及在华虽然没有机构、场所但有来源于中国境内所得的外国企业或组织。这种对税收法律关系中权利主体另一方的确定，在我国采取的是属地兼属人的原则。

(2)税收法律关系的客体

税收法律关系的客体即税收法律关系主体的权利和义务所共同指向的对象，即征税对象。如流转税法律关系的客体就是货物销售收入或劳务所得；所得税法律关系的客体是生产经营所得和其他所得；财产税法律关系的客体是财产。税收法律关系的客体常被国家作为鼓励或限制国民经济中某些产业、行业发展的目标对象加以利用。

(3)税收法律关系的内容

税收法律关系的内容就是权利主体所享有的权利和所应承担的义务，这是税收法律关系中最实质的东西，也是税法的灵魂。它规定权利主体可以有什么行为，不可以有什么行为，若违反了这些规定，须承担相应的法律责任。因此，它是税收法律关系中最实质的东西，也是税法的灵魂。

在一个税收法律关系中，主体、客体和内容三者相互联系，缺一不可，共同存在于一个税收法律关系之中。

第三节　税法的构成要素

税法的构成要素(简称税制要素)是指各种单行税法具有的共同的基本要素的总称。首先，税法构成要素既包括实体性的，也包括程序性的；其次，税法构成要素是所有完善的单行税法都共同具备的，仅为某一税法所单独具有而非普遍性的内容，不构成税法要素，如扣缴义务人。税法的构成要素一般包括总则、纳税义务人、征税对象、税目、税率、纳税环节、纳税期限、纳税地点、减税免税、罚则、附则等项目。

一、总则。

主要包括立法依据、立法目的、适用原则等。

二、纳税义务人

纳税义务人简称纳税人，是指依法直接负有纳税义务的的单位和个人。该要素明确的是国家对谁征税的问题。纳税人不同于负税人，负税人是最终负担税款的单位或个人。纳税人如果能够通过一定途径把税款转嫁给别人或转移出去，此时纳税人只起到缴纳税款的作用，纳税人并不是负税人；如果税款不能转嫁或者转移不出去，此时纳税人同时又是负税人。

纳税人有两种基本形式：自然人和法人。自然人和法人是两个相对称的法律概念。自然人是基于自然规律而出生的，有民事权利和义务的主体，包括本国公民，也包括外国人和无国籍人。法人是自然人的对称，《民法通则》第三十六条规定，法人是基于法律规定享有权利能力和行为能力，具有独立的财产和经费，依法独立承担民事责任的社会组织。我国的法人主要有四种：机关法人、事业法人、企业法人和社团法人。

与纳税人紧密联系的两个概念是代扣代缴义务人和代收代缴义务人。前者是指虽不承担纳税义务，但依照有关规定，在向纳税人支付收入、结算货款时有义务代扣代缴其应纳税款的单位和个人，如出版社代扣作者稿酬所得的个人所得税等。代收代缴义务人是指虽不承担纳税义务，但依照有关规定，在向纳税人收取商品或劳务收入时，有义务代收代缴其应纳税款的单位和个人。如消费税条例规定，委托加工的应税消费品，由受托方在向委托方交货时代收代缴委托方应该缴纳的消费税。

三、征税对象

征税对象又称课税对象、征税客体，是指税收法律关系中权利义务所共同指向的对象。指税法规定对什么征税，它是区别不同税种的主要标志。在实际操作中，征税对象质的具体化是税目，量的具体化是计税依据。

1. 税目

税目是征税对象的具体项目，反映具体的征税范围，代表征税的广度。划分税目便于进一步细分征税范围、解决征税对象的归类问题并以此确定税率。税目一般有列举税目和概括税目之分。

2. 计税依据

计税依据又称税基，是指税法中规定的据以计算各种应征税款的依据。它是征税对象量的表现，主要解决征税的计量问题。实践中，计税依据可以用价值量的形式来表示，如增值额、所得额、销售收入额等，又称从价计征，此时征税对象和计税依据一般是一致的；计税依据也可以用实物量来表示，如以征税对象的数量、重量、容积等作为计税依据，又称从量计征，在这种情况下，征税对象和计税依据一般是不一致的。如我国的车船税，其征税对象是各种车辆、船舶，机动船舶的计税依据是船的净吨位。

3. 税源

税源是指税款的最终来源，或者说是税收负担的最终出处。征税对象是表明对什么征税，而税源主要表明税收收入的来源出处。两者有时一致，如增值税的征税对象是增值额，其税源也是增值额，企业所得税的征税对象是所得额，其税源也是企业的利润所得；而两者有时又并不一致，如财产税的征税对象是纳税人的财产，其税源却是纳税人的收入。

四、税率

税率是对征税对象的征收比例或征收额度。税率是计算税额的尺度，也是衡量税负轻重与否的重要标志。是体现税收政策的中心环节，是税收制度的核心和灵魂，我国现行的税率主要有：

1. 比例税率 即对同一征税对象或同一税目，不论数额大小只规定一个比例，都按同一比例征税的税率，通常适用于对流转额的课税。具体运用中，比例税率又分为产品比例税率、行业比例税率、幅度比例税率和地区差别比例税率。

2. 超额累进税率 指把征税对象按数额的大小划分成若干等级，每一等级规定一个税率，税率依次提高，将每一等级的征税对象和相应等级的适用税率分别计算税额后，将计算结果相加后得出应纳税款。目前我国税收体系中采用这种税率的是个人所得税。

3. 超率累进税率 即以征税对象数额的相对率划分若干级距，分别规定相应的差别税率，相对率每超过一个级距的，对超过的部分就按高一级的税率计算征税。目前我国税收体系中采用这种税率的是土地增值税。

4. 定额税率 又称固定税额。这种税率是根据征税对象计量单位直接规定固定的征税数额。按照定额税率征税，税额的多少只同征税对象的数量有关，而同价格无关。在表现形式上，定额税率可分为单一定额税率和差别定额税率。目前采用定额税率的有资源税、城镇土地使用税、车船税等。

五、纳税环节

纳税环节是指税法上规定的征税对象从生产到消费的流转过程中应当缴纳税款的环节。它解决的就是在整个商品流转过程中征几道税以及在哪个环节征税的问题。它关系到纳税是否便利的问题，如流转税在生产和流通环节纳税，而所得税在分配环节纳税等。

六、纳税期限

纳税时限是指税法规定的关于税款缴纳时间方面的限定。税法关于纳税时限的规定，有三个概念：一是纳税义务发生时间。纳税义务发生时间，是指应税行为发生的时间。如增值税条例规定采取预收货款方式销售货物的，其纳税义务发生时间为货物发出的当天。二是纳税期限，纳税人每次发生纳税义务后，不可能马上去缴纳税款。税法规定了每种税的纳税期限，即每隔固定时间汇总一次纳税义务的时间。如增值税条例规定，增值税的具体纳税期限分别为1日、3日、5日、10日、15日、1个月或者1个季度。纳税人的具体纳税期限，由主管税务机关根据纳税人应纳税额的大小分别核定；不能按照固定期限纳税的，可以按次纳税。三是缴库期限，即税法规定的纳税期满后，纳税人将应纳税款缴入国库的期限。如增值税暂行条例规定，纳税人以1个月或者1个季度为1个纳税期的，自期满之日起15日内申报纳税；以1日、3日、5日、10日或者15日为1个纳税期的，自期满之日起5日内预缴税款，于次月1日起15日内申报纳税并结清上月应纳税款。

七、纳税地点

纳税地点是指缴纳税款的场所。纳税地点关系到税收管辖和是否便利纳税等问题。纳税地点一般为纳税人的住所地，也有规定在营业地、财产所在地或特定行为发生地的情况。

八、减免税

减免税是指税法对某些特定的纳税人和征税对象给予的一种税收优惠政策，它包括减税、免税、税收抵免以及起征点和免征额等措施。减税就是减征部分税款；免税就是免交全部税款；税收抵免即一国政府对本国居民的国外所得征税时，允许其用国外已纳税款冲抵在本国应缴纳的税款；而起征点是税法规定的征税对象开始征税时应达到的一定数额，征税对象未达到起征点的不征税，但达到起征点时全部征税对象都要征税；免征额是征税对象中免于征税的数额。

九、罚则

主要是指对纳税人违反税法的行为采取的处罚措施。

十、附则

附则一般都规定与该法紧密相关的内容，比如该法的解释权、生效时间等。

第四节　我国现行税法体系

一、我国现行税法体系的内容

税收制度是指在既定的管理体制下设置的税种以及与这些税种的征收、管理有关的，具有法律效力的各级成文法律、行政法规、部门规章等的总和。

一个国家的税收制度，可按照构成方法和形式分为简单型税制及复合型税制。结构简单的税制主要是指税种单一、结构简单的税收制度；而结构复杂的税制主要是指由多个税种构成的税收制度。现代社会中，世界各国一般都采用多种税并存的复税制税收制度。一个国家为了有效取得财政收入或调节社会经济活动，必须设置一定数量的税种，并规定每种税的征收和缴纳办法，包括对什么征税、向谁征税、征多少税以及何时纳税、何地纳税、按什么手续纳税、不纳税如何处理等。

就一个国家而言，在不同的时期，由于政治经济条件和政治经济目标不同，税收制度也有着或大或小的差异。我国的现行税制就其实体法而言，是 1949 年新中国成立后经过几次较大的改革逐步演变而来的，按其性质和作用大致分为五类：

1. 流转税类

包括增值税、消费税、营业税和关税。主要在生产、流通或者服务业中发挥调节作用。

2. 资源税类

包括资源税、城镇土地使用税。主要是对因开发和利用自然资源差异而形成的级差收入发挥调节作用。

3. 所得税类

包括企业所得税、个人所得税。主要是在国民收入形成后，对生产经营者的利润和个人的纯收入发挥调节作用。

4. 特定目的税类

包括固定资产投资方向调节税（暂缓征收）、城市维护建设税、土地增值税、车辆购置税、耕地占用税，主要是为了达到特定目的，对特定对象和特定行为发挥调节作用。

5. 财产和行为税类

包括房产税、车船税、印花税、契税，主要是对某些财产和行为发挥调节作用。

上述税种，除企业所得税、个人所得税等是以国家法律的形式发布实施外，其他各税种都是经全国人民代表大会授权立法，由国务院以暂行条例的形式发布实施的。这些税收法律、法规组成了我国的税收实体法体系。

除税收实体法外，我国对税收征收管理适用的法律制度，是按照税收管理机关的不同而分别规定的：

1. 由税务机关负责征收的税种的征收管理，按照全国人大常委会发布实施的《中华人民共和国税收征收管理法》执行。

2. 由海关机关负责征收的税种的征收管理，按照《中华人民共和国海关法》及《中华人民共和国进出口关税条例》等有关规定执行。

上述税收实体法和税收征收管理的程序法的法律制度构成了我国现行税法体系。

二、税务机构设置和税收征管范围的划分

1. 税务机构设置

根据我国经济和社会发展及实行分税制财政管理体制的需要，现行税务机构设置是中央政府设立国家税务总局，省及省以下税务机构分为国家税务局和地方税务局两个系统。国家税务总局对国家税务局系统实行机构、编制、干部、经费的垂直管理，协同省级人民政府对省级地方税务局实行双重领导。

(1)国家税务局系统包括省、自治区、直辖市国家税务局，地区、地级市、自治州、盟国家税务局，县、县级市、旗国家税务局，征收分局、税务所。征收分局、税务所是县级国家税务局的派出机构，前者一般按照行政区划、经济区划或者行业设置，后者一般按照经济区划或者行政区划设置。

省级国家税务局是国家税务总局直属的正厅(局)级行政机构，是本地区主管国家税收工作的职能部门，负责贯彻执行国家的有关税收法律、法规和规章，并结合本地实际情况制定具体实施办法。局长、副局长均由国家税务总局任命。

(2)地方税务局系统包括省、自治区、直辖市地方税务局，地区、地级市、自治州、盟地方税务局。县、县级市、旗地方税务局，征收分局、税务所。省以下地方税务局实行上级税务机关和同级政府双重领导、以上级税务机关垂直领导为主的管理体制，即地区(市)、县(市)地方税务局的机构设置、干部管理、人员编制和经费开支均由所在省(自治区、直辖市)地方税务局垂直管理。

省级地方税务局是省级人民政府所属的主管本地区地方税收工作的职能部门，一般为正厅(局)级行政机构，实行地方政府和国家税务总局双重领导，以地方政府领导为主的管理体制。

国家税务总局对省级地方税务局的领导，主要体现在税收政策、业务的指导和协调，对国家统一的税收制度、政策的监督，组织经验交流等方面。省级地方税务局的局长人选由地方政府征求国家税务总局意见之后任免。

2. 税收征收管理范围的划分

目前，我国的税收分别由财政、税务、海关等系统负责征收管理。

(1)国家税务局系统负责征收和管理的税种有：增值税，消费税，车辆购置税，铁道部门、各银行总行、各保险总公司集中缴纳的营业税、所得税、城市维护建设税，中央企业缴纳的所得税，中央与地方所属企业、事业单位组成的联营企业、股份制企业缴纳的所得税，地方银行、非银行金融企业缴纳的所得税，海洋石油企业缴纳的所得税、资源税，部分企业的企业所得税，证券交易税(开征之前为对证券交易征收的印花税)，个人所得税中对储蓄存款利息所得征收的部分，中央税的滞纳金、补税、罚款。

(2)地方税务局系统负责征收和管理的项目有：营业税，城市维护建设税(不包括上述由国家税务局系统负责征收管理的部分)，地方国有企业、集体企业、私营企业缴纳的所得税，个人所得税(不包括对银行储蓄存款利息所得征收的部分)，资源税，城镇土地使用税，耕地

占用税，土地增值税，房产税，车船税，印花税，契税，地方税的滞纳金、补税、罚款。

（3）在大部分地区，地方附加、契税、耕地占用税，仍由地方财政部门征收和管理。

（4）海关系统负责征收和管理的项目有关税、行李和邮递物品进口税，同时负责代征进出口环节的增值税和消费税。

3. 中央政府与地方政府税收收入划分

（1）中央政府固定收入包括消费税（含进口环节海关代征的部分）、车辆购置税、关税、海关代征的进口环节增值税等。

（2）地方政府固定收入包括城镇土地使用税、耕地占用税、土地增值税、房产税、车船税、契税、筵席税。

（3）中央政府与地方政府共享收入主要包括：

①增值税（不含进口环节由海关代征的部分）：中央政府分享75%，地方政府分享25%。

②营业税：铁道部、各银行总行、各保险总公司集中缴纳的部分归中央政府，其余部分归地方政府，

“营改增”试点期间国家为保持现行财政体制基本稳定，原归属试点地区的营业税收入，改征增值税后收入仍归属试点地区，税款分别入库。因试点产生的财政减收，按现行财政体制由中央和地方分别负担。

③企业所得税：铁道部、各银行总行及海洋石油企业缴纳的部分归中央政府，其余部分中央与地方政府按60%与40%的比例分享。

④个人所得税：除储蓄存款利息所得的个人所得税外，其余部分的分享比例与企业所得税相同。

⑤资源税：海洋石油企业缴纳的部分归中央政府，其余部分归地方政府。

⑥城市维护建设税：铁道部、各银行总行、各保险总公司集中缴纳的部分归中央政府，其余部分归地方政府。

⑦印花税：证券交易印花税收入的94%归中央政府，其余6%和其他印花税收入归地方政府。

【本章小结】

税收是国家凭借政治权力，按照法定标准和程序参与社会产品或国民收入分配，强制和无偿获取的财政收入，具有强制性、无偿性和固定性的特征。税法是国家制定的用以调整国家与纳税人之间在征纳税方面的权利及义务关系的法律规范的总称。税收法律关系由主体、客体和内容三个要素构成。税法包括纳税人、征税对象、税率税目等要素。我国现行税法体系包括税收实体法和税收征收管理的程序法两部分。

【思考与练习】

一、单项选择题

1. 税收法律关系的保护对权利主体双方而言（　）。

A. 是不对等的　　B. 是对等的

C. 保护征税一方　　D. 保护纳税一方

2. 税法构成要素中，用以区分不同税种的是（　）。

A. 纳税义务人
B. 征税对象
C. 税目
D. 税率

3. 我国确定纳税人采用的原则是(　)。
A. 属地原则
B. 属人原则
C. 实质重于形式的原则
D. 属地兼属人原则

4. 根据税法的功能与作用，税法可分为(　)。
A. 税收基本法和税收普通法
B. 税收实体法和税收程序法
C. 流转税法和所得税法
D. 中央税法与地方税法

5. 税收行政法规应由(　)制定。
A. 全国人大及其常委会
B. 地方人大及其常委会
C. 财政部和国家税务总局
D. 国务院

6. (　)属于税收程序法。
A. 个人所得税法
B. 企业所得税法
C. 税收征收管理法
D. 增值税暂行条例

二、多项选择题

1. 下列属于税收行政法规的是(　)。
A.《土地增值税暂行条例》
B.《增值税暂行条例实施细则》
C.《企业所得税法实施条例》
D.《税收征收管理法实施细则》

2. 税收具有(　)的形式特征
A. 强制性　B. I 固定性　C. 确定性　D 无偿性

3. 增值税按不同分类方法，分别属于(　)。
A. 税收普通法
B. 税收实体法
C. 对流转额课税的税种
D. 中央地方共享税种

4. 下列属于特定目的税类的税种有(　)。
A. 土地增值税
B. 城镇土地使用税
C. 城市维护建设税
D. 耕地占用税

5. 税收法律关系的构成要素包括(　)。
A. 主体　B. 客体　C. 内容　D. 权利 E. 义务

三、判断题

1. 纳税期限是指纳税人按税法规定缴纳税款的期限，也就是税款的人库期限。(　)

2. 目前只有全国人民大会及其常务委员会有权制定税收法律。增值税暂行条例就是由人大常委会制定的。(　)

3. 由税务机关负责征收的税种的征收管理，按《税收征收管理法》和《海关法》、《进出口关税条例》的有关规定执行。(　)

4. 按照现行税法规定，税收征收管理机关可包括地方政府财政机关。(　)

5. 税法是调整税务机关与纳税人关系的法律规范，其本质是税务机关依据国家的行政权力向公民进行课税。(　)

第二章　增值税法律制度

【学习目标】

通过学习，了解增值税的概念；掌握增值税征税范围、纳税人和税率以及增值税征收管理的有关规定，特别是增值税专用发票的管理规定；重点学会增值税应纳税额的计算方法。

第一节　增值税概述

一、增值税的概念

增值税是对在我国境内销售货物或进口货物，或者提供加工、修理修配劳务以及应税服务的单位和个人，以其实现的增值额为征税对象征收的一种流转税。这里所说的“增值额”是指纳税人在生产、经营或劳务、服务活动中所创造的新增价值，即纳税人在一定时期内销售货物或提供劳务、服务所取得的收入大于其购进货物或取得劳务、服务时所支付金额的差额。由于增值因素在实际经济活动中难以精确计量，因此，增值税的计算一般采取税款抵扣的方式计算增值税应纳税额，即纳税人根据货物或应税劳务、服务的销售额，按照规定的税率计算出一个税额，然后从中扣除上一道环节已纳增值税额，其余额即为纳税人应纳的增值税税额。

增值税自 1954 年在法国问世后，许多国家纷纷引进这种较为科学的税收制度，以取代原有的周转税或销售税。目前，世界上约有 100 多个国家和地区采用不同类型的增值税。自 1983 年 1 月 1 日起，我国开始试行增值税。当时的征税范围仅限于机器及其零配件、农机具及其零配件、缝纫机、电风扇、自行车等 5 种工业品，以后征税范围逐渐扩大。1993 年 12 月 13 日国务院发布了《中华人民共和国增值税暂行条例》（以下简称《增值税暂行条例》），同年 12 月 25 日，财政部发布了《中华人民共和国增值税暂行条例实施细则》（以下简称《实施细则》），上述条例和实施细则均自 1994 年 1 月 1 日起施行。为进一步完善税制，国务院决定全面实施增值税转型改革，2008 年 11 月 5 日修订了《增值税暂行条例》，将我国增值税类型由生产型增值税改为消费型增值税。为促进第三产业发展，从 2012 年 1 月 1 日起，在部分地区和行业开展深化增值税制度改革试点，逐步将目前征收营业税的行业改为征收增值税，国家率先在上海市交通运输业和部分现代服务业开展试点，从 2013 年 8 月 1 日起，营改增试点范围在全国范围内推开，并将广播影视作品的制作、播映、发行纳入试点行业，从 2014 年 1 月 1 日起，国家对营改增试点政策进行了修改完善。进一步扩大了试点行业，铁路运输和邮政业也被纳入增值税的征税范围。

二、增值税的征税范围

增值税的征税范围为在中华人民共和国境内销售货物或进口货物或者提供加工、修理修配劳务以及应税服务。

1. 销售货物或进口货物

销售货物，是指在中华人民共和国境内（以下简称中国境内）有偿转让货物的所有权。货物是指除土地、房屋和其他建筑物等不动产之外的有形动产，包括电力、热力、气体在内。单位和个人在中国境内销售货物，即销售货物的起运地或所在地在境内，不论是从受让方取得货币，还是获得货物或其他经济利益，都应视为有偿转让货物的销售行为，征收增值税。

进口货物，是指进入中国关境的货物。对于进口货物，除依法征收关税外，还应在进口环节征收增值税。

2. 提供加工、修理修配劳务

提供加工、修理修配劳务又称销售应税劳务，是指在中国境内有偿提供加工、修理修配劳务。加工是指受托加工货物，即委托方提供原料及主要材料，受托方按照委托方的要求制造货物并收取加工费的业务；修理修配是指受托对损伤和丧失功能的货物进行修复，使其恢复原状和功能的业务。单位和个人在中国境内提供或销售上述劳务，不论受托方从委托方收取的加工费是以货币的形式，还是以货物或其他经济利益的形式，都应视作有偿销售行为，征收增值税。但是，单位或个体经营者聘用的员工为本单位或雇主提供加工、修理修配劳务，不包括在内。

3. 提供应税服务

提供应税服务，是指在中国境内有偿提供交通运输业、邮政业和部分现代服务业的应税服务：

（1）交通运输业，是指使用运输工具将货物或者旅客送达目的地，使其空间位置得到转移的业务活动。包括陆路运输服务、水路运输服务、航空运输服务和管道运输服务。

①陆路运输服务：是指通过陆路（地上或者地下）运送货物或者旅客的运输业务活动，包括铁路运输和其他陆路运输，铁路运输服务，是指通过铁路运送货物或者旅客的运输业务活动，其他陆路运输服务，是指铁路运输以外的陆路运输业务活动。包括公路运输、缆车运输、索道运输、地铁运输、城市轻轨运输等。出租车公司向使用本公司自有出租车的出租车司机收取的管理费用，按陆路运输服务征收增值税。

②水路运输服务：是指通过江、河、湖、川等天然、人工水道或者海洋航道运送货物或者旅客的运输业务活动。远洋运输的程租、期租业务，属于水路运输服务。程租业务，是指远洋运输企业为租船人完成某一特定航次的运输任务并收取租赁费的业务。期租业务，是指远洋运输企业将配备有操作人员的船舶承租给他人使用一定期限，承租期内听候承租方调遣，不论是否经营，均按天向承租方收取租赁费，发生的固定费用均由船东负担的业务。

③航空运输服务：是指通过空中航线运送货物或者旅客的运输业务活动。航空运输的湿租业务，属于航空运输服务，湿租业务是指航空运输企业将配备有机组人员的飞机承租给他人使用一定期限，承租期内听候承租方调遣，不论是否经营，均按一定标准向承租方收取租赁费，发生的固定费用均由承租方承担的业务。

航天运输服务，按照航空运输服务征收增值税，航天运输服务，是指利用火箭等载体将卫星、空间探测器等空间飞行器发射到空间轨道的业务活动。

④管道运输服务：是指通过管道设施输送气体、液体、固体物质的运输业务活动。

（2）邮政业，是指中国邮政集团公司及其所属邮政企业提供邮件寄递、邮政汇兑、机要通信和邮政代理等邮政基本服务的业务活动。包括邮政普遍服务、邮政特殊服务和其他邮政服务。

①邮政普遍服务，是指函件、包裹等邮件寄递，以及邮票发行、报刊发行和邮政汇兑等业务活动。函件，是指信函、印刷品、邮资封片卡、无名址函件和邮政小包等。包裹，是指按照封装上的名址递送给特定个人或者单位的独立封装的物品，其重量不超过五十千克，任何一边的尺寸不超过一百五十厘米，长、宽、高合计不超过三百厘米。

②邮政特殊服务，是指义务兵平常信函、机要通信、盲人读物和革命烈士遗物的寄递等业务活动。

③其他邮政服务，是指邮册等邮品销售、邮政代理等业务活动。

（3）部分现代服务业，是指围绕制造业、文化产业、现代物流产业等提供技术性、知识性服务的业务活动。包括研发和技术服务、信息技术服务、文化创意服务、物流辅助服务、有形动产租赁服务、鉴证咨询服务、广播影视服务。

①研发和技术服务，包括研发服务、技术转让服务、技术咨询服务、合同能源管理服务、工程勘察勘探服务。

研发服务，是指就新技术、新产品、新工艺或者新材料及其系统进行研究与试验开发的业务活动。

技术转让服务，是指转让专利或者非专利技术的所有权或者使用权的业务活动；

技术咨询服务，是指对特定技术项目提供可行性论证、技术预测、技术测试、技术培训、专题技术调查、分析评价报告和专业知识咨询等业务活动。

合同能源管理服务，是指节能服务公司与用能单位以契约形式约定节能目标，节能服务公司提供必要的服务，用能单位以节能效果支付节能服务公司投入及其合理报酬的业务活动。

工程勘察勘探服务，是指在采矿、工程施工前后，对地形、地质构造、地下资源蕴藏情况进行实地调查的业务活动。

②信息技术服务，是指利用计算机、通信网络等技术对信息进行生产、收集、处理、加工、存储、运输、检索和利用，并提供信息服务的业务活动。包括软件服务、电路设计及测试服务、信息系统服务和业务流程管理服务。

软件服务，是指提供软件开发服务、软件咨询服务、软件维护服务、软件测试服务的业务行为。

电路设计及测试服务，是指提供集成电路和电子电路产品设计、测试及相关技术支持服务的业务行为。

信息系统服务，是指提供信息系统集成、网络管理、桌面管理与维护、信息系统应用、基础信息技术管理平台整合、信息技术基础设施管理、数据中心、托管中心、安全服务的业务行为。包括网站对非自有的网络游戏提供的网络运营服务。

业务流程管理服务，是指依托计算机信息技术提供的人力资源管理、财务经济管理、审计管理、税务管理、金融支付服务、内部数据分析、内部数据挖掘、内部数据管理、内部数据使用、呼叫中心和电子商务平台等服务的业务活动。

③文化创意服务，包括设计服务、商标和著作权转让服务、知识产权服务、广告服务和会议展览服务。

设计服务，是指把计划、规划、设想通过视觉、文字等形式传递出来的业务活动。包括工业设计、造型设计、服装设计、环境设计、平面设计、包装设计、动漫设计、网游设计、展示设计、网站设计、机械设计、工程设计、广告设计、创意策划、文印晒图等；。

商标和著作权转让服务，是指转让商标、商誉和著作权的业务活动。

知识产权服务，是指处理知识产权事务的业务活动。包括对专利、商标、著作权、软件、集成电路布图设计的代理、登记、鉴定、评估、认证、咨询、检索服务。

广告服务，是指利用图书、报纸、杂志、广播、电视、电影、幻灯、路牌、招贴、橱窗、霓虹灯、灯箱、互联网等各种形式为客户的商品、经营服务项目、文体节目或者通告、声明等委托事项进行宣传和提供相关服务的业务活动。包括广告代理和广告的发布、播映、宣传、展示等。

会议展览服务，是指为商品流通、促销、展示、经贸洽谈、民间交流、企业沟通、国际往来等举办或者组织安排的各类展览和会议的业务活动。

④物流辅助服务，包括航空服务、港口码头服务、货运客运场站服务、打捞救助服务、货物运输代理服务、代理报关服务、仓储服务、装卸搬运服务和收派服务。

航空服务，包括航空地面服务和通用航空服务。航空地面服务，是指航空公司、飞机场、民航管理局、航站等向在境内航行或者在境内机场停留的境内外飞机或者其他飞行器提供的导航等劳务性地面服务的业务活动。包括旅客安全检查服务、停机坪管理服务、机场候机厅管理服务、飞机清洗消毒服务、空中飞行管理服务、飞机起降服务、飞行通讯服务、地面信号服务、飞机安全服务、飞机跑道管理服务、空中交通管理服务等。通用航空服务，是指为专业工作提供飞行服务的业务活动，包括航空摄影、航空培训、航空测量、航空勘探、航空护林、航空吊挂播洒、航空降雨等。

港口码头服务，是指港务船舶调度服务、船舶通讯服务、航道管理服务、航道疏浚服务、灯塔管理服务、航标管理服务、船舶引航服务、理货服务、系解缆服务、停泊和移泊服务、海上船舶溢油清除服务、水上交通管理服务、船只专业清洗消毒检测服务和防止船只漏油服务等为船只提供服务的业务活动。港口设施经营人收取的港口设施保安费按照“港口码头服务”征收增值税。

货运客运场站服务，是指货运客运场站提供的货物配载服务、运输组织服务、中转换乘服务、车辆调度服务、票务服务、货物打包整理、铁路线路使用服务、加挂铁路客车服务、铁路行包专列发送服务、铁路到达和中转服务、铁路车辆编解服务、车辆挂运服务、铁路接触网服务、铁路机车牵引服务、车辆停放服务等业务活动。

打捞救助服务，是指提供船舶人员救助、船舶财产救助、水上救助和沉船沉物打捞服务的业务活动。

货物运输代理服务，是指接受货物收货人、发货人、船舶所有人、船舶承租人或船舶经营人的委托，以委托人的名义或者以自己的名义，在不直接提供货物运输服务的情况下，为委托人办理货物运输、船舶进出港口、联系安排引航、靠泊、装卸等货物和船舶代理相关业务手续的业务活动。

代理报关服务，是指接受进出口货物的收、发货人委托，代为办理报关手续的业务活动。

仓储服务，是指利用仓库、货场或者其他场所代客贮放、保管货物的业务活动。

装卸搬运服务，是指使用装卸搬运工具或人力、畜力将货物在运输工具之间、装卸现场之间或者运输工具与装卸现场之间进行装卸和搬运的业务活动。

收派服务，是指接受寄件人委托，在承诺的时限内完成函件和包裹的收件、分拣、派送服务的业务活动。收件服务，是指从寄件人收取函件和包裹，并运送到服务提供方同城的集散中心的业务活动；分拣服务，是指服务提供方在其集散中心对函件和包裹进行归类、分发的业务活动；派送服务，是指服务提供方从其集散中心将函件和包裹送达同城的收件人的业务活动。

⑤有形动产租赁服务，包括有形动产融资租赁和有形动产经营性租赁。

有形动产融资租赁，是指具有融资性质和所有权转移特点的有形动产租赁业务活动。即出租人根据承租人所要求的规格、型号、性能等条件购入有形动产租赁给承租人，合同期内设备所有权属于出租人，承租人只拥有使用权，合同期满付清租金后，承租人有权按照残值购入有形动产，以拥有其所有权。不论出租人是否将有形动产残值销售给承租人，均属于融资租赁。

有形动产经营性租赁，是指在约定时间内将物品、设备等有形动产转让他人使用且租赁物所有权不变更的业务活动。

远洋运输的光租业务、航空运输的干租业务，属于有形动产经营性租赁。

光租业务，是指远洋运输企业将船舶在约定的时间内出租给他人使用，不配备操作人员，不承担运输过程中发生的各项费用，只收取固定租赁费的业务活动。

干租业务，是指航空运输企业将飞机在约定的时间内出租给他人使用，不配备机组人员，不承担运输过程中发生的各项费用，只收取固定租赁费的业务活动。

⑥鉴证咨询服务，包括认证服务、鉴证服务和咨询服务。

认证服务，是指具有专业资质的单位利用检测、检验、计量等技术，证明产品、服务、管理体系符合相关技术规范、相关技术规范的强制性要求或者标准的业务活动。

鉴证服务，是指具有专业资质的单位，为委托方的经济活动及有关资料进行鉴证，发表具有证明力的意见的业务活动。包括会计鉴证、税务鉴证、法律鉴证、工程造价鉴证、资产评估、环境评估、房地产土地评估、建筑图纸审核、医疗事故鉴定等。

咨询服务，是指提供和策划财务、税收、法律、内部管理、业务运作和流程管理等信息或者建议的业务活动。代理记账、翻译服务按照“咨询服务”征收增值税。

⑦广播影视服务，包括广播影视节目（作品）的制作服务、发行服务和播映（含放映，下同）服务。

广播影视节目（作品）制作服务，是指进行专题（特别节目）、专栏、综艺、体育、动画片、广播剧、电视剧、电影等广播影视节目和作品制作的服务。具体包括与广播影视节目和作品相关的策划、采编、拍摄、录音、音视频文字图片素材制作、场景布置、后期的剪辑、翻译（编译）、字幕制作、片头、片尾、片花制作、特效制作、影片修复、编目和确权等业务活动。

广播影视节目（作品）发行服务，是指以分账、买断、委托、代理等方式，向影院、电台、电视台、网站等单位和个人发行广播影视节目（作品）以及转让体育赛事等活动的报道及播映权的业务活动。

广播影视节目(作品)播映服务，是指在影院、剧院、录像厅及其他场所播映广播影视节目(作品)，以及通过电台、电视台、卫星通信、互联网、有线电视等无线或有线装置播映广播影视节目(作品)的业务活动。

单位和个人在中国境内提供应税服务，不论是从受让方取得货币，还是获得货物或其他经济利益，都应视为有偿提供应税服务行为，征收增值税。但不包括非营业活动中提供的应税服务。

非营业活动是指:(1)非企业性单位按照法律和行政法规的规定，为履行国家行政管理和公共服务职能收取政府性基金或者行政事业性收费的活动;(2)单位或者个体工商户聘用的员工为本单位或者雇主提供应税服务;(3)单位或者个体工商户为员工提供应税服务;(4)财政部和国家税务总局规定的其他情形。

境内提供应税服务的界定:是指应税服务提供方或者接受方在境内。但有三种情形不属于在境内提供应税服务:(1)境外单位或者个人向境内单位或者个人提供完全在境外消费的应税服务;(2)境外单位或者个人向境内单位或者个人出租完全在境外使用的有形动产;(3)财政部和国家税务总局规定的其他情形

4. 视同销售货物行为

单位或者个体工商户的下列行为，视同销售货物，征收增值税:

(1)将货物交付其他单位或者个人代销;

(2)销售代销货物;

(3)设有两个以上的机构并实行统一核算的纳税人，将货物从一个机构移送其他机构用于销售。但相关机构设在同一县(市)的除外;

“用于销售”，是指受货机构发生以下情形之一的经营行为:

A. 向购货方开具发票;

B. 向购货方收取货款。

受货机构的货物移送行为有上述两项情形之一的，应当向所在地税务机关缴纳增值税;未发生上述两项情形的，则应由总机构统一缴纳增值税。

如果受货机构只就部分货物向购买方开具发票或收取货款，则应当区别不同情况计算并分别向总机构所在地或分支机构所在地缴纳税款。

(4)将自产或委托加工的货物用于非增值税应税项目;

(5)将自产、委托加工的货物用于集体福利或个人消费;

(6)将自产、委托加工或者购进的货物作为投资，提供给其他单位或者个体工商户。

(7)将自产、委托加工或者购进的货物分配给股东或者投资者。

(8)将自产、委托加工或者购进的货物无偿赠送其他单位或者个人。

上述8种行为应该确定为视同销售货物行为，均要征收增值税。其确定的目的主要有三个:一是保证增值税税款抵扣制度的实施，不致因发生上述行为而造成各相关环节税款抵扣链条的中断，如前两种情况就是这种原因。如果不将之视同销售就会出现销售代销货物方仅有销项税额而无进项税额，而将货物交付其他单位或者个人代销方仅有进项税额而无销项税额的情况，就会出现增值税抵扣链条不完整。二是避免因发生上述行为而造成货物销售税收负担不平衡的矛盾，防止以上述行为逃避纳税的现象。三是体现增值税计算的配比原则。即购进货物已经在购进环节实施了进项税额抵扣，这些购进货物应该产生相应的销售额，同时

就应该产生相应的销项税额，否则就会产生不配比情况。如上述④？⑧讲的几种情况就属于此种原因。

5. 视同提供应税服务行为

单位和个体工商户的下列情形，视同提供应税服务，征收增值税：

（1）向其他单位或者个人无偿提供交通运输业、邮政业和部分现代服务业服务，但以公益活动为目的或者以社会公众为对象的除外。

（2）财政部和国家税务总局规定的其他情形。

6. 混合销售行为

一项销售行为如果既涉及货物又涉及非增值税应税劳务，且销售货物和非增值税应税劳务两者之间是紧密相连的从属关系，即劳务是为货物销售而提供的，则该销售行为为混合销售行为。非增值税应税劳务是指不缴增值税，但要纳入营业税征税范围的建筑业、金融保险业、服务业、娱乐业等劳务，对于混合销售行为的税务处理规定有一个原则即“主业为重”，如果企业、企业性单位及个体工商户是以货物的生产、批发、零售为主（》50%），并兼营非增值税应税劳务，则该混合销售行为视为货物的销售，应当缴纳增值税，反之，以提供营业税应税劳务为主的企业，视为销售非增值税应税劳务，应当缴纳营业税。

7. 兼营非应税项目

兼营非应税项目是指增值税纳税人在从事应税货物销售或提供应税劳务以及应税服务的同时，还从事非应税项目（即营业税规定的征税项目），且从事的两种行为之间并无直接联系和从属关系。比如，某企业集团同时经营酒店业务和商场经营业务，酒店提供的住宿和餐饮业务属于营业税征收范围，商场销售商品属于增值税征收范围，这两类经营业务之间不存在主从关系，这种经营方式就属于兼营行为。

纳税人兼营非应税项目的，应分别核算货物或应税劳务以及应税服务和非应税项目的销售额，对货物和应税劳务、应税服务的销售额按各自适用的税率征收增值税，对非应税项目的销售额（即营业额）按适用的税率征收营业税。如果不分别核算或者不能准确核算各类业务销售额的，由主管税务机关核定各类业务销售额。

8. 属于增值税征税范围的其他项目

（1）货物期货，包括商品期货和贵金属期货，在期货的实物交割环节纳税；

（2）银行销售金银的业务；

（3）典当业的死当物品销售业务和寄售业代委托人销售寄售物品的业务；

（4）单独销售无线寻呼机、移动电话，不提供有关的电信劳务服务的；

（5）税法规定的其他项目。

三、增值税的纳税人及扣缴义务人

1. 基本规定

①纳税义务人的基本规定

在中国境内销售货物或进口货物、或者提供加工、修理修配劳务以及应税服务的单位和个人为增值税纳税义务人。

单位，是指企业、行政单位、事业单位、军事单位、社会团体及其他单位。

个人，是指个体工商户和其他个人。

单位以承包、承租、挂靠方式经营的，承包人、承租人、挂靠人(以下统称承包人)以发包人、出租人、被挂靠人(以下统称发包人)名义对外经营并由发包人承担相关法律责任的，以该发包人为纳税人。否则，以承包人为纳税人

②扣缴义务人的基本规定

境外的单位或个人在境内销售应税劳务或应税服务而在境内未设有经营机构的，其应纳税款以代理人为扣缴义务人；没有代理人的，以接受方为扣缴义务人。

2. 纳税人分类

增值税实行凭专用发票抵扣税款的制度，客观上要求纳税人具备健全的会计核算制度和能力。在实际经济生活中我国增值税纳税人众多，会计核算水平差异较大，大量的小企业和个人还不具备用发票抵扣税款的条件，为了既简化增值税计算和征收，也有利于减少税收征管漏洞，依据2010年3月20日起施行的《增值税一般纳税人资格认定管理办法》，将增值税纳税人按会计核算水平和经营规模分为一般纳税人和小规模纳税人两类纳税人，分别采取不同的增值税计税方法。

(1)小规横纳税人认定标准

小规模纳税人是指年销售额在规定标准以下，并且会计核算不健全，不能按规定报送有关税务资料的增值税纳税人。所称会计核算不健全是指不能正确核算增值税的销项税额、进项税额和应纳税额。根据《增值税暂行条例》及其《增值税暂行条例实施细则》的规定，小规模纳税人的认定标准是：

①从事货物生产或者提供应税劳务的纳税人，以及以从事货物生产或者提供应税劳务为主，并兼营货物批发或者零售的纳税人，年应征增值税销售额(以下简称应税销售额)在50万元以下(含本数，下同)的；“以从事货物生产或者提供应税劳务为主”是指纳税人的年货物生产或者提供应税劳务的销售额占年应税销售额的比重在50%以上。

②提供应税服务的纳税人，年应征增值税销售额在500万以下的。

③对上述规定以外的纳税人，年应税销售额在80万元以下的。

④年应税销售额超过小规模纳税人标准的其他个人按小规模纳税人纳税；

⑤年销售额超过规定标准但不经常发生应税行为的单位和个体工商户可选择按照小规模纳税人纳税。

小规模纳税人会计核算健全，能够提供准确税务资料的，可以向主管税务机关中请资格认定，不作为小规模纳税人。

除国家税务总局另有规定外，纳税人一经认定为一般纳税人以后，不得转为小规模纳税人。

(2)增值税一般纳税人的认定标准

一般纳税人是指年应征增值税销售额(以下简称年应税销售额〉，超过财政部、国家税务总局规定的小规模纳税人标准的企业和企业性单位(以下简称企业)。年应税销售额，是指纳税人在连续不超过12个月的经营期内累计应征增值税销售额，包括纳税申报销售额、稽查查补销售额、纳税评估调整销售额、税务机关代开发票销售额和免税销售额。其中稽查查补销售额和纳税评估调整销售额计入查补税款申报当月的销售额，不计人税款所属期销售额。经营期，是指在纳税人存续期内的连续经营期间，含未取得销售收入的月份。

年应税销售额未超过财政部、国家税务总局规定的小规模纳税人标准以及新开业的纳税

人，可以向主管税务机关申请一般纳税人资格认定。对提出申请并且同时符合下列条件的纳税人，主管税务机关应当为其办理一般纳税人资格认定：

①有固定的生产经营场所；

②能够按照国家统一的会计制度规定设置账簿，根据合法、有效凭证核算，能够提供准确税务资料。

四、增值税的税率及征收率

1. 增值税一般纳税人销售或者进口货物，提供加工、修理修配劳务，除低税率适用范围和销售个别旧货适用征收率外，税率一律为17%。

2. 提供有形动产租赁服务，税率为17%。

3. 提供交通运输业服务、邮政业服务，税率为11%。

4. 提供现代服务业服务（有形动产租赁服务除外），税率为6%。

5. 增值税低税率

增值税一般纳税人销售或者进口下列货物，按低税率计征增值税，低税率为13%。

（1）粮食、食用植物油、鲜奶；

（2）自来水、暖气、冷气、热水、煤气、石油液化气、天然气、沼气、居民用煤炭制品；

（3）图书、报纸、杂志；

（4）饲料、化肥、农药、农机（不包括农机零部件）、农膜；

（5）国务院及其有关部门规定的其他货物。

①农产品，是指种植业、养殖业、林业、牧业、水产业生产的各种植物、动物的初级产品。

②音像制品，是指正式出版的录有内容的录音带、录像带、唱片、激光唱盘和激光视盘。

③电子出版物，是指以数字代码方式，使用计算机应用程序，将图文声像等内容信息编辑加工后存储在具有确定的物理形态的磁、光、电等介质上，通过内嵌在计算机、手机、电子阅读设备、电子显示设备、数字音义视频播放设备、电子游戏机、导航仪以及其他具有类似功能的设备上读取使用，具有交互功能，用以表达思想、普及知识和积累文化的大众传播媒体。

④二甲醚，是指化学分子式为CH_3OCH_3，常温常压下为具有轻微醚香味，易燃、无毒、无腐蚀性的气体。

⑤密集型烤房设备、频振式杀虫灯、自动虫情测报灯、粘虫板属于规定的农机范围，应适用13%的增值税税率。

6. 增值税零税率

（1）除国务院另有规定外，出口货物税率为零。

（2）财政部和国家税务总局规定的应税服务，税率为零。

7. 征收率

由于小规模纳税人会计核算不健全，无法准确核算进项税额和销项悦额，在增值税征收管理中，采用简便方式，按照其销售额与规定的征收率计算缴纳增值税，不允许抵扣进项税，也不允许自行开具增值税专用发票。按照现行增值税有关规定.对于一般纳税人生产销售的特定货物，确定征收率，按照简易办法征收增值税，并视不同情况，采取不同的征收管理办法。

（1）小规模纳税人征收率的规定

①小规模纳税人增值税征收率为3%，征收率的调整，由国务院决定。

②小规模纳税人(除其他个人外，下同)销售自己使用过的固定资产.减按2%的征收率征收增值税.并且只能开具普通发票，不得由税务机关代开增值税专用发票。

销售额 = 含税销售额 ÷ (1 + 3%)

应纳税额 = 销售额 × 2%

③小规模纳税人销售自己使用过的除固定资产以外的物品.应按3%的征收率征收增值税。

(2)一般纳税人按照简易办法销售自产的下列货物，可选择按照简易办法依照6%的征收率计算缴纳增值税：

①县级及县级以下小型水力发电单位生产的电力。小型水力发电单位，是指各类投资主体建设的装机容量为5万千瓦以下(含5万千瓦)的小型水力发电单位。

②建筑用和生产建筑材料所用的砂、土、石料。

③以自己采掘的砂、土、石料或其他矿物连续生产的砖、瓦、石灰(不含茹土实心砖、瓦)。

④用微生物、微生物代谢产物、动物毒素、人或动物的血液或组织制成的生物制品。

⑤自来水。对属于一般纳税人的自来水公司销售冉来水按简易办法依照6%的征收率低收增值税.不得抵扣其购进自来水取得增值税扣脱凭证上注明的增值税税款。

⑥商品混凝土(仅限于以水泥为原料生产的水泥惺凝土)。

一般纳税人选择简易办法计算缴纳增值税后36个月内不得变更，可自行开具增值税专发票。

(3)一般纳税人销售货物属于下列情形之一的，暂按简易办法依照4%的征收率计算缴纳增值税：

①寄售商店代销寄售物品(包括居民个人寄售的物品在内)。

②典当业销售死当物品。

(4)一般纳税人销售自己使用过的物品：

①销售自己使用过的按规定不得抵扣进项税额且未抵扣进项税额的固定资产，按简易办法依4%的征收率减半征收增值税。

②销售自己使用过的其他固定资产，按相关规定执行。

③销售自己使用过的除固定资产以外的物品，应当按照适用税率征收增值税。

上述按简易办法依4%的征收率减半征收增值税的.应开具普通发票.不得开具增值税专用发票。

(5)纳税人销售旧货适用征收率的规定

纳税人销售旧货，按照简易办法依照4%的征收率减半征收增值税。所称旧货.是指进入二次流通的具有部分使用价值的货物(含旧汽车、旧摩托车、旧游艇)，但不包括自己使用过的物品。

纳税人销售旧货，应开具普通发票，不得自行开具或者由税务机关代开增值税专用发票。

(6)关于药品经背企业销售生物制品有关增伯脱问题

自2012年7月1门起，属于增值税一般纳税人的药品经营企业销售生物制品，可选择简易办法按照生物制品销售额和3%的征收率计算嫩纳增值税。选择简易办法汁算缴纳增值税后，36个月内不得变更计税方法。

纳税人兼营不同税率的货物或者应税劳务以及应税服务，应当分别核算不同税率货物的销售额和不同税率应税劳务、应税服务的营业额。未分别核算销售额或营业额的，从高适用税率计算其应纳税额。

第二节　增值税应纳税额的计算

我同目前对一般纳税人采用的计税方法是国际上通行的购进扣税法，即先按当期销售额和适用税率计算出销项税额（这是对销售全额的征税），然后对当期购进项目已经缴纳的税款（所含税款）进行抵扣，从而间接计算出对当期增值额部分的应纳税额。

增值税一般纳税人销售货物或者提供应税劳务的应纳税额，应该等于当期销项税额抵扣当期进项税额后的余额。其计算公式如下：

当期应纳税额 = 当期销项税额 － 当期进项税额

一、增值税销项税额的计算

销项税额是指纳税人销售货物、提供应税劳务或者提供应税服务，按照销售额、应税劳务收入或应税服务收入和规定的税率计算并向购买方收取的增值税税额。销项税额的计算公式为：

销项税额 = 销售额 × 适用税率

1. 一般销售方式下的销售额

销售额是指纳税人销售货物、提供应税劳务或应税服务向购买方收取的全部价款和价外费用。特别需要强调的是尽管销项税额也是销售方向购买方收取的，但是增值税采用价外计税方式，用不含税价作为计税依据，因而销售额中不包括向购买方收取的销项税额。

价外费用，包括价外向购买方收取的手续费、补贴、基金、集资费、返还利润、奖励费、违约金、滞纳金、延期付款利息、赔偿金、代收款项、代垫款项、包装费、包装物租金、储备费、优质费、运输装卸费以及其他各种性质的价外收费。但下列项目不包括在内：

（1）受托加工应征消费税的消费品所代收代缴的消费税；

（2）同时符合以下条件的代垫运输费用：

①承运部门的运输费用发票开具给购买方的；

②纳税人将该项发票转交给购买方的。

（3）同时符合以下条件代为收取的政府性基金或者行政事业性收费：

①由国务院或者财政部批准设立的政府性基金，由国务院或者省级人民政府及其财政、价格主管部门批准设立的行政事业性收费；

②收取时开具省级以上财政部门印制的财政票据；

③所收款项全额上缴财政。

（4）销售货物的同时代办保险等而向购买方收取的保险费，以及向购买方收取的代购买方缴纳的车辆购置税、车辆牌照费。

凡随同销售货物或提供应税劳务、应税服务向购买方收取的价外费用，无论其会计制度如何核算，均应并入销售额计算应纳税额。

应当注意，根据国家税务总局规定：对增值税一般纳税人向购买方收取的价外费用和逾期包装物押金，应视为含税收入，在征税时换算成不含税收入再并入销售额。

销售额以人民币计算。纳税人以外币结算销售额的，应当折合成人民币计算，汇率可以选择销售额发生的当天或当月1日的外汇牌价（原则上为中间价）。纳税人应事先确定采用何种汇率，确定后1年内不得变更。

2. 含税销售额的换算

增值税的应税销售额不包括向购买方收取的销项税额，但在实际工作中，常常会出现一般纳税人将销售货物、提供应税劳务、应税服务采用销售额和销项税额合并定价收取的方法，这样，就会形成含税销售额。因此，一般纳税人销售货物或者提供应税劳务、应税服务取得的含税销售额在计算销项税额时，必须将其换算为不含税的销售额。将含税销售额换算为不含税销售额的计算公式为：

$$不含税销售额=\frac{含税销售额}{1+税率}$$

公式中的税率为销售的货物或者应税劳务、应税服务按《增值税暂行条例》规定所适用的税率。

【例2－1】某公司为增值税一般纳税人，生产和销售甲商品适用增值税税率为17%。2013年8月销售给一般纳税人A商品一批，开出增值税专用发票中注明销售额为8 000元，税额为1 360元；销售给某小规模纳税人A商品一批，开出一张普通发票，销售额3 510元，另收取包装费117元。计算该公司8月份增值税销项税额。

【解析】该公司销售给小规模纳税人A商品销售额3 510元属于含税销售额，另收取包装费117元属于价外费用应计入销售额，在计算增值税销售额时应换算为不含增值税的销售额。

$$该公司8月增值税销售额=8\ 000+\frac{3510+117}{1+17\%}=11\ 100（元）$$

$$该公司8月增值税销项税额=11\ 100\times17\%=1\ 887（元）$$

3. 特殊销售方式下的销售额

（1）采取折扣方式销售 折扣销售是指销货方在销售货物或应税劳务时，因购货方购货数量较大等原因而给予购货方的价格优惠（如：购买5件，销售价格折扣10%；购买10件，折扣20%等）。由于折扣是在实现销售时同时发生的，因此，税法规定，如果销售额和折扣额在同一张发票上分别注明的，可按折扣后的余额作为销售额计算增值税；如果将折扣额另开发票，不论其在财务上如何处理，均不得从销售额中减除折扣额。这里需要做几点解释：

①折扣销售不同于销售折扣。销售折扣是指销货方在销售货物或应税劳务后，为了鼓励购货方及早偿还货款而协议许诺给予购货方的一种折扣优待（如10天内付款，货款折扣2%，20天内付款，折扣1.5%；30天内全价付款）。销售折扣发生在销货之后，是一种融资性质的理财费用，因此，销售折扣不得从销售额中减除。另外，销售折扣又不同于销售折让。销售折让是指货物销售后，由于其品种、质量等原因购货方未予退货，但销货方需给予购货方的一种价格折让。销售折让与销售折扣相比较，虽然都是在货物销售后发生的，但因为销售折让是由于货物的品种和质量引起销售额的减少，因此，对销售折让可以折让后的货款为销售额；

②折扣销售仅限于货物价格的折扣，如果销货者将自产、委托加工和购买的货物用于实物折扣的，则该实物款额不能从货物销售额中减除，且该实物应按增值税条例“视同销售货物”中的“赠送他人”计算征收增值税。

（2）采取以旧换新方式销售 以旧换新是指纳税人在销售自己的货物时，有偿收回旧货物的行为。采取以旧换新销售货物，应按新货物的同期销售价格确定销售额，不得扣减旧货物的收购价格。考虑到金银首饰以旧换新业务的特殊情况，对金银首饰以旧换新业务，可以按销售方实际收取的不含增值税的全部价款征收增值税。

【例2-2】某商场为增值税一般纳税人，2013年10月采取以旧换新方式销售电视机10台，回收的10台旧电视机，每台作价300元，取得现金净收入65 800元。已知每台新电视机市场零售价格（含增值税）为6 880元。计算该商场此项业务增值税销售额和销项税额。

【解析】该商场此项业务属于以旧换新方式销售货物，除税法对金银首饰等有特殊规定外，其增值税销售额应按照该货物的同期销售价格确定，即按销售新货物同期销售价格确定，因此，此业务应以每台新电视机市场零售价格6 880元为计算销项税额的基础，由于零售价格含增值税，在计算增值税销售额时应换算为不含增值税的销售额。

该商场此项业务增值税销售额 $= \dfrac{6880 \times 10}{1+17\%} = 58\ 803.42$（元）

该商场此项业务增值税销项税额 $= 58\ 803.42 \times 17\% = 9\ 996.58$（元）

（3）采取还本销售方式销售 还本销售是指纳税人在销售货物后，到一定期限由销售方一次或分次退还给购货方全部或部分价款。这种方式实际上是一种筹资，是以货物换取资金的使用价值，到期还本不付息的方法。采取还本销售方式销售货物，其销售额就是货物的销售价格，不得从销售额中减除还本支出。

（4）采取以物易物方式销售 以物易物是指购销双方不是以货币结算，而是以同等价款的货物相互结算，实现货物购销的一种方式。以物易物双方都应作购销处理，以各自发出的货物核算销售额并计算销项税额，以各自收到的货物按规定核算购货额并计算进项税额。应注意，在以物易物活动中，应分别开具合法的票据，如收到的货物不能取得相应的增值税专用发票或其他合法票据的，不能抵扣进项税额。

（5）包装物押金是否计入销售额 根据税法规定，纳税人为销售货物而出租出借包装物收取的押金，单独记账核算的，时间在1年以内，又未过期的，不并入销售额征税，但对因逾期未收回包装物不再退还的押金，应按所包装货物的适用税率计算销项税额。

上述规定中，“逾期”是指按合同约定实际逾期或以1年为期限，对收取1年以上的押金，无论是否退还均并入销售额征税。当然，在将包装物押金并入销售额征税时，需要先将该押金换算为不含税价，再并入销售额征税。纳税人为销售货物出租出借包装物而收取的押金，无论包装物周转使用期限长短，超过1年（含1年）以上仍不退还的均并入销售额征税。

从1995年6月1日起，对销售除啤酒、黄酒外的其他酒类产品而收取的包装物押金，无论是否返还以及会计上如何核算，均应并入当期销售额征税。对销售啤酒、黄酒所收取的押金，按上述一般押金的规定处理。

另外，包装物押金不应混同于包装物租金，包装物租金在销货时作为价外费用并人销售额计算销项税额。

（6）销售已使用过的固定资产处理 自2009年1月1日起，纳税人销售自己使用过的固定资产（以下简称已使用过的固定资产），应区分不同情形征收增值税：

①销售自己使用过的2009年1月1日以后购进或者自制的固定资产，按照适用税率征收增值税；

②销售自己使用过的2009年1月1日以前购进或者自制的固定资产，如果购进时没有抵扣进项税，则按照4%征收率减半征收增值税，如果购进时已抵扣过进项税，则按照适用税率征收增值税。

③对于纳税人发生固定资产视同销售行为，对已使用过的固定资产无法确定销售额的，以固定资产净值为销售额。“已使用过的固定资产”是指纳税人根据财务会计制度已经计提折旧的固定资产。

（7）计税价格明显偏低且无正当理由的或者视同销售货物行为的销售额 税务机关可按下列顺序确定其销售额：

①按纳税人最近时期同类货物的平均销售价格确定。

②按其他纳税人最近时期同类货物的平均销售价格确定。

③按组成计税价格确定。组成计税价格的公式为：

组成计税价格 ＝ 成本 ×（1＋成本利润率）

征收增值税的货物，同时又征收消费税的，其组成计税价格中应加上消费税税额。其组成计税价格公式为：

组成计税价格 ＝ 成本 ×（1＋成本利润率）＋ 消费税税额

或：组成计税价格 ＝ 成本 ×（1＋成本利润率）÷（1－消费税税率）

公式中的成本是指：销售自产货物的为实际生产成本，销售外购货物的为实际采购成本。公式中的成本利润率由国家税务总局确定。但属于应从价定率征收消费税的货物，其组成计税价格公式中的成利润率，为国家税务总局确定的成本利润率。

（8）纳税人提供应税服务的价格明显偏低或者偏高且不具有合理商业目的的，或者发生视同提供应税服务而无销售额的，主管税务机关有权按照下列顺序确定销售额：

①按照纳税人最近时期提供同类应税服务的平均价格确定。

②按照其他纳税人最近时期提供同类应税服务的平均价格确定。

③按照组成计税价格确定。组成计税价格的公式为：

组成计税价格＝成本×（1＋成本利润率）

成本利润率由国家税务总局确定。

【例2－3】某皮革厂为增值税一般纳税人，2013年3月将自产的一批新款皮包120个作为“三八”福利发给本厂女职工。由于该款皮包尚未上市销售，无同类市场销售价格，每个成本400元，税务机关核定其成本利润率为10%。计算该厂发放皮包的增值税销项税额。

【解析】该皮革厂将皮包作为福利发给本厂女职工属于视同销售行为，应缴纳增值税。因新款皮包无同类市场销售价格，应按组成计税价格计算增值税销项税额。

该厂发放皮包的组成计税价格＝120×400×（1＋10%）＝52 800（元）

该厂发放皮包的增值税销项税额＝52 800×17%＝8 976（元）

二、增值税进项税额的计算

纳税人购进货物或者接受应税劳务、应税服务所支付或者负担的增值税额为进项税额。

进项税额是与销项税额相对应的另一个概念。在开具增值税专用发票的情况下，它们之间的对应关系是，销售方收取的销项税额，就是购买方支付的进项税额。对于任何一个一般纳税人而言，由于其在经营活动中，既会发生销售货物或提供应税劳务，又会发生购进货物或接受应税劳务，因此，每一个一般纳税人都会有收取的销项税额和支付的进项税额。增值税的核心就是用纳税人收取的销项税额抵扣其支付的进项税额，其余额为纳税人实际应缴纳的增值税税额。这样，进项税额作为可抵扣的部分，对于纳税人实际纳税多少就产生了举足轻重的作用。然而，需要注意的是，并不是纳税人支付的所有进项税额都可以从销项税额中抵扣。因此，严格把握哪些进项税额可以抵扣，哪些进项税额不能抵扣是十分重要的。

1. 准予从销项税额中抵扣的进项税额

根据税法规定，准予从销项税额中抵扣的进项税额，限于下列增值税扣税凭证上注明的增值税税额和按规定的扣除率计算的进项税额：

(1)从销售方或提供方取得的增值税专用发票上注明的增值税额；

(2)从海关取得的完税凭证上注明的增值税额；

(3)购进农产品，按照农产品收购发票或者销售发票上注明的农产品买价和13%的扣除率计算的进项税额。计算公式:进项税额 = 买价 × 扣除率

①所谓“农业产品”是指直接从事植物的种植、收割和动物的饲养、捕捞的单位和个人销售的自产而且免征增值税的农业产品。

②购买农业产品的买价，包括纳税人购进农产品在农产品收购发票或者销售发票上注明的价款和按规定缴纳的烟叶税。

③对烟叶税纳税人按规定缴纳的烟叶税，准予并入烟叶产品的买价计算增值税的进项税额，并在计算缴纳增值税时予以抵扣。即购进烟叶准予抵扣的增值税进项税额，按照《中华人民共和国烟叶税暂行条例》及《财政部、同家税务总局印发〈关于烟叶税若干具体问题的规定〉的通知》(财税〔2006〕64号)规定的烟叶收购金额和烟叶税及法定扣除率计算。烟叶收购金额包括纳税人支付给烟叶销售者的烟叶收购价款和价外补贴，价外补贴统一暂按烟叶收购价款的10%计算。计算公式如下：

烟叶收购金额 = 烟叶收购价款 ×(1 + 10%)

烟叶税应纳税额 = 烟叶收购金额 × 税率(20%)

准予抵扣的进项税额 =(烟叶收购金额 + 烟叶税应纳税额)× 扣除率

2. 不得从销项税额中抵扣的进项税额

①纳税人购进货物、接受应税服务或者应税劳务，取得的增值税扣税凭证不符合法律、行政法规或者国务院税务主管部门有关规定的，其进项税额不得从销项税额中抵扣。所称增值税扣税凭证，是指增值税专用发票、海关进口增值税专用缴款书、农产品收购发票或农产品销售发票。

②用于简易计税方法计税项目、非增值税应税项目、免征增值税项目、集体福利或者个人消费的购进货物、接受加工修理修配劳务或者应税服务。其中涉及的固定资产、专利技术、非专利技术、商誉、商标、著作权、有形动产租赁，仅指专用于上述项目的固定资产、专利技术、非专利技术、商誉、商标、著作权、有形动产租赁。

③非正常损失的购进货物及相关的加工修理修配劳务或者交通运输业服务。非正常损失，是指因管理不善造成被盗、丢失、霉烂变质的损失，以及被执法部门依法没收或者强令自

行销毁的货物。

④非正常损失的在产品、产成品所耗用的购进货物(不包括固定资产)、加工修理修配劳务或者交通运输业服务。

⑤接受的旅客运输服务。

⑥适用一般计税方法的纳税人，兼营简易计税方法计税项目、非增值税应税劳务、免征增值税项目而无法划分不得抵扣的进项税额，按照下列公式计算不得抵扣的进项税额：

不得抵扣的进项税额 = 当期无法划分的全部进项税额 ×(当期简易计税方法计税项目销售额 + 非增值税应税劳务营业额 + 免征增值税项目销售额) ÷(当期全部销售额 + 当期全部营业额)

主管税务机关可以按照上述公式依据年度数据对不得抵扣的进项税额进行清算。

⑦纳税人发生规定不允许抵扣而已经抵扣进项税额的行为，应将该项购进货物或应税劳务的进项税额从当期发生的进项税额中扣减。无法准确确定该项进项税额的，按当期实际成本计算应扣减的进项税额。

实际成本 = 进价 + 运费 + 其他有关费用

应扣减的进项税额 = 实际成本 × 征税时该货物或应税劳务适用的税率

⑧因发生服务中止、购进货物退出、折让而收回的增值税额，应当从当期的进项税额中扣减。

【例 2 -4】某机械厂为增值税一般纳税人，2013 年 9 月为生产应税产品购入 500 吨原材料，取得增值税专用发票注明价款 400 万元，增值税 68 万元，在运输途中发生交通事故损毁一批，经验收查明损毁 40 吨，入库 460 吨。计算该厂 9 月可抵扣的增值税进项税额。

【解析】该厂购入原材料取得增值税专用发票其进项税额可抵扣，支付运输费用取得普通发票可按运费金额的 7% 抵扣进项税额，但由于交通事故损毁的原材料其进项税额不能抵扣。

该厂 9 月可抵扣的增值税进项税额 $=680\ 000\times(1-\frac{40}{50})$

$=625\ 600$(元)

三、增值税应纳税额的计算

在计算出销项税额和进项税额后就可以得出实际应纳税额。纳税人销售货物或提供应税劳务，其应纳税额为当期销项税额抵扣当期进项税额后的余额。

基本计算公式为：

应纳税额 = 当期销项税额 - 当期进项税额

上述公式中，如果当期销项税额小于当期进项税额，其不足抵扣的部分可以结转到下期继续抵扣。

增值税一般纳税人在计算应纳增值税额时，应特别注意销项税额的确认时间和进项税额的抵扣时限。

1. 计算销项税额的时间限定

增值税一般纳税人销售货物或提供应税劳务、应税服务后，什么时候计算销项税额，关系到当期销项税额的大小，关于销项税额的确认时间，总的原则是销项税额的确定时间不得滞后，税法对此都作了严格的规定，确认销项税额的时间限定详见本章第四节“纳税义务发生时间”的相关规定执行。

2. 进项税额的抵扣时限

(1)防伪税控专用发票进项税额抵扣的时间限定 增值税一般纳税人申请抵扣的防伪税控系统开具的增值税专用发票，必须自该专用发票开具之日起180天内到税务机关认证，并在认证通过的次月申报期内，向主管税务机关申报抵扣进项税额。否则不予抵扣进项税额；

(2)海关完税凭证进项税额抵扣的时间限定 纳税人进口货物取得的属于增值税扣税范围的海关缴款书，应在开具之口起180日内向主管税务机关报送《海关完税凭证抵扣清单》(包括纸质资料和电子数据〕申请稽核比对。逾期未申请的其进项税额不予抵扣，对稽核比对结果为相符的海关缴款书.纳税人应在税务机关提供稽核比对结果的当月纳税申报期内申报抵扣.逾期的其进项税额不予抵扣。

3. 几项特殊规定

(1)进项税额不足抵扣的税务处理 由于增值税实行购进扣税法，有时企业当期购进的货物很多，在计算应纳税额时会出现当期销项税额小于当期进项税额不足抵扣的情况。根据税法规定，当期进项税额不足抵扣的部分可以结转下期继续抵扣。

(2)扣减当期进项税额的规定 一般纳税人因进货退回和折让而从销货方收回的增值税额，应从发生进货退回或折让的当期进项税额中扣减；

(3)购进货物或劳务前期已经抵扣了进项税，后期又发生用途变化不该抵扣进项税的，应将购进货物或应税劳务的进项税额从当期的进项税额中扣减。无法确定该项进项税额的，按当期实际成本和原征税时该货物或应税劳务、应税服务适用的税率计算应扣减的进项税额。

实际成本 = 进价 + 运费 + 保险费 + 其他有关费用

(4)对商业企业向供货方收取的与商品销售量、销售额挂钩(如以一定比例、金额、数量计算)的各种返还收入，均应按平销返利行为的有关规定冲减当期增值税进项税额。应冲减进项税金的计算公式调整为:

当期应冲减进项税金 = 当期取得的返还资金 ÷(1 + 所购货物适用增值税税率)× 所购货物适用增值税税率

(5)扣减当期销项税额的税务处理 一般纳税人因销货退回或折让退还给购买方的增值税额，应从发生销货退回或折让当期的销项税额中扣减。

(6)一般纳税人注销时存货及留抵税额处理一般纳税人注销或被取消辅导期一般纳税人资格，转为小规模纳税人时，其存货不作进项税额转出处理，其留抵税额也不予以退税。

【例2-5】某公司为增值税一般纳税人，适用增值税税率为17%。2014年2月，该公司发生以下经济业务:

(1)外购原材料一批，货款已付并验收入库。从供货方取得的增值税专用发票上注明的增值税税额为170万元，另支付运费10万元，取得增值税专用发票上注明税额为1.1万元。

(2)外购生产用机器设备一台，从供货方取得的增值税专用发票上注明的增值税额为3.4万元。

(3)销售产品一批，取得含税销售额2 808万元。

该公司1月份有尚未抵扣的进项税额余额2.3万元。计算该公司2月份应纳增值税税额。

【解析】该公司购进原材料支付的运输费用可计算抵扣进项税额1.1万元，购进生产用机器设备属于固定资产，支付的增值税3.4万元可以抵扣。销售产品取得含税销售额应换算为不含税销售额。1 月份未抵扣的进项税额可于 2 月份抵扣。

该公司 2 月份增值税销项税额 $=\frac{2808}{1+17\%}\times17\%=408$（万元）

该公司 2 月份可抵扣的增值税进项税额 $=170+1.1+3.4+2.3=176.8$（万元）

该公司 2 月份应纳增值税税额 $=408-176.8=231.2$（万元）

四、小规模纳税人及其他按简易办法计算应纳税额的增值税计算

1. 小规模纳税人应纳税额的计算

小规模纳税人销售货物或者提供应税劳务、应税服务，按照销售额和规定的 3% 的征收率计算应纳税额，不得抵扣进项税额。应纳税额计算公式为：

应纳税额 = 销售额 × 征收率

上述公式中的"销售额"也是销售货物或提供应税劳务、应税服务向购买方收取的全部价款和价外费用，但是不包括按 3% 的征收率收取的增值税税额。对销售货物或提供应税劳务采取销售额和增值税税额合并定价方法的，要分离出不含税销售额，其计算公式为：

$$销售额=\frac{含税销售额}{1+征收率}$$

【例 2－6】某商店为增值税小规模纳税人，2013 年 8 月取得零售收入总额 12.48 万元。计算该商店 8 月应缴纳的增值税税额。

【解析】按规定，小规模纳税人零售收入不开增值税专用发票，其收入 12.48 万元为含税销售额，按规定应换算为不含税销售额；按 3% 的征收率计算增值税。

该商店 8 月份不含税销售额 $=12.48\div(1+3\%)=12.12$（万元）

该商品 8 月份应缴纳增值税税额 $=12\times3\%=0.36$（万元）

五、进口货物应纳税额的计算

纳税人进口货物，按照组成计税价格和规定的税率计算应纳税额，不得抵扣任何税额。组成计税价格和应纳税额的计算公式是：

组成计税价格 = 关税完税价格 + 关税 + 消费税

应纳税额 = 组成计税价格 × 税率

需要注意的是，进口货物增值税的组成计税价格中包括已纳关税税额，如果进口货物属于消费税应税消费品，其组成计税价格中还要包括已纳消费税税额。前述"不得抵扣任何税额"，是指在计算进口环节的应纳增值税税额时，不得抵扣发生在我国境外的各种税金。

【例 2－7】某外贸进出口公司于 2013 年 10 月进口一批服装。该批服装在国外的买价折合人民币 40 万元，另该批服装运抵我国海关前发生的包装费、运输费、保险费等共计折合人民币 20 万元。该批服装报关后，进出口公司按规定缴纳了进口环节的关税和增值税并取得了海关开具的完税凭证。假定该批进口服装当月在国内全部销售，取得不含税销售额 80 万元。已知该批货物进口关税税率 15%，增值税税率 17%，计算该批货物进口环节、国内销售环节分别应缴纳的增值税税额。

【解析】进口货物应按组成计税价格计算缴纳增值税，同时在海关缴纳增值税取得的完税凭证可作为国内销售抵扣的进项税额。

（1）关税的完税价格 $=40+20=60$（万元）

(2)进口环节应纳关税 = 60 × 15% = 9(万元)

(3)进口环节应纳增值税的组成计税价格 = 60 + 9 = 69(万元)

(4)进口环节应缴纳增值税的税额 = 69 × 17% = 11.73(万元)

(5)国内销售环节的销项税额 = 80 × 17% = 13.6(万元)

(6)国内销售环节应缴纳增值税税额 = 13.6 - 11.73 = 1.87(万元)

第三节　出口货物退(免)税

出口货物退(免)税是国际贸易中通常采用的并为世界各国普遍接受的、目的在于鼓励各国出口货物公平竞争的一种退还或免征间接税(目前我国主要包括增值税、消费税)的税收措施，即对出口货物已承担或应承担的增值税和消费税等间接税实行退还或者免征。由于这项制度比较公平合理，因此它已成为国际社会通行的惯例。

一、出口货物退(免)税的基本政策

世界各国为了鼓励本国货物出口，在遵循 WTO 基本规则的前提下，一般都采取优惠的税收政策。有的国家采取对该货物出口前所包含的税金在出口后予以退还的政策(即出口退税)、有的国家采取对出口的货物在出口前即予以免税的政策。我国则根据本国的实际. 采取出口退税与免税相结合的政策。目前，我国的出口货物税收政策分为以下三种形式：

1. 出口免税并退税

出口免税是指对货物在出口销售环节不征增值税、消费税，这是把货物出口环节与出口前的销售环节都同样视为一个征税环节;出口退税是指对货物在出口前实际承担的税收负担，按规定的退税率计算后予以退还。

下列企业出口货物或劳务，除另有规定外，给予免税并退税：

①依法办理工商登记、税务登记、对外贸易经营者备案登记的单位和个体工商户自营和委托出口货物。

②依法办理工商登记、税务登记但未办理对外经营者备案登记的生产企业委托出口货物。

③上述出口企业对外提供加工修理修配劳务，对外提供加工修理修配劳务，是指对进境复出口货物或从事国际运输的运输工具进行的加工修理修配。

2. 出口免税但不退税

出口企业或其他单位出口下列规定的货物实行免税但不退税的政策：

(1)增值税小规模纳税人出口的货物。

(2)避孕药品和用具，古旧图书。

(3)软件产品。其具体范同是指海关税则号前四位为“9803”的货物。

(4)含黄金、铂成分的货物，钻石及其饰品。

(5)国家计划内出口的卷烟。

(6)已使用过的设备。其具体范围是指购进时未取得增值税专用发票、海关进口增值税专用缴款书但其他相关单证齐全的已使用过的设备。

(7)非出口企业委托出口的货物。

(8)非列名生产企业出口的非视同自产货物。

(9)农业生产者自产农产品[农产品的具体范围按照《农业产品征税范围注释》(财税[1995]52号)的规定执行]。

(10)油画、花生果仁、黑大豆等财政部和国家税务总局规定的出口免税的货物。

(11)外贸企业取得普通发票、废旧物资收购凭证、农产品收购发票、政府非税收入票据的货物。

(12)来料加工复出口的货物。

(13)特殊区域内的企业出口的特殊区域内的货物。

(14)以人民币现金作为结算方式的边境地区出口企业从所在省(自治区)的边境口岸出口到接壤国家的一般贸易和边境小额贸易出口货物。

(15)以旅游购物贸易方式报关出口的货物。

(16)国家规定的其他免税货物。

适用增值税免税政策的出口货物和劳务,其进项税额不得抵扣和退税,应当转入成本。

对于适用增值税免税政策的出口货物和劳务,出口企业或其他单位可以依照现行增值税有关规定放弃免税,

3. 出口不免税也不退税

出口不免税是指对国家限制或禁止出口的某些货物的出口环节视同内销环节,照常征税;出口不退税是指对这些货物出口不退还出口前其所负担的税款。

下列出口货物和劳务,不适用增值税退(免)税和免税政策,按下列规定及视同内销货物征税的其他规定征收增值税,适用增值税征税政策的出口货物和劳务,主要有下列货物:

(1)出口企业出口或视同出口财政部、国家税务总局根据国务院决定明确的取消出口退(免)税的货物。

(2)出口企业或其他单位销售给特殊区域内的生活消费用品和交通运输工具。

(3) 出口企业或其他单位因骗取出口退税被税务机关停止办理增值税退(免)税期间出口的货物。

(4)出口企业或其他单位提供虚假备案单证的货物。

(5)出口企业或其他单位增值税退(免)税凭证有伪造或内容不实的货物。

(6)出口企业或其他单位未在国家税务总局规定期限内申报免税核销以及经主管税务机关审核不予免税核销的出口卷烟。

(7)国家规定的其他不符合退免税政策的出口货物和劳务:

二、出口货物的退税率

1. 除财政部和国家税务总局根据国务院规定而明确的增值税出口退税率(以下称退税率)外,出口货物的退税率为其适用税率。

2. 出口企业应将不同税率的货物分开核算和申报,凡划分不清适用退税率的,一律从低适用退税率计算退(免)税。

三、增值税退(免)税的计税依据

出口货物劳务的增值税退(免)税的计税依据,按出口货物劳务的出口发票(外销发票)、其他普通发票或购进出口货物劳务的增值税专用发票、海关进口增值税专用缴款书确定。

1、生产企业出口货物劳务(进料加工复出口货物除外)增值税退(免)税的计税依据,为

出口货物劳务的实际离岸价(FOB)。实际离岸价应以出口发票上的离岸价为准，但如果出口发票不能反映实际离岸价，主管税务机关有权予以核定。

2、生产企业进料加工复出口货物增值税退(免)税的计税依据，按出口货物离岸价扣除出口货物所含的海关保税进口料件的金额后确定。

3、生产企业国内购进无进项税额且不计提进项税额的免税原材料加工后出口的货物的计税依据，按出口货物离岸价扣除国内购进免税原材料的金额后确定。

4、外贸企业出口货物(委托加工修理修配货物除外)增值税退(免)税的计税依据，为购进出口货物的增值税专用发票注明的金额，或海关进口增值税专用缴款书注明的完税价格。

5、外贸企业出口委托加工修理修配货物增值税退(免)税的计税依据，为加工修理修配费用增值税专用发票注明的金额，外贸企业应将加工修理修配使用的原材料(进料加工海关保税进口料件除外)作价销售给受托加工修理修配的生产企业，受托加工修理修配的生产企业应将原材料成本并入加工修理修配费用开具发票。

6、出口进项税额未计算抵扣的已使用过的设备增值税退(免)税的计税依据，按下列公式确定：

退(免)税的计税依据 = 增值税专用发票上的金额或海关进口增值税专用缴款书注明的完税价格 × 已使用过的设备固定资产净值 ÷ 已使用过的设备原值

已使用过的设备净值 = 已使用过的设备原值 - 已使用过的设备已提累计折旧

该通知所称已使用过的设备，是指出口企业根据财务会计制度已经计提折旧的固定资产。

7、免税品经营企业销售的货物增值税退(免)税的计税依据，为购进出口货物的增值税专用发票注明的金额或海关进口增值税专用缴款书注明的完税价格。

8、中标机电产品增值税退(免)税的计税依据，生产企业为销售机电产品的普通发票注明的金额，外贸企业为为购进出口货物的增值税专用发票注明的金额或海关进口增值税专用缴款书注明的完税价格。

9、生产企业向海上石油天然气开采企业销售的自产的海洋工程结构物增值税退(免)税的计税依据，为销售海洋工程结构物的普通发票注明的金额。

10、输入特殊区域的水电气增值税退(免)税的计税依据，为作为购买方的特殊区域内的生产企业购进水(包括蒸汽)、电力、燃气的增值税专用发票注质明的金额。

四、出口货物退税的计算

出口货物只有在适用既免税又退税的政策时，才会涉及如何计算退税的问题。我国目前出口货物退(免)税计算办法有两种:第一种是“免、抵、退”办法，主要适用于出口自产货物和视同自产货物及对外提供加工修理修配劳务的生产企业;第二种是“免、退”办法，目前主要用于收购货物出口的外贸企业。

1.“免、抵、退”税的计算方法

生产企业自营或委托外贸企业代理出口自产货物，除另有规定外，增值税一律实行免、抵、退税管理办法。生产企业，是指独立核算，经主管国税机关认定为一般增值税纳税人，并且具有实际生产能力的企业和企业集团。增值税小规模纳税人出口自产货物继续实行免征增值税办法。生产企业出口自产的属于应征消费税的产品，实行免征消费税办法。

实行免、抵、退税管理办法的“免”税，是指对生产企业出口的自产货物，免征本企业生产销售环节增值税；“抵”税，是指生产企业出口自产货物所耗用的原材料、零部件、燃料、动力等所含应予退还的进项税额，抵顶内销货物的应纳税额；“退”税是指生产企业出口的自产货物在当月内应抵顶的进项税额大于应纳税额时，对未抵顶完的部分予以退税。

(1)当期应纳税额的计算

当期应纳税额 = 当期内销货物的销项税额 −（当期进项税额 − 当期免抵退税不得免征和抵扣税额）− 上期留抵税额

其中：

当期免抵退税不得免征和抵扣税额 = 出口货物离岸价 × 外汇人民币牌价 ×（出口货物征税率 − 出口货物退税率）− 免抵退税不得免征和抵扣税额抵减额

出口货物离岸价（FOB）以出口发票计算的离岸价为准。出口发票不能如实反映实际离岸价的，企业必须按照实际离岸价向主管国税机关申报，同时主管税务机关有权依照《中华人民共和国税收征收管理法》、《中华人民共和国增值税暂行条例》等有关规定予以核定。

免抵退税不得免征和抵扣税额抵减额 = 免税购进原材料价格 ×（出口货物征税率 − 出口货物退税率）

免税购进原材料包括从国内购进免税原材料和进料加工免税进口料件，其中进料加工免税进口料件的价格为组成计税价格。

进料加工免税进口料件的组成计税价格 = 货物到岸价 + 海关实征关税和消费税

(2)免抵退税额的计算

免抵退税额 = 出口货物离岸价 × 外汇人民币牌价 × 出口货物退税率 − 免抵退税额抵减额

其中：

免抵退税额抵减额 = 免税购进原材料价格 × 出口货物退税率

(3)当期应退税额和免抵税额的计算

① 如当期期末留抵税额 ≤ 当期免抵退税额，则：

当期应退税额 = 当期期末留抵税额

当期免抵税额 = 当期免抵退税额 − 当期应退税额

② 如当期期末留抵税额 > 当期免抵退税额，则

当期应退税额 = 当期免抵退税额

当期免抵税额 = 0

当期期末留抵税额根据当期《增值税纳税申报表》中“期末留抵税额”确定。

【例 2 − 8】某自营出口的生产企业为增值税一般纳税人，出口货物的征税税率为 17%，退税税率为 13%。2013 年 1 月的有关经营业务如下：购进原材料一批，取得的增值税专用发票注明的价款 200 万元，外购货物准予抵扣的进项税额 34 万元通过认证。上月末留抵税款 3 万元，本月内销货物不含税销售额 100 万元。收款 117 万元存入银行；本月出口货物的销售额折合人民币 200 万元。试计算该企业当期的“免、抵、退”税额。

【解析】

(1)当期免抵退税不得免征和抵扣税额 = 200 ×（17% − 13%）= 8（万元）

(2)当期应纳税额 = 100 × 17% −（34 − 8）− 3 = 17 − 26 − 3 = −12（万元）

(3)出口货物“免、抵、退”税额 = 200 × 13% = 26（万元）

(4)按规定，如当期期末留抵税额≤当期免抵退税额时：

当期应退税额=当期期末留抵税额

即该企业当期应退税额=12(万元)

(5)当期免抵税额=当期免抵退税额-当期应退税额

当期免抵税额=26-12=14(万元)

【例2-9】某自营出口的生产企业为增值税一般纳税人，出口货物的征税税率为17%，退税率为13%。2013年6月有关经营业务为：购原材料一批，取得的增值税专用发票注明的价款400万元，外购货物准予抵扣的进项税额68万元通过认证。上期末留抵税款5万元。本月内销货物不含税销售额100万元，收款117万元存入银行。本月出口货物的销售额折合人民币200万元。试计算该企业当期的“免、抵、退”税额。

【解析】

(1)当期免抵退税不得免征和抵扣税额=200×(17%-13%)=8(万元)

(2)当期应纳税额=100×17%-(68-8)-5=17-60-5=-48(万元)

(3)出口货物“免、抵、退”税额=200×13%=26(万元)

(4)按规定，如当期期末留抵税额>当期免抵退税额时

当期应退税额=当期免抵退税额

即该企业当期应退税额=26(万元)

(5)当期免抵税额=当期免抵退税额-当期应退税额

该企业当期免抵税额=26-26=0(万元)

(6)6月期末留抵结转下期继续抵扣税额为22(48-26)万元。

【例2-10】某自营出口生产企业是增值税一般纳税人，出口货物的征税率为17%，退税率为13%。2013年8月有关经营业务为：购原材料一批，取得的增值税专用发票注明的价款200万元，外购货物准予抵扣进项税额34万元通过认证。当月进料加工免税进口料件的组成计税价格100万元。上期末留抵税款6万元。本月内销货物不含税销售额100万元。收款117万元存入银行。本月出口货物销售额折合人民币200万元。试计算该企业当期的“免、抵、退”税额。

【解析】

(1)免抵退税不得免征和抵扣税额抵减额=免税进口料件的组成计税价格×(出口货物征税率-出口货物退税率)=100×(17%-13%)=4(万元)

(2)免抵退税不得免征和抵扣税额=当期出口货物离岸价×外汇人民币牌价×(出口货物征税率-出口货物退税率)-免抵退税不得免征和抵扣税额抵减额

=200×(17%-13%)-4=8-4=4(万元)

(3)当期应纳税额=100×17%-(34-4)-6=17-30-6=-19(万元)

(4)免抵退税额抵减额=免税购进原材料×材料出口货物退税率=100×13%=13(万元)

(5)出口货物“免、抵、退”税额=200×13%-13=13(万元)

(6)按规定，如当期期末留抵税额>当期免抵退税额时

当期应退税额=当期免抵退税额

即该企业应退税额=13(万元)

(7)当期免抵税额=当期免抵退税额-当期应退税额

当期该企业免抵税额 = 13 - 13 = 0(万元)

(8)8 月期末留抵结转下期继续抵扣税额为 6(19 - 13)万元。

2."免、退税"的计算方法

外贸企业出口货物、劳务增值税免退税，依下列公式计算：

(1)外贸企业出口委托加工修理修配货物以外的货物：

增值税应退税额 = 增值税退(免)税计税依据 × 出口货物退税率

【例 2 - 11】某进出口公司 2014 年 2 月出口美国平纹布 2000 米，进货增值税专用发票列明单价 20 元/平方米，计税金额 40000 元，退税税率 13%，其应退税额：

2000 × 20 × 13% = 5200(元)

(2)外贸企业出口委托加工修理修配货物：

出口委托加工修理修配货物的增值税应退税额 = 委托加工修理修配的增值税退(免)税计税依据 × 出口货物退税率

【例 2 - 12】某进出口公司 2014 年 3 月购进牛仔布委托加工成服装出口，取得牛仔布增值税发票一张，注明计税金额 10000 元；取得服装加工费计税金额 2000 元，受托方将原材料成本并入加工修理修配费用并开具了增值税专用发票。假设退税税率为 17%，该企业应退税额 = (10000 + 2000) × 17% = 2040(元)

3. 退税率低于征税率的，相应计算出的差额部分的税款计入出口货物或劳务成本。

4. 出口企业既有使用增值税免抵退项目，也有增值税即征即退、先征后退项目的，增值税即征即退和先征后退项目不参与出口项目免抵退税计算。出口企业应分别核算增值税免抵退项目和即征即退、先征后退项目，并分别申请享受增值税即征即退、先征后退和免抵退税政策。

用于增值税即征即退或者先征后退项目的进项税额无法划分的，按照下列公式计算：

无法划分进项税额中用于增值税即征即退或者先征后退项目的部分 = 当月无法划分的全部进项税额 × 当月增值税即征即退或者先征后退项目销售额 ÷ 当月全部销售额、营业额合计

第四节　增值税的征收管理

一、增值税的起征点

增值税起征点的规定实际也涉及征税范围的大小问题，即未达到起征点的不列入增值税的征税范围，故在此节列明，增值税起征点的适用范围限于个人。增值税起征点的幅度规定如下：

1. 销售货物的，为月销售额 5 000 20 000 元；

2. 销售应税劳务、应税服务的，为月销售额 5 000 20 000 元；

3. 按次纳税的，为每次(日)销售额 300 500 元。

上述所称的销售额，是指《增值税暂行条例实施细则》第三十条第一款所称小规模纳税人的销售额，即小规模纳税人的销售额不包括其应纳税额。

省、自治区、直辖市财政厅(局)和国家税务局应在规定的幅度内，根据实际情况确定本地区适用的起征点，并报财政部、国家税务总局备案。

纳税人销售额未达到国务院财政、税务主管部门规定的增值税起征点的，免征增值税；达到起征点的，依照本条例规定全额计算缴纳增值税。

二、增值税纳税义务发生的时间

增值税纳税义务发生时间，是纳税人发生应税行为应当承担纳税义务的起始时间。销售货物或者提供应税劳务、应税服务的纳税义务发生时间可以分为一般规定和具体规定。

1. 一般规定

(1) 纳税人销售货物或者应税劳务、应税服务的，其纳税义务发生时间为收讫销售款项或者取得索取销售款项凭据的当天；先开具发票的，为开具发票的当天。

(2) 纳税人进口货物，其纳税义务发生时间为报关进口的当天。

(3) 增值税扣缴义务发生时间为纳税人增值税纳税义务发生的当天。

2. 具体规定

纳税人收讫销售款项或者取得索取销售款项凭据的当天，按销售结算方式的不同，具体为：

(1) 采取直接收款方式销售货物，不论货物是否发出，均为收到销售款或者取得索取销售款凭据的当天；对于纳税人生产经营活动中采取直接收款方式销售货物，已将货物移送对方并暂估销售收入入账，但既未取得销售款或取得索取销售款凭据也未开具销售发票的，其增值税纳税义务发生时间为取得销售款或取得索取销售款凭据的当天；先开具发票的，为开具发票的当天。

(2) 采取托收承付和委托银行收款方式销售货物，为发出货物并办妥托收手续的当天。

(3) 采取赊销和分期收款方式销售货物，为书面合同约定的收款日期的当天，无书面合同的或者书面合同没有约定收款日期的，为货物发出的当天。

(4) 采取预收货款方式销售货物，为货物发出的当天，但销售生产工期超过 12 个月的大型机械设备、船舶、飞机等货物，为收到预收款或者书面合同约定的收款日期的当天。

(5) 委托其他纳税人代销货物，为收到代销单位的代销清单或者收到全部或者部分货款的当天。未收到代销清单及货款的，为发出代销货物满 180 天的当天。

(6) 提供应税劳务或者应税服务的，为提供劳务或服务同时收讫销售款或者取得索取销售款的凭据的当天。

收讫销售款项，是指纳税人提供应税劳务或应税服务过程中或者完成后收到款项。取得索取销售款项凭据的当天，是指书面合同确定的付款日期；未签订书面合同或者书面合同未确定付款日期的，为应税服务完成的当天。

(7) 纳税人提供有形动产租赁服务采取预收款方式的，其纳税义务发生时间为收到预收款的当天。

(8) 纳税人发生视同销售货物行为，为货物移送的当天。

(9) 纳税人发生视同提供应税劳务、应税服务的，其纳税义务发生时间为应税劳务或应税服务完成的当天。

上述销售货物或应税劳务、应税服务纳税义务发生时间的确定，明确了企业在计算应纳税额时，对“当期销项税额”时间的限定，是增值税计税和征收管理中重要的规定。目前，一些企业没有按照上述规定的纳税义务发生时间将实现的销售收入及时入账并计算纳税，而是采取延迟入账或不计销售收入等做法，以拖延纳税或逃避纳税，这些做法都是错误的。企业必须按上述规定的时限及时、准确地记录销售额和计算当期销项税额。

三、增值税的纳税期限

在明确了增值税纳税义务发生时间后，还需要掌握具体纳税期限，以保证按期缴纳税款。根据《增值税暂行条例》的规定，增值税的纳税期限分别为1日、3日、5日、10日、15日、1个月或者1个季度。

纳税人的具体纳税期限，由主管税务机关根据纳税人应纳税额的大小分别核定；不能按照固定期限纳税的，可以按次纳税。以1个季度为纳税期限的规定仅适用于小规模纳税人。小规模纳税人的具体纳税期限，由主管税务机关根据其应纳税额的大小分别核定。

纳税人以1个月或者1个季度为1个纳税期的，自期满之日起15日内申报纳税；以1日、3日、5日、10日或者15日为1个纳税期的，自期满之日起5日内预缴税款，于次月1日起15日内申报纳税并结清上月应纳税款。

扣缴义务人解缴税款的期限，依照前两款规定执行。

纳税人进口货物，应当自海关填发进口增值税专用缴纳书之日起15日内缴纳税款。

纳税人出口货物适用退(免)税规定的，应当向海关办理出口手续，凭出口报关单等有关凭证，在规定的出口退(免)税申报期内按月向主管税务机关申报办理该项出口货物的退(免)税。具体办法由国务院财政、税务主管部门制定。

出口货物办理退税后发生退货或者退关的，纳税人应当依法补缴已退的税款。

四、增值税纳税地点

1. 固定业户应当向其机构所在地的主管税务机关申报纳税。总机构和分支机构不在同一县(市)的，应当分别向各自所在地的主管税务机关申报纳税；经国务院财政、税务主管部门或者其授权的财政、税务机关批准，可以由总机构汇总向总机构所在地的主管税务机关申报纳税。

2. 固定业户到外县(市)销售货物或者应税劳务，应当向其机构所在地的主管税务机关申请开具外出经营活动税收管理证明、并向其机构所在地的主管税务机关申报纳税；未开具证明的，应当向销售地或者劳务发生地的主管税务机关申报纳税；未向销售地或者劳务发生地的主管税务机关申报纳税的，由其机构所在地的主管税务机关补征税款。

3. 非固定业户销售货物或者提供应税劳务、应税服务的，应当向销售地或者应税劳务、应税服务发生地的主管税务机关申报纳税；未向销售地或者劳务、服务发生地的主管税务机关申报纳税的，由其机构所在地或者居住地的主管税务机关补征税款。

4. 进口货物，应当向报关地海关申报纳税。

5. 扣缴义务人应当向其机构所在地或者居住地的主管税务机关申报缴纳其扣缴的税款。

五、增值税专用发票管理

增值税专用发票(以下简称专用发票)是指增值税一般纳税人销售货物或者提供应税劳务开具的发票，是购买方支付增值税额并可按照有关规定据以抵扣增值税进项税额的凭证。

一般纳税人应通过增值税防伪税控系统(以下简称防伪税控系统)使用专用发票。使用，包括领购、开具、缴销、认证纸质专用发票及其相应的数据电文。

上述所称防伪税控系统，是国务院同意推行的，使用专用设备和通用设备、运用数字密码和电子存储技术管理专用发票的计算机管理系统。“专用设备”是指金税卡、IC 卡、读卡器和其他设备。“通用设备”是指计算机、打印机、扫描器具和其他设备。

增值税专用发票由基本联次或者基本联次附加其他联次构成。基本联次为三联：发票联、抵扣联和记账联。发票联，作为购买方核算采购成本和增值税进项税额的记账凭证；抵扣联，作为购买方报送主管税务机关认证和留存备查的凭证；记账联，作为销售方核算销售收入和增值税销项税额的记账凭证。其他联次用途，由一般纳税人自行确定。

1. 增值税专用发票的领购使用范围

一般纳税人凭《发票领购簿》、IC 卡和经办人身份证明领购专用发票。一般纳税人有下列情形之一的，不得领购开具专用发票：

(1)会计核算不健全，不能向税务机关准确提供增值税销项税额、进项税额、应纳税额数据及其他有关增值税税务资料的；

上列其他有关增值税税务资料的内容，由省，自治区、直辖市和计划单列市国家税务局确定。

(2)有《税收征管法》规定的税收违法行为，拒不接受税务机关处理的；

(3)有下列行为之一，经税务机关责令限期改正而仍未改正的：

①虚开增值税专用发票；

②私自印制专用发票；

③向税务机关以外的单位和个人买取专用发票；

④借用他人专用发票；

⑤未按本规定第十一条开具专用发票；

⑥未按规定保管专用发票和专用设备；

⑦未按规定申请办理防伪税控系统变更发行；

⑧未按规定接受税务机关检查。

有上列情形的，如已领购专用发票，主管税务机关应暂扣其结存的专用发票和 IC 卡。

2. 专用发票开具范围

一般纳税人销售货物或者提供应税劳务，应向购买方开具专用发票。

商业企业一般纳税人零售的烟、酒、食品、服装、鞋帽(不包括劳保专用部分)、化妆 品等消费品不得开具专用发票。

增值税小规模纳税人(以下简称小规模纳税人)需要开具专用发票的，可向主管税务机关申请代开。

销售免税货物不得开具专用发票，法律、法规及国家税务总局另有规定的除外。

3. 增值税专用发票开具的要求、时限规定

专用发票应按下列要求开具：

(1)项目齐全，与实际交易相符；

(2)字迹清楚，不得压线、错格；

(3)发票联和抵扣联加盖财务专用章或者发票专用章；

(4)按照增值纳税义务的发生时间开具。

对不符合上列要求的专用发票，购买方有权拒收。

一般纳税人销售货物或者提供应税劳务可汇总开具专用发票。汇总开具专用发票的，同

时使用防伪税控系统开具《销售货物或者提供应税劳务清单》，并加盖财务专用章或者发票专用章。

4. 开具专用发票后发生退货或销售折让的处理

增值税一般纳税人开具增值税专用发票（以下简称专用发票）后，发生销货退回、销售折让以及开票有误等情况需要开具红字专用发票的，视不同情况分别按以下办法处理：

（1）因专用发票抵扣联、发票联均无法认证的，由购买方填报《开具红字增值税专用发票申请单》并在申请单上填写具体原因以及相对应蓝字专用发票的信息，主管税务机关审核后出具《开具红字增值税专用发票通知单》。购买方不作进项税额转出处理。

（2）购买方所购货物不属于增值税扣税项目范围，取得的专用发票未经认证的，由购买方填报申请单，并在申请单上填写具体原因以及相对应蓝字专用发票的信息，主管税务机关审核后出具通知单。购买方不作进项税额转出处理。

（3）因开票有误购买方拒收专用发票的，销售方须在专用发票认证期限内向主管税务机关填报申请单，并在申请单上填写具体原因以及相对应蓝字专用发票的信息，同时提供由购买方出具的写明拒收理由、错误具体项目以及正确内容的书面材料，主管税务机关审核确认后出具通知单。销售方凭通知单开具红字专用发票。

（4）因开票有误等原因尚未将专用发票交付购买方的，销售方须在开具有误专用发票的次月内向主管税务机关填报申请单，并在申请单上填写具体原因以及相对应蓝字专用发票的信息，同时提供由销售方出具的写明具体理由、错误具体项目以及正确内容的书面材料，主管税务机关审核确认后出具通知单。销售方凭通知单开具红字专用发票。

（5）发生销货退回或销售折让的，除按照《通知》的规定进行处理外，销售方还应在开具红字专用发票后将该笔业务的相应记账凭证复印件报送主管税务机关备案。

5. 税务机关代开增值税专用发票的管理

1. 自2004年6月1日起，代开发票的税务机关（以下简称代开机关）应将当月所代开发票逐票填写《代开发票开具清单》（以下简称《开具清单》），7月份申报期起应同时利用代开票汇总采集软件形成《开具清单》电子文档。

2. 自2004年6月份申报期起，增值税一般纳税人（以下简称纳税人）使用代开发票抵扣进项税额的，应逐票填写《代开发票抵扣清单》（以下简称《抵扣清单》），在进行增值税纳税申报时随同纳税申报表一并报送。在6月份申报时纳税人只报送《抵扣清单》纸质资料，从7月份申报期开始纳税人除报送《抵扣清单》纸质资料外，还需同时报送载有《抵扣清单》电子数据的软盘（或其他存储介质）。未单独报送或未按照规定要求填写《抵扣清单》纸质资料及电子数据的，不得抵扣进项税额。

3. 自2004年7月份起，各地应于每月20日前将当月采集的《开具清单》、《开具清单》电子数据以ZIP文件形式通过FTP上报国家税务总局，国家税务总局FTP服务器使用货运发票上传的FTP服务器。各级税务机关检查、汇总上传方法及流程。

4.《开具清单》和《抵扣清单》信息采集软件及数据检查、汇总软件由国家税务总局统一开发，税务机关和纳税人免费使用。如果纳税人无使用信息采集软件的条件，可委托税务代理等中介机构代为采集。

5. 纳税人当期未使用代开发票抵扣进项税额的可不向主管税务机关报送《抵扣清单》。

【本章小结】

增值税是对在我国境内销售或进口货物或者提供加工、修理修配劳务以及应税服务的单位和个人，以其实现的增值额为征税对象征收的一种流转税。为了便于增值税的计算和征收管理，我国增值税的纳税人又区分为小规模纳税人与一般纳税人。增值税税率包括基本税率、低税率、零税率和征收率。

我国现行增值税一般纳税人应纳税额的计算采用购进扣税法，应纳税额等于当期销项税额减去当期进项税额。小规模纳税人采用简易征收办法，其销售货物或者应税劳务、应税服务，按照销售额和规定的征收率计算应纳税额，不得抵扣进项税额。纳税人进口货物，按照组成计税价格和规定的税率计算应纳税额，不得抵扣任何税额。

我国对出口货物实行零税率(除少数特殊货物外)的优惠政策。所谓零税率是指货物出口时整体税负为零，不但出口环节不必纳税，而且还可以退还以前环节已纳税款。我国目前出口货物退(免)税计算办法有两种:第一种是“免、抵、退”办法，主要适用于自营和委托出口自产货物的生产企业;第二种是“免、退”办法，目前主要用于收购货物出口的外贸企业。

【思考与练习】

一、单项选择题

1. 根据增值税法律制度对于混合销售行为的规定，对于从事货物的生产、批发或者零售为主的企业、企业性单位以及个体经营者的混合销售行为，应当(　)。

A. 视同销售货物，征收增值税　　B. 视同销售货物，征收消费税

C. 视同提供非应税劳务，征收营业税　　D. 视同销售货物，征收营业税

2. 小规模纳税人销售货物，对其进项税额的处理规定是(　)。

A. 可按3%抵扣进项税额　　B. 不得抵扣进项税额

C. 可按4%抵扣进项税额　　D. 可按13%抵扣进项税额

3. 下列各项中，应征收增值税的是(　)。

A. 歌舞厅向顾客销售烟酒、饮料收入

B. 企业销售自建房屋

C. 单独销售移动电话，不提供有关的电信劳务服务

D. 经电信局批准的从事电信业务的单位销售移动电话，并为客户提供电信劳务服务

4. 纳税人兼营不同增值税税率的货物或者增值税应税劳务，未分别核算或不能分别准确核算销售额的，其增值税税率的确定方法是( )。

A. 从高适用税率　　B. 从低适用税率

C. 适用平均税率　　D. 适用3%的征收率

5. 下列不得从增值税销项税额中抵扣进项税额的项目是(　)。

A. 购进免税农产品的进项税额

B. 购进货物所支付运费的进项税额

C. 进口货物在海关缴纳并取得完税凭证的增值税税额

D. 用于装修建筑物所购进货物的进项税额

二、多项选择题

1. 下列各项中，属于增值税征税范围的有(　　)。

A. 提供修理、修配劳务

B. 销售不动产

C. 将货物无偿赠送他人

D. 广告代理业务

2. 准予从增值税销项税额中抵扣进项税额的项目有(　　)。

A. 用于生产免税货物的购进货物

B. 用于集体福利的购进货物

C. 向农业生产者购买免税农产品

D. 销售应税货物支付的由本单位负担的运输费用

3. 下列行为中，视同销售货物征收增值税的有(　　)。

A. 购进的货物用于集体福利

B. 将自产的货物无偿赠送他人

C. 销售代销货物

D. 将自产的货物分配给投资者

4. 下列各项中，应计入增值税的应税销售额的有(　　)。

A. 向购买者收取的销项税额

B. 受托加工消费品所代收代缴的消费税

C. 因销售货物向购买者收取的手续费

D. 因销售货物向购买者收取的优质费

5. 纳税人销售货物时，下列情况中不能开具增值税专用发票的有( )。

A. 购货方购进免税药品要求开具专用发票

B. 消费者个人购进电脑要求开具专用发票

C. 商业零售化妆品

D. 境内易货贸易

三、判断题

1. 在计算增值税应纳税额时，对于非正常损失的购进货物的进项税额，可以从销项税额中抵扣。(　　)

2. 纳税人采取以旧换新方式销售货物的，不得从新货物销售额中减除收购旧货物所支付的金额。(　　)

3. 纳税人当期的应纳增值税额等于当期销项税额减去当期实际发生的进项税额。上期未抵扣的进项税额本期不得抵扣。(　　)

4. 生产企业的小规模纳税人自营出口或委托外贸企业代理出口的自产货物，出口免税但不退税。(　　)

5. 凡增值税专用发票上注明的增值税，均允许纳税人据以申请抵扣进项税额。(　　)

四、计算分析题

1. 某生产企业为增值税一般纳税人，适用增值税税率为17%，2014年2月有关生产经营业务如下：

(1)销售甲产品给某大商场，开具增值税专用发票，取得不含税销售额80万元；另外，开具增值税专用发票，取得甲产品不含税送货运输费收入5万元。

(2)销售乙产品，开具普通发票，取得含税销售额29.25万元。

(3)将试制的一批应税新产品用于本企业基建工程，成本价为20万元，成本利润率为

10%，该新产品无同类产品市场销售价格。

(4)购进货物取得增值税专用发票，注明支付的货款60万元、进项税额10.2万元；另外支付购货的运输费用及进项税额为6.66万元，取得运输公司开具的增值税专用发票。

(5)向农业生产者购进免税农产品一批，支付收购价30万元，支付给运输单位的运费5万元，取得相关的运费增值税专用发票。本月下旬将购进的农产品的20%用于本企业职工福利。

要求：计算该企业2月应缴纳的增值税税额。

2. 某汽车制造厂生产和销售汽车和汽车配件，适用增值税税率17%。2014年3月销售其生产的汽车10台，每台不含税销售价格为85 000元；销售汽车配件，取得含税销售额为27 500元，同时，价外收取对方手续费7 600元。该厂当月购进原材料一批，取得增值税专用发票注明价款35 000元，增值税税额5 950元。购进建筑材料20 000元，增值税专用发票注明的税款3 400元，用于本厂办公大楼的维修。

要求：计算该厂3月应缴纳的增值税税额。

3. 某外贸公司为增值税一般纳税人，2013年4月进口200台笔记本电脑，每台关税完税价格为人民币5 000元，该公司当月售出其中的18台，每台价税合并售价为8 800元。已知电脑关税税率为10%，增值税税率为17%。

要求：计算该公司当月销售小轿车应纳增值税税额。

4. 某商业企业系小规模纳税人，2013年3月该企业发生如下业务：

(1)销售服装取得含税销售额为24 000元，开具普通发票。

(2)购进洗衣粉，共付款13 500元，当月销售洗衣粉取得含税销售额为8 600元。

(3)销售给某一般纳税人仪器两台，获得不含税销售额36 000元，已由税务所代开专用发票。

要求：根据以上资料，计算该企业3月份应纳增值税税额。

5. 某自营出口企业为增值税一般纳税人，适用增值税税率为17%，退税率为13%。2014年3月发生如下经济业务：

(1)购进一批原材料，增值税专用发票上注明的价款为400万元，增值税税额为68万元，已验收入库。

(2)进料加工免税进口料件的组成计税价格为200万元。

(3)本月内销货物取得不含税销售额为150万元。

(4)本月出口货物销售额折合人民币1000万元。

已知：上期末留抵税额10万元。

要求：计算该企业当期应纳(或应退)的增值税。

■ 第三章　消费税法律制度

【学习目标】

通过学习，使大家熟悉消费税的概念、征税范围和纳税人；掌握消费税的计税依据、税目和税率；掌握消费税组成计税价格的计算；学会消费税应纳税额的计算；了解消费税的纳税申报。

第一节　消费税概述

一、消费税的概念

消费税是以特定消费品为课税对象所征收的一种税，属于流转税的范畴。目前，世界上已有一百多个国家开征了这一税种或类似税种。消费税在开征国税收收入总额中占有相当比重，特别是发展中国家，以商品课税为主体，地位尤其重要。我国现行消费税是 1994 年税制改革中新设置的一个税种。在对货物普遍征收增值税的基础上，选择少数消费品再征收一道消费税，目的是为了调节产品结构，引导消费方向，保证国家财政收入，调节支付能力，缓解社会分配不公。

现行消费税的基本规范，是 1993 年 12 月 13 日国务院颁布的《中华人民共和国消费税暂行条例》（以下简称《消费税暂行条例》）。

二、消费税的特点

1. 征税项目具有选择性

目前各国征收的消费税实际上都属于对特定的消费品的消费行为征收的税种。它是从人们普遍消费的大量消费品和消费行为中有选择地确定若干个征税项目，在税法中列举征税。消费税主要包括特定消费品、奢侈品、高能耗消费品、不可再生的资源消费品和税基广、消费普遍、不影响人民群众生活水平，但又具有一定财政意义的普通消费品，共有 14 个税目。

2. 征收环节具有单一性

消费税属于价内税，并实行单一环节征收，一般在应税消费品的生产、委托加工和进口环节缴纳，在以后的批发、零售等环节中，由于价款中已包含消费税，因此不必再缴纳消费税。

3. 征收方法具有多样性

消费税的计税方法比较灵活。为了适应不同应税消费品的情况，消费税在征收方法上具有可变性，有些产品采取从价定率的方式征收，有些产品则采取从量定额的方式征收，还有些产品在实行从价定率的同时，还对其实行从量定额征收。

4. 税收调节具有特殊性

消费税属于国家运用税收杠杆对某些消费品或消费行为特殊调节的税种。主要表现在两个方面：一是不同的征税项目税负差异较大，对需要限制或控制消费的消费品规定较高的税率；二是消费税往往同增值税配合实行双重调节。

5. 消费税具有转嫁性

消费税与增值税同属于流转税，无论在何环节征收，征收多少，应税消费品中所含的消费税款都将最终转嫁给消费者，只不过增值税属于价外税，消费税属于价内税。

三、消费税的纳税人

《消费税暂行条例》规定："在中华人民共和国境内生产、委托加工和进口应税消费品的单位和个人，以及国务院确定的销售消费税暂行条例规定的消费品的其他单位和个人，为消费税纳税义务人。"

这里所说的"单位"是指国有企业、集体企业、私有企业、股份制企业、外商投资企业和外国企业、其他企业和行政单位、事业单位、军事单位、社会团体及其他单位。"个人"是指个体经营者及其他个人。"在中华人民共和国境内"是指生产、委托加工和进口属于应当征收消费税的消费品的起运地或所在地在境内。其中，委托加工的应税消费品由受托方于委托方提货时代扣代缴（受托方为个体经营者除外），自产自用的应税消费品，由自产自用单位和个人在移送使用时缴纳消费税。

四、消费税的征税范围

按照《消费税暂行条例》的规定，在中华人民共和国境内生产、委托加工和进口消费税暂行条例规定的消费品为消费税的征税范围。

确定消费税征税范围的总原则是：立足于我国经济发展水平、国家的消费政策、充分考虑人民生活水平、消费水平和消费结构状况，注重保证国家财政收入的稳定增长，并适当借鉴国外征收的成功经验和国际通行做法。消费税的征税范围当然也不是一成变的，随着我国经济的发展，可根据国家政策和经济情况作适当的调整。列入消费税征税范围的消费品大体上可归为五类：

第一类：一些过度消费会对人身健康、社会秩序、生态环境等方面造成危害的特殊消费品，如烟、酒、鞭炮、焰火等；

第二类：非生活必需品，如化妆品、贵重首饰、珠宝玉石等；

第三类：高能耗及高档消费品，如摩托车、小汽车等；

第四类：不可再生和替代的稀缺资源消费品，如汽油、柴油等；

第五类：税基广、消费普遍、征税后不影响人民群众生活水平，但又具有一定财政意义的普通消费品，如汽车轮胎。

五、消费税的税目

按照《消费税暂行条例》规定，确定征收消费税的只有烟、酒、化妆品等 11 个税目，有的税目还进一步划分若干子目。2006 年 3 月财政部、国家税务总局发布《关于调整和完善消费税政策的通知》(财税[2006]33 号),从 2006 年 4 月 1 日开始执行。《关于调整和完善消费税政策的通知》新增 5 个消费税税目,将汽油、柴油合并为成品油税目;取消了“护肤护发品”税目,将高档护肤护发品划归“化妆品”税目。

1. 烟

凡是以烟叶为原料加工生产的产品,不论使用何种辅料,均属于本税目的征收范围,包括卷烟(进口卷烟、白包卷烟、手工卷烟和未经国务院批准纳入计划的企业及个人生产的卷烟)、雪茄烟和烟丝。

2. 酒及酒精

酒是酒精度在 1 度以上的各种酒类饮料。酒精又名乙醇,是指用蒸馏或合成方法生产的酒精度在 95 度以上的无色透明液体。酒类包括粮食白酒、薯类白酒、黄酒、啤酒和其他酒。酒精包括各种工业酒精、医用酒精和食用酒精。酒的征收范围具体包括:

(1)购酒精生产的白酒,应按酒精所用原料确定白酒的适用税率。凡酒精所用原料无法确定的,一律按照粮食白酒的税率征税;

(2)外购两种以上酒精生产的白酒,一律从高适用税率征税;

(3)以外购白酒加浆降度或外购散酒装瓶出售,以及外购白酒以曲香、香精进行调香、调味生产的白酒,按照外购白酒所用原料确定适用税率。凡白酒所用原料无法确定的,一律按照粮食白酒的税率征税;

(4)以外购的不同品种白酒勾兑的白酒,一律按照粮食白酒的税率征税;

(5)对用粮食和薯类、糠麸等多种原料混合生产的白酒,以粮食白酒为酒基的配置酒、泡制酒,以白酒或酒精为酒基,凡酒基所用原料无法确定的配置酒、泡制酒,一律按照粮食白酒的税率征税;

(6)对用薯类和粮食以外的其他原料混合生产的白酒,一律按照薯类白酒的税率征税。

对饮食业、商业、娱乐业举办的啤酒屋(啤酒坊)利用啤酒生产设备生产的啤酒,应当征收消费税。

3. 化妆品

化妆品是日常生活中用于修饰美化人体表面的用品,包括;香水、香水精、香粉、口红、指甲油、胭脂、眉笔、唇笔、蓝眼油、眼睫毛和成套化妆品等。高档护肤类化妆品征收范围另行制定。

4. 贵重首饰及珠宝玉石

包括凡以金、银、白金、宝石、珍珠、钻石、翡翠、珊瑚、玛瑙等高贵稀有物质以及其他金属、人造宝石等制作的各种纯金银首饰及镶嵌首饰和经采掘、打磨、加工的各种珠宝玉石。

5. 鞭炮、焰火

包括各种鞭炮、焰火。体育上用的发令纸、鞭炮药引线,不按本税目征收。

6. 成品油

包括汽油、柴油、石脑油、溶剂油、航空煤油、润滑油、燃料油七个子目。

7. 汽车轮胎

汽车轮胎是指用于各种汽车、挂车、专用车和其他机动车上的内、外轮胎。汽车轮胎的征税范围包括：轻型乘用汽车轮胎；载重及公共汽车、无轨电车轮胎；矿山、建筑等车辆用轮胎；特种车辆用轮胎（高越野轮胎）；摩托车轮胎；各种挂车用轮胎；工程车轮胎；其他机动车轮胎；汽车与农用拖拉机、收割机、手扶拖拉机通用轮胎。

8. 摩托车

包括轻便摩托车和摩托车两种。轻便摩托车是指最大设计车速不超过50km/h，发动机气缸总工作容量不超过50ml的两轮机动车；摩托车是指最大设计车速超过50km/h，发动机气缸总工作容量超过50ml、空车重量不超过400Kg的两轮和三轮机动车。

9. 小汽车

本税目征收范围包括含驾驶员座位在内最多不超过9个座位（含）的，在设计和技术支持特性上用于载运乘客和货物的各类乘用车和含驾驶员在内的座位数在10至23座（含）的在设计和技术特性上用于载运乘客和货物和各类中轻型商用客车。用排气量小于1.5升（含）的乘用车底盘（车架）改装改制的车辆发球乘用车征收范围。用排气量大于1.5升的乘用车底盘（车架）或用中轻型商用客车底盘（车架）改制、改装的车辆属于中轻型商用客车征收范围。电动汽车不属于本税目征收范围。

10. 高尔夫球及球具

是指从事高尔夫球运动所需的各种专用装备，包括高尔夫球、高尔夫球杆及高尔夫球包（袋）等。

11. 高档手表

是指销售价格（不含增值税）每只在10 000元（含）以上的各类手表。

12. 游艇

是指艇身长度大于8米（含）小于90米（含），内置发动机，可以在水上移动，一般为私人或团体购置，主要用于水上运动和休闲娱乐等非牟利活动的各类机动艇；也包括各种无动力艇和帆艇。

13. 木制一次性筷子

是指以木材为原料经过锯段、浸泡、旋切、刨切、烘干、筛选、打磨、倒角、包装等环节加工而成的各类一次性使用的筷子。

14. 实木地板

是指以木材为原料，经过锯割、干燥、刨光、截断、开榫、涂漆等工序加工而成的块状或条状的地面装饰材料。

六、消费税的税率

消费税采用比例税率和定额税率（即单位税额）两种形式，以适应不同应税消费品的实际情况。消费税税率主要根据课税对象的具体情况来确定，对一些供求基本平衡，价格差异不大，计量单位规范的消费品，选择定额税率，如啤酒、汽油等；对一些供求矛盾，价格差异大，计量单位不规范的消费品，选择税价联动的比例税率，如化妆品、小汽车等；对一些特殊消费品，为更好地保全消费税税基，采用定额税率和比例税率双重征收形式，如白酒、卷烟。

消费税根据不同的税目或子目确定相应的税率或单位税额。2006年4月1日，消费税增加了税目，调整后的消费税税率，比例税率为10档，最高税率为45%，最低税率为3%；定额税率为 8 档税额。见《消费税税目、税率(税额)表》(表 3－1)。

表 3－1　　消费税税目、税率表

税目	税率
一、烟	
1. 卷烟	
(1)甲类卷烟	56% 加 0.003 元/支
(2)乙类卷烟	36% 加 0.003 元/支
(3)批发环节	5%
2. 雪茄烟	36%
3. 烟丝	30%
二、酒及酒精	
1. 白酒	20% 加 0.5 元/500 克(或者 500 毫升)
2. 黄酒	240 元/吨
3. 啤酒	
(1)甲类啤酒	250 元/吨
(2)乙类啤酒	220 元/吨
4. 其他酒	10%
5. 酒精	5%
三、化妆品 30%	
四、贵重首饰及珠宝玉石	
1. 金银首饰、铂金首饰和钻石及钻研饰品	5%
2. 其他贵重首饰和珠宝玉石	10%
五、鞭炮、焰火 15%	
六、成品油	
1. 汽油	
(1)含铅汽油	1.40 元/升
(2)无铅汽油	1.00 元/升
2. 柴油	0.80 元/升
3. 航空煤油	0.80 元/升
4. 石脑油	1.00 元/升
5. 溶剂油	1.00 元/升
6. 润滑油	1.00 元/升
7. 燃料油	0.80 元/升

续表

税目	税率
七、汽车轮胎	3%
八、摩托车 1. 汽缸容量(排气量,下同)在250毫升(含250毫升)以下的 2. 汽缸容量250毫升以上的	 3% 10%
九、小汽车 1. 乘用车 (1)汽缸容量(排气量,下同)在1.0升(含1.0升)以下的 (2)汽缸容量在1.0升以上至1.5升(含1.5升)的 (3)汽缸容量在1.5升以上至2.0升(含2.0升)的 (4)汽缸容量在2.0升以上至2.5升(含2.5升)的 (5)汽缸容量在2.5升以上至3.0升(含3.0升)的 (6)汽缸容量在3.0升以上至4.0升(含4.0升)的 (7)汽缸容量在4.0升以上的 2. 中轻型商用客车	 1% 3% 5% 9% 12% 25% 40% 5%
十、高尔夫球及球具	10%
十一、高档手表	20%
十二、游艇	10%
十三、木制一次性筷子	5%
十四、实木地板	5%

第二节　消费税应纳税额的计算

按照现行消费税法的基本规定，消费税应纳税额的计算分为从价定率和从量定额两类计算方法。具体计算方法为：

一、从价定率计算方法

在从价定率计算方法中，应纳税额的计算取决于并入应税消费品的销售额和适用税率两个因素。其基本计算公式为：

应纳税额 = 应税消费品的销售额 × 适用税率

1. 销售额的确定

销售额为纳税人销售应税消费品向购买方收取的全部价款和价外费用。“价外费用”是指价外收取的基金、集资费、返还利润、补贴、违约金(延期付款利息)和手续费、包装费、储备费、优质费、运输装卸费、代收款项、代垫款项以及其他各种性质的价外收费，但下列款项不包括在内：

(1)承运部门的运费发票开具给购货方的;

(2)纳税人将该项发票转交给购货方。

其他价外费用,无论是否属于纳税人的收入,均应并入销售额计算征税。

实行从价定率办法计算纳税额的应税消费品连同包装物销售的,无论包装是否单独计价,也不论在会计上如何核算,均应并入应税消费品的销售额中征收消费税。如果包装物不作价随同产品销售,而是收取押金(收取酒类产品的包装物押金除外),且单独核算又未过期的,此项押金则不应并入应税消费品的销售额中征税。但对因逾期未收回的包装物不再退还的和已收取1年以上的押金,应并入应税消费品的销售额,按照应税消费品的适用税率征收消费税。

对既作价随同应税消费品销售,又另外收取的包装物押金,凡纳税人在规定的期限内不予退还的,均应并入应税消费品的销售额,按照应税消费品的适用税率征收消费税。

对酒类产品生产企业销售酒类产品而收取的包装物押金,无论押金是否返还与会计上如何核算,均需并入酒类产品销售额中,依酒类产品的适用税率征收消费税。

纳税人销售的应税消费品,以外汇结算销售额的,其销售额的人民币折合率可以选择结算的当天或者当月1日的国家外汇牌价(原则上为中间价)。纳税人应在事先确定采取何种折合率,确定后1年内不得变更。

2. 含增值税销售额的换算

应税消费品在缴纳消费税的同时,与一般货物一样,还应缴纳增值税。按照《消费税暂行条例实施细则》的规定,应税消费品的销售额,不包括向购货方收取的增值税税款。如果纳税人应税消费品的销售额中未扣除增值税税款或者因不得开具增值税专用发票而发生价款和增值税税款合并收取的,在计算消费税时,应将含增值税的销售额换算为不含增值税税款的销售额。其换算公式为:

应税消费品的销售额 = 含增值税的销售额 ÷ (1 + 增值税税率或征收率)

在使用换算公式时,应根据纳税人的具体情况分别使用增值税税率或征收率。如果消费税的纳税人同时又是增值税一般纳税人的,应适用17%的增值税税率;如果消费税的纳税人是增值税小规模纳税人的,应适用6%或3%的征收率。

【例3-1】某化妆品生产企业为增值税一般纳税人,8月10日向某商场销售化妆品一批,开具增值税专用发票,取得不含增值税销售额30万元,增值税额5.1万元;8月22日向某单位销售化妆品一批,开具普通发票,取得含增值税销售额4.68万元。化妆品适用消费税税率30%。该化妆品生产企业10月应缴纳的消费税额为多少?

【解析】

(1)化妆品的应税销售额 = 30 + 4.68 ÷ (1 + 17%) = 34(万元)

(2)应缴纳的消费税额 = 34 × 30% = 10.2(万元)

二、从量定额计算方法

在从量定额计算方法下,应纳税额的计算取决于消费品的应税数量和单位税额两个因素。其基本计算公式为:

应纳税额 = 应税消费品的销售数量 × 单位税额

1. 销售数量的确定

销售数量是指纳税人生产、加工和进口应税消费品的数量。具体规定为：

（1）销售应税消费品的，为应税消费品的销售数量；

（2）自产自用应税消费品的，为应税消费品的移送使用数量；

（3）委托加工应税消费品的，为纳税人收回的应税消费品数量；

（4）进口的应税消费品，为海关核定的应税消费品进口征税数量。

2. 计量单位的换算标准

根据《消费税暂行条例》的规定，黄酒、啤酒是以吨为税额单位；汽油、柴油是以升为税额单位的。但是，考虑到在实际销售过程中，一些纳税人会把吨或升这两个计量单位混用，为了规范不同产品的计量单位，以准确计算应纳税额，吨与升两个计量单位时换算标准为：

啤酒	1 吨 =988 升	溶剂油	1 吨 =1 282 升
黄酒	1 吨 =962 升	润滑油	1 吨 =1 126 升
汽油	1 吨 =1 388 升	燃料油	1 吨 =1 015 升
柴油	1 吨 =1 176 升	航空煤油	1 吨 =1 246 升
石脑油	1 吨 =1 385 升		

【例 3 -2】某啤酒厂 6 月份销售啤酒 400 吨，每吨出厂价格 3 500 元。试计算该厂 6 月应纳消费税税额。

【解析】

（1）每吨啤酒售价在 3 000 元以上的，适用单位税额 250 元

（2）应纳税额 = 销售数量 × 单位税额 =400 ×250 =100 000（元）

三、从价定率和从量定额复合计算方法

现行消费税的征税范围中，只有卷烟、白酒采用复合计算方法。其基本计算公式为：

应纳税额 = 应税销售数量 × 定额税率 + 应税销售额 × 比例税率

生产销售卷烟、白酒从量定额计税依据为实际销售数量。进口、委托加工、自产自用卷烟、白酒从量定额计税依据分别为海关核定的进口征税数量、委托方收回数量、移送使用数量。

四、计税依据的特殊规定

卷烟从价定率计税办法的计税依据为调拨价格或核定价格。

调拨价格是指卷烟生产企业通过卷烟交易市场与购货方签订的卷烟交易价格。计税调拨价格由国家税务总局按照中国烟草交易中心和各省烟草交易（定货）会 2000 年各牌号、规格卷烟的调拨价格确定。核定价格是指由税务机关按其零售价倒算一定比例的办法核定计税价格。核定价格的计算公式为：

某牌号规格卷烟核定价格 = 该牌号规格卷烟市场零售价格 ÷（1 +35%）

实际销售价格高于计税价格和核定价格的卷烟，按实际销售价格征收消费税；实际销售价格低于计税价格和核定价格的卷烟，按计税价格或核定价格征收消费税。

非标准条包装卷烟应当折算成标准包装卷烟的数量，依其实际销售收入计算确定其折算成标准条包装后的实际销售价格，并确定适用的比例税率。

2. 纳税人通过自设非独立核算门市部销售的自产应税消费品，应当按照门市部对外销售额或者销售数量征收消费税。

【例 3 -3】某摩托车生产企业为增值税一般纳税人，6 月份将生产的某型号摩托车（气缸

容量为500ml)30辆，以每辆出厂价10 000元(不含增值税)给自设非独立核算的门市部；门市部又以每辆16 380元(含增值税)售给消费者。试计算该企业6月应缴纳消费税税额。

【解析】

(1)摩托车适用消费税税率10%

(2)应纳税额 = 销售额 × 税率

= 16 380 ÷ (1 + 17%) × 30 × 10%

= 420 000 × 10%

= 42 000(元)

3. 纳税人用于换取生产资料和消费资料，投资入股和抵偿债务等方面的应税消费品，应当以纳税人同类应税消费品的最高销售价格作为计税依据计算消费税。

【例3－4】某汽车制造厂以自产小汽车(1 600毫升气缸容量)10辆换取某钢厂生产的钢材200吨，每吨钢材3 000元。该厂生产的同一型号小汽车销售价格分别为9.5万元/辆、9万元/辆和8.5万元/辆，计算用于换取钢材的小汽车应纳消费税税额(以上价格不含增值税)。

【解析】

(1)小汽车适用的消费税税率为5%

(2)应纳税额 = 销售额 × 税率 = 9.5 × 10 × 5% = 4.75(万元)

五、外购应税消费品已纳税款的扣除

由于某些应税消费品是用外购已缴纳消费税的应税消费品连续生产出来的，在对这些连续生产出来的应税消费品计算征税时，税法规定应按当期生产领用数量计算准予扣除外购的应税消费品已纳的消费税税款。扣除范围包括：

1. 以外购已税烟丝生产的卷烟；
2. 以外购已税化妆品生产的化妆品；
3. 以外购已税珠宝玉石生产的贵重首饰及珠宝玉石；
4. 以外购已税鞭炮焰火生产的鞭炮焰火；
5. 以外购已税汽车轮胎(内胎和外胎)生产的汽车轮胎；
6. 以外购已税摩托车生产的摩托车；
7. 以外购已税石脑油为原料生产的应税消费品；
8. 以外购已税润滑油为原料生产的润滑油；
9. 以外购已税杆头、杆身和握把为原料生产的高尔夫球杆；
10. 以外购已税木制一次性筷子为原料生产的一次性筷子；
11. 以外购已税实木地板为原料生产的实木地板。

上述当期准予扣除外购应税消费品已纳消费税税款的计算公式为：

$$\text{当期准予扣除的外购应税消费品已纳税款} = \text{当期准予扣除的外购应税消费品买价或数量} \times \text{外购应税消费品的适用税率或税额}$$

$$\text{当期准予扣除的外购应税消费品买价或数量} = \text{期初库存的外购应税消费品德买价或数量} + \text{当期购进的应税消费品的买价或数量} - \text{期末库存的外购应税消费品的买价或数量}$$

外购已税消费品的买价是指购货发票上注明的销售额(不包括增值税税款)。

需要说明的是，纳税人用外购的已税珠宝玉石生产的改在零售环节征收消费税的金银首饰（镶嵌首饰），在计税时一律不得扣除外购珠宝玉石的已纳税款。

第三节　自产自用应税消费品应纳税额的计算

在纳税人生产销售应税消费品中，有一种自产自用的形式。所谓自产自用，就是纳税人生产应税消费品后，不是用于直接对外销售，而是用于自己连续生产应税消费品，或用于其他方面。这种自产自用应税消费品形式，在实际经济活动中是常见的，但也是在是否纳税或如何纳税上最容易出现问题的。例如，有的企业把自己生产的应税消费品，以福利或奖励等形式发给本厂职工，以为不是对外销售，不必计入销售额，无须纳税，这样就出现了漏缴税款的现象。因此，很有必要认真理解税法对自产自用应税消费品的有关规定。

一、用于连续生产应税消费品的含义

纳税人自产自用的应税消费品，用于连续生产应税消费品的，不纳税。所谓“纳税人自产自用的应税消费品，用于连续生产应税消费品的”，是指作为生产最终应税消费品的直接材料、并构成最终产品实体的应税消费品。例如：卷烟厂生产出烟丝，烟丝已是应税消费品，卷烟厂再用生产出的烟丝连续生产卷烟，这样，用于连续生产卷烟的烟丝就不缴纳消费税，只对生产的卷烟征收消费税。当然，生产出的烟丝如果是直接销售的，则烟丝还是要缴纳消费税的。

二、用于其他方面的规定

纳税人自产自用的应税消费品，除用于连续生产应税消费品外，凡用于其他方面的，于移送使用时纳税。用于其他方面的是指纳税人用于生产非应税消费品和在建工程，管理部门、非生产机构，提供劳务，以及用于馈赠、赞助、集资、广告、样品、职工福利、奖励等方面的应税消费品。所谓“用于生产非应税消费品”，是指把自产的应税消费品用于生产消费税条例税目税率表所列 14 类产品以外的产品。所谓“用于在建工程”，是指把自产的应税消费品用于本单位的各项建设工程。例如石化工厂把自己生产的柴油用于本厂基建工程的车辆、设备使用。所谓“用于管理部门、非生产机构”，是指把自己生产的应税消费品用于与本单位有隶属关系的管理部门或非生产机构。所谓“用于馈赠、赞助、集资、广告、样品、职工福利、奖励”，是指把自己生产的应税消费品无偿赠送给他人或以资金的形式投资于外单位某些事业或作为商品广告、经销样品或以福利、奖励的形式发给职工。

总之，企业自产的应税消费品虽然没有用于销售或连续生产应税消费品，但只要是用于税法所规定的范围的都要视同销售，依法缴纳消费税。

三、组成计税价格及应纳税额的计算

纳税人自产自用的应税消费品，凡用于其他方面，应当纳税的，按照纳税人生产的同类消费品的销售价格计算纳税。同类消费品的销售价格是指纳税人当月销售的同类消费品的销售价格，如果当月同类消费品各期销售价格高低不同，应按销售数量加权平均计算。但销售的应税消费品有下列情况之一的，不得列入加权平均计算：

（1）销售价格明显偏低又无正当理由的；

(2)无销售价格的。如果当月无销售或者当月未完结，应按照同类消费品上月或最近月份的销售价格计算纳税。

没有同类消费品销售价格的，按照组成计税价格计算纳税。组成计税价格计算公式是：

实行从价定率办法计算纳税的组成计税价格：

组成计税价格 =(成本 + 利润)÷(1 − 消费税税率)

应纳税额 = 组成计税价格 × 适用税率

实行复合计税办法计算纳税的组成计税价格计算公式

组成计税价格 =(成本 + 利润 + 自产自用数量 × 定额税率)÷(1 − 比例税率)

应纳税额 = 组成计税价格 × 比例税率 + 自产自用数量 × 定额税率

上述公式中所说的“成本”，是指应税消费品的产品生产成本。

上述公式中所说的“利润”，是指根据应税消费品的全国平均成本利润率计算的利润。应税消费品全国平均成本利润率由国家税务总局确定。

应税消费品全国平均成本利润率(含新增和调整后的应税消费品)规定如下：

1. 甲类卷烟	10%	11. 贵重首饰及珠宝玉石	6%
2. 乙类卷烟	5%	12. 汽车轮胎	5%
3. 雪茄烟	5%	13. 摩托车	6%
4. 烟丝	5%	14. 高尔夫球及球具	10%
5. 粮食白酒	10%	15. 高档手表	20%
6. 薯类白酒	5%	16. 游艇	10%
7. 其他酒	5%	17. 木制一次性筷子	5%
8. 酒精	5%	18. 实木地板	5%
9. 化妆品	5%	19. 乘用车	8%
10. 鞭炮、焰火	5%	20. 中轻型商用客车	5%

【例 3－5】某化妆品公司将生产的成套化妆品用作职工福利，查知无同类产品销售价格，其生产成本为 15 000 元。计算该批护肤品应缴纳的消费税税额。

【解析】

(1)组成计税价格 =(成本 + 利润)÷(1 − 消费税税率)

=[15 000 +(15 000 × 5%)]÷(1 − 30%)

= 15 750 ÷ 70% = 22 500(元)

(2)应纳税额 = 22 500 × 30% = 6 750(元)

第四节　委托加工应税消费品应纳税额的计算

企业、单位或个人由于设备、技术、人力等方面的局限，或其他方面的原因，常常要委托其他单位代为加工应税消费品，然后，将加工好的应税消费品收回，或直接销售或自己使用。这是生产应税消费品的另一种形式，也需要纳入征收消费税的范围。

一、委托加工应税消费品的确定

委托加工的应税消费品是指由委托方提供原料和主要材料，受托方只收取加工费和代垫部分辅助材料加工的应税消费品。对于由受托方提供原材料生产的应税消费品，或者受托方先将原材料卖给委托方，然后再接受加工的应税消费品，以及由受托方以委托方名义购进原材料生产的应税消费品，不论纳税人在财务上是否作销售处理，都不得作为委托加工应税消费品，而应当按照销售自制应税消费品缴纳消费税。

二、代收代缴税款

对于确实属于委托方提供原料和主要材料，受托方只收取加工费和代垫部分辅助材料加工的应税消费品，税法规定，由受托方在向委托方交货时代收代缴消费税。这样，受托方就是法定的代收代缴义务人。如果受托方对委托加工的应税消费品未代收代缴或少代收代缴消费税，就要按照《税收征收管理法》的规定，承担代收代缴的法律责任。因此，受托方必须严格履行代收代缴义务，正确计算和按时代缴税款。为了加强对受托方代收代缴税款的管理，对委托个体经营者加工应税消费品纳税问题做了调整，由原定一律由受托方代收代缴税款，改为纳税人委托个体经营者加工应税消费品，一律于委托方收回后在委托方所在地缴纳消费税。

对于受托方没有按规定代收代缴税款的，并不能因此免除委托方补缴税款的责任。在对委托方进行税务检查中，如果发现其委托加工的应税消费品受托方没有代收代缴税款，则按照《税收征收管理法》规定，对受托方处以应代收代缴税款50%以上3倍以下罚款；委托方要补缴税款。对委托方补征税款的计税依据是：

如果在检查时，收回的应税消费品已经直接销售的，按销售额计税；收回的应税消费品尚未销售或不能直接销售的（如收回后用于连续生产等），按组成计税价格计税。

委托加工的应税消费品，受托方在交货时已代收代缴消费税，委托方收回后直接出售的，不再征收消费税。

三、组成计税价格的计算

委托加工的应税消费品，按照受托方的同类消费品的销售价格计算纳税，没有同类消费品销售价格的，按照组成计税价格计算纳税。组成计税价格的计算公式为：

实行从价定率办法计算纳税的组成计税价格计算公式：

组成计税价格 =（材料成本 + 加工费）÷（1 − 比例税率）

实行复合计税办法计算纳税的组成计税价格计算公式：

组成计税价格 =（材料成本 + 加工费 + 委托加工数量 × 定额税率）÷（1 − 比例税率）

同类消费品的销售价格是指受托方（即代收代缴义务人）当月销售的同类消费品的销售价格，如果当月同类消费品各期销售价格高低不同，应按销售数量加权平均计算。但销售的应税消费品有下列情况之一的，不得列入加权平均计算：

销售价格明显偏低又无正当理由的；

（2）无销售价格的。如果当月无销售或者当月未完结，应按照同类消费品上月或最近月份的销售价格计算纳税。

1. 材料成本

按照《消费税暂行条例实施细则》的解释，“材料成本”是指委托方所提供加工材料的实际成本。委托加工应税消费品的纳税人，必须在委托加工合同上如实注明（或以其他方式提供）材料成本，凡未提供材料成本的，受托方所在地主管税务机关有权核定其材料成本。从这一条规定可以看出，税法对委托方提供原料和主要材料，并要以明确的方式如实提供材料成本，要求是很严格的，其目的就是为了防止假冒委托加工应税消费品或少报材料成本逃避纳税。

2. 加工费

《消费税暂行条例实施细则》规定，“加工费”是指受托方加工应税消费品向委托方所收取的全部费用（包括代垫辅助材料的实际成本，不包括增值税税金），这是税法对受托方的要求。受托方必须如实提供向委托方收取的全部费用，这样才能既保证组成计税价格及代收代缴消费税准确地计算出来，也使受托方按加工费得以正确计算其应纳的增值税。

四、委托加工收回的应税消费品已纳税款的扣除

委托加工的应税消费品因为已由受托方代收代缴消费税，因此，委托方收回货物后用于连续生产应税消费品的，其已纳税款准予按照规定从连续生产的应税消费品应纳消费税税额中抵扣。按照国家税务总局的规定，从1995年6月1日起，下列连续生产的应税消费品准予从应纳消费税税额中按当期生产领用数量计算扣除委托加工收回的应税消费品已纳消费税税款：

1. 以委托加工收回的已税烟丝为原料生产的卷烟；
2. 以委托加工收回的已税化妆品为原料生产的化妆品；
3. 以委托加工收回已税珠宝玉石为原料生产的贵重首饰及珠宝玉石；
4. 以委托加工收回已税鞭炮、焰火为原料生产的鞭炮、焰火；
5. 以委托加工收回的已税汽车轮胎生产的汽车轮胎；
6. 以委托加工收回的已税摩托车生产的摩托车；
7. 以委托加工收回收回的已税石脑油为原料生产的应税消费品；
8. 以委托加工收回的已税润滑油为原料生产的润滑油；
9. 以委托加工收回的已税杆头、杆身和握把为原料生产的高尔夫球杆；
10. 以委托加工收回的已税木制一次性筷子为原料生产的一次性筷子；
11. 以委托加工收回的已税实木地板为原料生产的实木地板。

上述当期准予扣除委托加工收回的应税消费品已纳消费税税款的计算公式是：

$$\text{当期准予扣除的委托加工应税消费品已纳税款} = \text{期初库存的委托加工应税消费品已纳税款} + \text{当期收回的委托加工应税消费品已纳税款} - \text{期末库存的委托加工应税消费品已纳税款}$$

需要说明的是，纳税人用委托加工收回的已税珠宝玉石生产的改在零售环节征收消费税的金银首饰，在计税时一律不得扣除委托加工收回的珠宝玉石的已纳消费税税款。

【例3－6】甲企业委托乙企业加工一批应税消费品，甲企业为乙企业提供原材料等，实际成本为8 000元，支付乙企业加工费1 000元，其中包括乙企业代垫的辅助材料500元，已知适用的消费税率为10%，同时受托方无同类消费品销售价格。试计算乙企业人扣代缴应税消费品的消费税税款。

【解析】

（1）组成计税价格 ＝（材料成本＋加工费）÷（1－消费税税率）

＝（8 000＋1 000）÷（1－10%）＝10 000（元）

（2）代扣代缴消费税税款＝10 000×10%＝1 000（元）

第五节　进口应税消费品应纳税额的计算

进口的应税消费品，于报关进口时缴纳消费税；进口的应税消费品的消费税由海关代征；进口的应税消费品，由进口人或者其代理人向报关地海关申报纳税；纳税人进口应税消费品，按照关税征收管理的相关规定，应当自海关填发税款缴纳书的次日起 7 日内缴纳消费税款。

1993 年 12 月，国家税务总局、海关总署联合颁发的《关于对进口货物征收增值税、消费税有关问题的通知》规定，进口应税消费品的收货人或办理报关手续的单位和个人，为进口应税消费品消费税的纳税义务人。进口应税消费品消费税的税目、税率（税额），依照《消费税暂行条例》所附的《消费税税目税率税额表》执行。

纳税人进口应税消费品，按照组成计税价格和规定的税率计算应纳税额。其计算公式如下：

1. 实行从价定率办法的应税消费品的应纳税额的计算：

组成计税价格 =（关税完税价格 + 关税）÷（1 − 消费税税率）

应纳税额 = 组成计税价格 × 消费税税率

公式中所称"关税完税价格"，是指海关核定的关税计税价格。

2. 实行从量定额办法的应税消费品的应纳税额的计算：

应纳税额 = 应税消费品数量 × 消费税单位税额

3. 实行从价定率和从量定额混合征收办法的应税消费品的应纳税额的计算：

应纳税额 = 组成计税价格 × 消费税税率 + 应税消费品数量 × 消费税单位税额

组成计税价格 =（关税完税价格 + 关税 + 进口数量 × 消费税定额税率）÷（1 − 消费税比例税率）

第六节　出口应税消费品退（免）税

纳税人出口应税消费品与已纳增值税出口货物一样，国家都是给予退（免）税优惠的，出口应税消费品同时涉及退（免）增值税和消费税，且退（免）消费税与出口货物退（免）增值税在退（免）税范围的限定、退（免）税办理程序、退（免）税审核及管理上都有许多一致的地方。1995 年 7 月 1 日以后报关离境的应税的消费品的退（免）消费税与其退（免）增值税一样都统一执行财政部、国家税务总局颁发的《出口货物退（免）税若干问题规定》以及国家税务总局 1994 年颁发的《出口货物退（免）税管理办法》中仍有效的部分。本节仅就出口应税消费品退（免）消费税某些不同于出口货物退（免）增值税的特殊规定作介绍。

一、出口退税率

计算出口应退消费税的税率或单位税额，依据《消费税暂行条例》所附《消费税税目税率（税额）表》执行。这是退（免）消费税与退（免）增值税的一个重要区别。当出口的货物是应税消费品时，其退还增值税要按规定的退税率计算；其退还消费税则按应税消费品所适用的消费税税率计算。企业应将不同消费税税率的出口应税消费品分开核算和申报，凡划分不清适用税率的，一律从低适用税率计算应退消费税税额。

二、出口应税消费品退(免)税政策

出口应税消费品退(免)消费税在政策上分为以下三种情况:

1. 出口免税并退税

有出口经营权的外贸企业购进应税消费品直接出口,以及外贸企业受其他外贸企业委托代理出口应税消费品,出口免税并退税。这里需要重申的是,外贸企业只有受其他外贸企业委托,代理出口应税消费品才可办理退税,外贸企业受其他企业(主要是非生产性的商贸企业)委托,代理出口应税消费品是不予退(免)税的。这个政策限定与前述出口货物退(免)增值税的政策规定是一致的。

2. 出口免税但不退税

有出口经营权的生产性企业自营出口或生产企业委托外贸企业代理出口自产的应税消费品,依据其实际出口数量免征消费税,不予办理退还消费税。这里,免征消费税是指对生产性企业按其实际出口数量免征生产环节的消费税。不予办理退还消费税,是指因已免征生产环节的消费税,该应税消费品出口时,已不含有消费税,所以也无须再办理退还消费税了。这项政策规定与前述生产性企业自营出口或委托代理出口自产货物退(免)增值税的规定是不一样的。其政策区别的原因是,消费税仅在生产企业的生产环节征收,生产环节免税了,出口的应税消费品就不含有消费税了。而增值税却在货物销售的各个环节征收,生产企业出口货物时,已纳的增值税就需退还。

3. 出口不免税也不退税

适用这个政策的是:除生产企业、外贸企业外的其他企业,具体是指一般商贸企业,这类企业委托外贸企业代理出口应税消费品一律不予退(免)税。

三、出口应税消费品退税额的计算

外贸企业从生产企业购进货物直接出口或受其他外贸企业委托代理出口应税消费品的应退消费税税款,分两种情况处理:

1. 属于从价定率计征消费税的应税消费品,应依照外贸企业从工厂购进货物时征收消费税的价格计算应退消费税税款,其公式为:

应退消费税税款 = 出口货物的工厂销售额 × 税率

上述公式中“出口货物的工厂销售额”不包含增值税。对含增值税的价格应换算为不含增值税的销售额。

2. 属于从量定额计征消费税的应税消费品,应依货物购进和报关出口的数量计算应退消费税税款。其公式为:

应退消费税税款 = 出口数量 × 单位税额

四、出口应税消费品办理退(免)税后的管理

出口的应税消费品办理退税后,发生退关或者国外退货进口时予以免税的,报关出口者必须及时向其所在地主管税务机关申报补缴已退的消费税税款。

纳税人直接出口的应税消费品办理免税后发生退关或国外退货,进口时已予以免税的,经所在地主管税务机关批准,可暂不办理补税,待其转为国内销售时,再向其主管税务机关申报补缴消费税。

第七节　消费税的申报与缴纳

一、消费税纳税义务发生时间

纳税人生产的应税消费品于销售时纳税，进口消费品应当于应税消费品报关进口环节纳税。消费税纳税义务发生的时间，以货款结算方式或行为发生时间分别确定。

1. 纳税人销售的应税消费品，其纳税义务的发生时间为：

(1)纳税人采取赊销和分期收款结算方式的，其纳税义务的发生时间，为销售合同规定的收款日期的当天；

(2)纳税人采取预收货款结算方式的，其纳税义务的发生时间，为发出应税消费品的当天；

(3)纳税人采取托收承付和委托银行收款方式销售的应税消费品，其纳税义务的发生时间，为发出应税消费品并办妥托收手续的当天；

(4)纳税人采取其他结算方式的，其纳税义务的发生时间，为收讫销售款或者取得索取销售款的凭据的当天；

2. 纳税人自产自用的应税消费品，其纳税义务的发生时间，为移送使用的当天；

3. 纳税人委托加工的应税消费品，其纳税义务的发生时间，为纳税人提货的当天；

4. 纳税人进口的应税消费品，其纳税义务的发生时间，为报关进口的当天。

二、消费税的纳税期限

按照《消费税暂行条例》规定，消费税的纳税期限分别为 1 日、3 日、5 日、10 日、15 日或者 1 个月。纳税人的具体纳税期限，由主管税务机关根据纳税人应纳税额的大小分别核定。纳税人以 1 个月或一个季度为一期纳税的，自期满之日起 15 日内申报纳税；以 1 日、3 日、5 日、10 日或者 15 日为一期纳税的，自期满之日起 5 日内预缴税款，于次月 1 日起至 5 日内申报纳税并结清上月应纳税款。

纳税人进口应税消费品，应当白海关填发税款缴纳书的次日起 15 日内缴纳税款。

三、消费税的纳税地点

消费税具体纳税地点有：

1. 纳税人销售的应税消费品，以及自产自用的应税消费品，除国家另有规定的外，应当向纳税人核算地主管税务机关申报纳税。纳税人的总机构与分支机构不在同一县(市)的，应在生产应税消费品的分支机构所在地缴纳消费税。但经国家税务总局及所属省国家税务局批准，纳税人分支机构应纳消费税税款也可由总机构汇总向总机构所在地主管税务机关缴纳。

2. 委托加工的应税消费品，由受托方向所在地主管税务机关报缴消费税税款。

3. 进口的应税消费品，由进口人或者其代理人向报关地海关申报纳税。

4. 纳税人到外县(市)销售或委托外县(市)代销自产应税消费品的，应事先向所在地主管税务机关提出申请，并于应税消费品销售后，回纳税人核算地缴纳消费税。

【本章小结】

在中华人民共和国境内生产、委托加工和进口规定的应税消费品的单位和个人，为消费税纳税义务人。应税消费品被分为14个税目，税率按产品设计，采用两种税率形式：一是比例税率，一是定额税率。

消费税实行从价定率或者从量定额的办法计算应纳税额。对于卷烟、白酒实行从价定率和从量定额混合计算的办法计算应纳税额。对于自产自用应税消费品的，凡用于连续生产应税消费品，不再缴纳消费税；用于其他方面的，于移送使用时纳税。委托加工应税消费品的除受托方为个体经营者外，由受托方代收代缴消费税。

如果纳税人应税消费品的销售额中未扣除增值税款，或者因不得开具增值税专用发票，而发生价款和增值税税款合并收取，在计算消费税时，需换算成不含增值税售额。

【思考与练习】

一、单项选择题

1. 纳税人进口应税消费品，应当自海关填发税款缴纳凭证的次日起(　　)内缴纳消费税税款。

A. 1 日　　B. 3 日

C. 5 日　　D. 15 日

2. 根据《消费税暂行条例》及其《实施细则》的规定，下列项目中应视同销售缴纳消费税的是(　　)。

A. 外购已税消费品继续加工成应税消费品

B. 委托加工收回的应税消费品继续加工成应税消费品

C. 自制应税消费品继续加工成应税消费品

D. 自制应税消费品用于对外单位投资

3. 自产自用的应当缴纳消费税的应税消费品，其组成计税价格公式是(　　)。

A. (成本 + 利润) ÷ (1 + 消费税率)

B. (关税完税价格 + 关税) ÷ (1 + 消费税率)

C. (成本 + 利润) ÷ (1 - 消费税率)

D. (关税完税价格 + 关税) ÷ (1 - 消费税率)

4. 委托加工的应税消费品在以下环节征收消费税(　　)。

A. 加工环节　　B. 销售环节

C. 交付原材料时　　D. 完工提货时

5. 根据《消费税暂行条例》及其《实施细则》的有关规定，纳税人销售的应税消费品，以及自产自用的应税消费品，除国家另有规定外，应当向纳税人( )主管税务机关申报纳税。

A. 经营地　　B. 核算地

C. 货物起运地　　D. 住所所在地

6. 纳税人将自产的应税消费品用于(　　)的，不征收消费税。

A. 连续生产应税消费品

B. 连续生产非应税消费品

C. 职工福利、赞助、广告

D. 管理部门

7. 下列各项中，应征收消费税的是(　　)。

A. 摩托车　　　　B. 冰箱

C. 彩电　　　　D. 空调

8. 某消费税纳税人销售应税消费品，其纳税义务发生时间为(　　)。

A. 采取预收货款结算方式的，应为收到货款的当天

B. 采取托收承付结算方式的，为办妥托收手续的当天

C. 采取赊销方式的，以双方约定的任一时间

D. 采取分期收款结算方式的，为销售合同规定的收款日期的当天

9. 委托加工的应税消费品，按照受托方同类消费品的销售价格计算纳税，没有同类消费品销售价格的，按组成计税价格计算纳税。其组成计税价格的计算公式为(　　)。

A. (材料成本 + 加工费) ÷ (1 + 消费税税率)

B. (材料成本 + 加工费) ÷ (1 − 消费税税率)

C. (材料成本 + 加工费) ÷ (1 + 增值税税率或征收率)

D. (材料成本 + 加工费) ÷ (1 − 增值税税率或征收率)

10. 下列不同用途的应税消费品应纳消费税的有(　　)。

A. 将自产应税消费品用于赠送的

B. 将外购的应税消费品用于集体福利的

C 用委托加工收回的应税消费品(受托方已代收代缴销费税)直接出售的

D. 用委托加工收回的应税消费品(受托方已代收代缴消费税)连续加工应税消费品的

二、多项选择题

1. 我国消费税的税率形式包括(　　)。

A. 超额累进税率　　　　B. 超率累进税率

C. 比例税率　　　　D. 固定税率(额)

2. 下列项目中，构成计征消费税的商品价格的有(　　)。

A. 成本　　　　B. 利润

C. 消费税税金　　　　D. 增值税税金

3. 下列不属于委托加工应税消费品的有(　　)。

A. 委托方向受托方购买原材料，并要求受托方加工的应税消费品

B. 委托方提供原材料，受托方代垫辅助材料加工的应税消费品

C. 受托方以委托方名义购进原材料加工的应税消费品

D. 受托方提供原材料加工的应税消费品

4. 计征消费税的销售额中，应包括向购买方收取的(　　)。

A. 全部价款

B. 承运发票开具给购买方的运输费

C. 销项税金

D. 包装费

5. 下列关于消费税纳税义务发生时间的阐述，正确的有(　　)。

A. 纳税人采取赊销和分期收款方式销售应税消费品的，其纳税义务发生时间为发出应税消费品的当天

B. 纳税人自产自用的应税消费品，其纳税义务发生时间为移送使用的当天

C. 纳税人委托加工的应税消费品，其纳税义务发生时间为纳税人提货的当天

D. 纳税人进口的应税消费品，其纳税义务发生时间为报关进口的当天

6. 纳税人销售的应税消费品，以外汇结算销售额的其销售额可选择(　　)中国人民银行人民币市场汇价折合人民币计算应纳税额。

A. 结算当天的　　B. 上年 12 月 31 日的

C. 结算当月 1 日的　　D. 上次纳税当天的

7. 下列改在零售环节交纳消费税的货物有(　　)。

A. 化妆品　　B. 玉器

C. 宝石镶嵌首饰　　D. 金银摆件

8. 下列适用固定税额征收消费税的货物有(　　)。

A. 酒精　　B. 黄酒

C. 汽油　　D. 柴油

9. 单位和个人从事(　　)，发生消费税纳税义务。

A. 应税消费品进口

B. 应税消费品生产

C. 应税消费品受托加工

D. 应税消费品委托加工

10. 消费税的纳税环节为(　　)。

A. 生产环节　　B. 批发环节

C. 进口环节　　D. 零售环节

三、判断题

1. 金银首饰消费税的纳税义务发生时间为纳税人收讫销货款或取得索取销货款凭证的当天。(　　)

2. 作为消费税计税依据的销售额，是指向购买方收取的全部价款和价外费用，也包括向购买方收取的增值税金。(　　)

3. 受托加工应税消费品的个体经营者不承担代收代缴消费税的义务。(　　)

4. 消费税实行价内税，除金银首饰钻石及钻石饰品外，只在应税消费品的生产、委托加工和进口环节缴纳。(　　)

5. 纳税人进口应税消费品，应当自海关填发税款缴纳证的当日起 7 日内缴纳税款。(　　)

6. 当货物为应税消费品时，其增值税的纳税环节也是消费税的纳税环节，征收增值税时也应同时征收消费税。(　　)

7. 纳税人兼营不同税率的应税消费品，应当分别核算不同税率应税消费品的销售额、销售数量，未分别核算销售额、销售数量的，或者将不同税率的应税消费品组成成套消费品销售的，从高适用税率。(　　)

8. 企业将自己生产的应税消费品，以福利或奖励等形式发给本厂职工，由于没有实现对外销售，因此不必计入销售额，无须缴纳消费税。(　　)

9. 纳税人自产自用的应税消费品，奖励给本厂先进工作者，于移送时缴纳消费税。(　　)

10. 委托加工的应税消费品的纳税义务人是受托方。(　　)

四、计算分析题

1. 某卷烟厂委托烟丝加工厂(小规模纳税人)加工一批烟丝，卷烟厂提供的茶叶在委托加工合同上注明成本8万元。烟丝加工完，卷烟厂提货货时，加工厂收取加工费，开具普通发票上注明金额1.59万元，并代收代缴了烟丝的消费税。卷烟厂将这批加工收回的烟丝40%对外直接销售，收入6万元，另60%当月全部用于生产卷烟。本月销售卷烟40标准箱，取得不含税收入60万元。计算卷烟厂应纳的消费税税额。

2. 某啤酒厂2013年1月生产甲、乙两种啤酒。甲种啤酒本月的销售量为100吨，每吨的售价为1 500元(不含增值税价格)；本月生产乙种啤酒10吨，供本厂职工春节用，已知乙种啤酒无同类商品的价格可比，其每吨的实际成本为1 000元。请根据上述资料计算该厂本月应缴纳消费税税额。

3. 某酒厂为一般纳税人，2013年7月发生以下业务：

(1)销售粮食白酒2.9吨取得销售额5.8万元，代垫运费400元，运输部门将运费发票开给购货方；

(2)采取预收货款方式销售一批粮食白酒0.5吨，预收款10万元已收到，但白酒尚未发出；

(3)采取委托银行收款方式销售一批粮食白酒1吨20万元，货已发出并办妥托收手续，货款尚未收到；

(4)酒厂节日招待会用粮食白酒0.75吨价值1.5万元；

(5)销售黄酒2吨，销售额0.8万元；

(6)广告样品用粮食白酒0.05吨价值1万元；

(7)收回委托加工的药酒，取得增值税专用发票上注明的加工费为8万元。加工单位代收代缴的消费税为1.8万元。收回后直接售出，开具增值税专用发票上注明的销售额为15万元。

计算当月应纳的消费税额。

4. 某橡胶厂为增值税一般纳税人，本月销售给一汽车修理厂(小规模纳税人)汽车轮胎，开具普通发票上注明价款为23.4万元，以成本价格转给统一核算的门市部汽车轮胎30万元，门市部当月取得含税收入39.78万元，试计算该纳税人当月应纳消费税税额为多少?

5. 某卷烟厂委托某烟丝厂加工一批烟丝，委托方提供的材料成本为76 000元，由受托方支付的辅助材料价值为12 000元，卷烟厂提货时支付的加工费用为4 500元，并支付了加工厂按烟丝组成计税价格计算的消费税税款。要求计算这笔消费税税款。

第四章　营业税法律制度

【学习目标】

通过学习，掌握营业税的纳税人、扣缴义务人、税目、税率、计税依据；学会营业税应纳税额的计算；了解营业税税收优惠以及营业税的申报与缴纳。

第一节　营业税概述

一、营业税的概念

营业税是以在我国境内提供应税劳务、转让无形资产或销售不动产所取得的营业额为课税对象而征收的一种商品劳务税。现行我国营业税法的基本规范，是2008年11月5日国务院第34次常务会议修订通过的《中华人民共和国营业税暂行条例》和2008年12月15日财政部、国家税务总局第52号令发布的《中华人民共和国营业税暂行条例实施细则》（以下简称《营业税暂行条例实施细则》）。

为了完善税收制度，2012年1月1日我国开始在上海市对交通运输业包括陆路运输、水路运输、航空运输、管道运输和部分现代服务业包括研发和技术、信息技术、文化创意、物流辅助、有形动产租赁、鉴证咨询实施“营业税改征增值税”改革试点，2013年8月1日起，营改增试点范围在全国范围内推开，并将广播影视作品的制作、播映、发行纳入试点行业，从2014年1月1日起，将铁路运输业务和邮政业的邮政普遍服务、邮政特殊服务、其他邮政服务也由征营业税改征增值税，2015年国家会对相关“营改增”法规继续调整，力争在十二五期间所有行业全部实现“营改增”，届时营业税在我国将成为历史。

二、营业税的特点

作为我国流转税制中的主要税种之一，营业税具有以下的几个特点：

1. 一般以营业额全额为计税依据

营业税属传统商品劳务税，实行普遍征收，计税依据为营业额全额，税额不受成本、费用高低影响，对于保证财政收入的稳定增长具有十分重要的意义。

2. 税率较低，税负均衡

现行营业税征税范围为增值税征税范围之外的所有经营业务，因而税率设计的总体水平较低，税收负担较轻，使纳税人之间的税负基本保持平衡。营业税较充分地体现了税收公平和中性原则。

3. 简便易行，容易计征

营业税分行业和经营行为设计税目税率，应税项目界限清楚，易于掌握和控制，税率档次少，同流转税的其他税种相比，营业税更便于计算和征收管理。

第二节 营业税的纳税人和扣缴义务人

一、营业税的纳税人

1. 一般规定

按照《营业税暂行条例》的规定，在中华人民共和国境内提供应税劳务、转让无形资产或者销售不动产的单位和个人，为营业税的纳税义务人。

在中华人民共和国境内是指：

(1)所提供的劳务发生在境内；

(2)在境内组织旅客出境旅游；

(3)所销售的不动产在境内；

(4)在境内提供保险义务。一是境内保险机构提供的保险业务，但不包括境内保险机构为出口货物提供的保险；二是境外保险机构以在境内的物品为标的提供的保险劳务。

“营改增”以后，营业税的应税劳务是指属于建筑业、金融保险业、电信业、文体业、娱乐业、传统服务业税目征收范围的劳务。单位和个体经营者聘用的员工为本单位或雇主提供劳务不属于营业税的应税劳务。

提供应税劳务、转让无形资产或者销售不动产是指有偿提供应税劳务、有偿转让无形资产或者销售不动产的活动。有偿包括通过提供、转让或者销售取得货币、货物其他经济利益。

单位是指企业、行政单位、事业单位、军事单位、社会团体及其他单位。

个人是指个体工商户以及其他有经营行为的个人。

2. 特殊规定

(1)单位以承包、承租、挂靠方式经营的，承包人、承租人、挂靠人(以下统称承包人)发生应税行为，承包人以发包人、出租人、被挂靠人(以下统称发包人)名义对外经营并由发包人承担相关法律责任的，以发包人为纳税人；否则以承包人为纳税人。

(2)建筑安装业务实行分包的，分包者为纳税人。

(3)金融保险业纳税人包括：银行、信用合作社、证券公司、金融租赁公司、证券基金管理公司、财务公司、信托投资公司、证券投资基金、保险公司；

(4) 其他经中国人民银行、中国证监会、中国保监会批准成立且经营金融保险业务的机构

二、营业税扣缴义务人

在现实生活中，为了加强税源控制，减少税收流失，《营业税暂行条例》和实施细则规定了扣缴义务人。营业税的扣缴义务人主要有以下两种情形：

1、境外的单位或者个人在境内提供应税劳务、转让无形资产或者销售不动产，在境内未设有经营机构的，以其境内代理人为扣缴义务人；在境内没有代理人的，以受让方或者购买

方为扣缴义务人。

2、国务院财政、税务主管部门规定的其他扣缴义务人。

第三节　营业税的税目和税率

一、营业税的税目

长期以来，我国一直对九个行业征收营业税，包括交通运输业、建筑业、金融保险业、邮电通讯业、文化体育业、服务业、娱乐业、转让无形资产、销售不动产。“营改增”以后交通运输业税目，邮电通信业税目中的邮政，服务业税目中仓储业和广告业，转让无形资产税目中的转让商标权、转让著作权、转让专利权、转让非专利技术，停止执行营业税政策。未停止执行营业税的税目有以下几项：

1. 建筑业

建筑业是指建筑安装工程作业等，包括建筑、安装、修缮、装饰和其他工程作业等项内容。

(1)建筑 建筑是指新建、改建、扩建各种建筑物、构筑物的工程作业，包括与建筑物相连接的各种设备或支柱、操作平台的安装或装设的工程作业，以及各种窑炉和金属结构工程作业在内；

(2)安装 安装是指生产设备、动力设备、起重设备、传动设备、医疗实验设备及其他各种设备的装配、安置工程作业，包括与设备相连接的工作台、梯子、栏杆的装设工程作业和被安装设备的绝缘、防腐、保温、油漆等工程作业；

(3)修缮 修缮是指对建筑物、构筑物进行修补、加固、养护、改善，使之恢复原来的使用价值或延长其使用期限的工程作业；

(4)装饰 装饰是指对建筑物、构筑物进行修饰，使之美观或具有特定用途的工程作业；

(5)其他工程作业 其他工程作业是指除建筑、安装、修缮、装饰工程作业以外的各种工程作业，如代办电信工程、水利工程、道路修建、疏浚、钻井(打井)、拆除建筑物、平整土地、搭脚手架、爆破等工程作业；

(6)管道煤气集资费(初装费)业务 管道煤气集资费(初装费)业务是指由于管道煤气工程建设和技术改造，在报装环节一次性向用户收取的费用。

2. 金融保险业

金融保险业是指经营金融、保险的业务，包括金融业、保险业。

(1)金融 金融是指经营货币资金融通活动的业务，包括贷款、融资租赁、金融商品转让、金融经纪业和其他金融业务。

(2)保险 保险是指将通过契约形式集中起来的资金，用以补偿被保险人的经济利益的活动。

对我国境内外资金融机构从事离岸银行业务，属于在我国境内提供应税劳务的，征收营业税。离岸银行业务是指银行吸收非居民的资金，服务于非居民的金融活动。

“营改增”以后邮政储蓄业务按照金融保险业税目征收营业税。

3. 电信业

电信业是指用各种电传设备传输电信号而传递信息的业务，包括电报、电传、电话、电话机安装、电信物品销售以及其他电信业务。

4. 文体业

(1)文化业 文化业是指经营文化活动的业务，包括表演、经营游览场所和培训活动，举办文学、艺术、科技讲座、讲演、报告会、图书馆的图书和资料的借阅业务等。

(2)体育业 体育业是指举办各种体育比赛和为体育比赛或体育活动提供场所的业务。

5. 娱乐业

娱乐业是指为娱乐活动提供场所和服务的业务，包括经营歌厅、音乐茶座、台球、高尔夫球、保龄球球场、网吧、游艺场等娱乐场所，以及娱乐场所为顾客进行娱乐活动提供服务的业务。娱乐场所为顾客提供的饮食服务及其他各种服务也按照娱乐业征税。

6. 服务业

服务业是指利用设备、工具、场所、信息或技能为社会提供服务的业务，“营改增”以前，本税目的征税范围包括代理业、旅店业、饮食业、旅游业、仓储业、租赁业、广告业和其他服务业。“营改增”以后，在全国范围内部分现代服务业改征增值税，其中包括研发和技术服务、信息技术服务、文化创意服务、物流辅助服务、有形动产租赁服务、签证咨询服务、广播影视服务。

“营改增”以后，本税目的征税范围包括以下几项：

(1)代理业 指代委托人办理受托范围内的业务. 包括代销货物、介绍业务、其他代理服务。

货物运输代理、报关业务代理、代理记账、代理翻译业务改征增值税。

自 2002 年 1 月 1 日起，福利彩票机构发行、销售福利彩票取得的收入不征收营业税。对福利彩票机构以外的代销单位销售福利彩票取得的手续费收入应按规定征收营业税。

对社保基金投资管理人、社保基金托管人从事社保基金管理活动取得的收入，依照税法的规定征收营业税。

(2)旅店业 指提供住宿服务的业务

(3)饮食业 指经营饮食服务的业务。

(4)旅游业 指为旅游者安排食宿、交通工具和提供导游等旅游服务的业务。

(5)租赁业 指出租人将场地、房屋设施、物品、设备等租给承租人使用的业务。2013 年 8 月 1 日起. 有形动产的融资租赁和经营性租赁服务改征增值税。

(6)其他服务业，指除上述业务以外的其他传统服务业务。如沐浴、理发、洗染、照相、美术、裱画 、誊写、打字、镌刻、计算、测试、试验、化验等。

7. 转让无形资产

无形资产是指不具备实物形态，能长期使用并能带来经济利益的权利、技术。所谓“无形”是相对于“有形”而言的。

本税目的征税范围“营改增”以前包括转让土地使用权、转让商标权、转让专利权、转让非专利技术、转让著作权、转让商誉、转让自然资源使用权。自 2013 年 8 月 1 日起在全国范围内转让专利或者非专利技术的所有权或使用权的业务活动按照“研发和技术服务”征收增植税，转让商标、商誉、著作权的业务活动按“文化创意服务”征收增值税。

8. 销售不动产

销售不动产是指有偿转让不动产所有权的行为，包括销售建筑物或构筑物和销售其他土地附着物。在销售不动产时连同不动产所占土地的使用权一并转让的行为，比照销售不动产征收营业税。自2003年1月1日起，以不动产投资入股，参与接受投资方利润分配、共同承担投资风险行为，不征收营业税，在投资后转让其股权的也不征收营业税。

单位将不动产无偿赠与他人，视同销售不动产征收营业税；对个人无偿赠送不动产的行为不征营业税。

纳税人自建住房销售给本单位职工，属于销售不动产行为，应照章征收营业税。

二、营业税的税率

营业税按照行业、类别的不同分别采用不同的比例税率，具体规定为：

1. 建筑业、电信业、文化体育业，税率为3%；

2. 服务业、销售不动产、转让无形资产、金融保险业，税率为5%；

3. 娱乐业执行5%～20%的幅度税率，具体适用的税率，由各省、自治区、直辖市人民政府根据当地实际情况在税法规定的幅度内决定。

第四节　营业税的计税依据和应纳税额的计算

一、营业税的计税依据

营业税的计税依据是营业额，营业额为纳税人提供应税劳务、转让无形资产或者销售不动产向对方收取的全部价款和价外费用。

价外费用，包括收取的手续费、补贴、基金、集资费、返还利润、奖励费、违约金、滞纳金、延期付款利息、赔偿金，代收款项、代垫款项、罚息及其他各种性质的价外收费。但不包括符合国家规定条件的代为收取的政府性基金或者行政事业性收费，具体营业额的确定有以下几种情况：

1. 建筑业

(1)建筑业的总承包人将工程分包给他人，以工程的全部承包额减去付给分包人的价款后的余额为营业额。

(2)纳税人提供建筑业劳务(不含装饰劳务)的，其营业额应当包括工程所用原材料、设备及其他物资和动力价款在内，但不包括建设方提供的设备的价款。从事安装工程作业，安装设备价值作为安装工程产值的，营业额包括设备的价款。

(3)自建行为和单位或个人将不动产无偿赠与他人，由主管税务机关按照本节“营业税的计税”的第8条规定顺序核定营业额。

自建行为是指纳税人自己建造房屋的行为。纳税人自建自用的房屋不纳税；如纳税人(包括个人自建自用住房销售)将自建的房屋对外销售，其自建行为应按建筑业缴纳营业税，再按销售不动产征收营业税。

(4)纳税人受托进行建筑物拆除、平整土地并代委托方向原土地使用权支付拆迁补偿费的过程中，其提供建筑物拆除、平整土地劳务取得的收入应按照建“筑业税”目缴纳营业税。其代委托方向原土地使用权支付拆迁补偿费的行为属于“服务业－代理业”行为，应以提供代理劳务取得的全部收入减去其代委托方向原土地使用权支付拆迁补偿费的余额为营业额计算缴纳营业税。

2. 金融保险业

(1)一般贷款业务的营业额为贷款利息收入(包括各种加息、罚息等)

(2)外汇、有价证券、期货等金融商品买卖业务，以卖出价减去买入价后的余额为营业额。即营业额=卖出价-买入价。卖出价是指卖出原价，不得扣除卖出过程中支付的各种费用和税金。买入价是指购进原价，不包括购进过程中支付的各种费用和税金，但买入价应依照财务会计制度规定，以股票、债券的购入价减去股票、债券持有期间取得的股票、债券红利收入。

所称外汇、有价证券、期货等金融商品买卖业务，是指纳税人从事的外汇、有价证券、非货物期货和其他金融商品买卖业务。货物期货不缴纳营业税。

买卖金融商品(包括股票、债券、外汇及其他金融商品，下同)，可在同一会计年度末，将不同纳税期出现的正差和负差按同一会计年度汇总的方式计算并缴纳营业税。如果汇总计算应缴的营业税税额小于本年已缴纳的营业税税额，可以向税务机关申请办理退税，但不得将一个会计年度内汇总后仍为负差的部分结转下一会计年度。

(3)金融经纪业务和其他金融业务(中间业务)营业额为手续费(佣金)类的全部收入。金融企业从事受托收款业务，如代收电话费、水电煤气费、信息费、学杂费、寻呼费、社保统筹费、交通违章罚款、税款等，以全部收入减去支付给委托方价款后的余额为营业额。

(4)保险业务营业额包括：

①办理初保业务 营业额为纳税人经营保险业务向对方收取的全部价款，即向被保险人收取的全部保险费。

②储金业务 保险公司如采用收取储金方式取得经济利益的(即以被保险人所交保险资金的利息收入作为保费收入，保险期满后将保险资金本金返还被保险人)，其“储金业务”的营业额，为纳税人在纳税期内的储金平均余额乘以中国人民银行公布的1年期存款的月利率。储金平均余额为纳税期期初储金余额与期末余额之和乘以50%。

③保险企业已征收过营业税的应收未收保费，凡在财务会计制度规定的核算期限内未收回的，允许从营业额中减除。在会计核算期限以后收回的已冲减的应收未收保费，再并入当期营业额中。

④保险企业开展无赔偿奖励业务的，以向投保人实际收取的保费为营业额。

⑤中华人民共和国境内的保险人将其承保的以境内标的物为保险标的的保险业务向境外再保险人办理分保的，以全部保费收入减去分保保费后的余额为营业额。境外再保险人应就其分保收入承担营业税纳税义务，并由境内保险人扣缴境外再保险人应缴纳的营业税税款。

(5)金融企业发放贷款(包括自营贷款和委托贷款，下同)后，凡在规定的应收未收利息核算期内发生的应收利息，均应按规定申报缴纳营业税;贷款应收利息自结息之日起，超过应收未收利息核算期限或贷款本金到期(含展期)超过90天后尚未收回的，按照实际收到的利息申报缴纳营业税。

3. 电信业

电信业务的营业额是指提供电报、电话、电传、电话机安装、电信物品销售、其他电信业务的收入。

4. 文体业

文化体育业的营业额是指纳税人经营文化业、体育业取得的全部收入，具体包括演出收入、其他文化收入，经营游览场所收入和体育收入。但单位或个人进行演出，以全部票价收入或包场收入减去付给提供演出场所的单位、演出公司或者经纪人的费用后的余额为营业额。

5. 娱乐业

娱乐业的营业额为经营娱乐业向顾客收取的各项费用，包括门票收费、台位费、点歌费、烟酒和饮料收费及其他各项收费。

6. 服务业

(1)代理业以纳税人从事代理业务向委托方实际收取的报酬为营业额。

(2)纳税人提供旅游服务的，以收取的旅游费减去替旅游者支付给其他单位的住宿费、餐费、交通费、门票费和其他代付费用后的余额为营业额，改由其他旅游企业接团的，以全程旅游费减去付给该接团企业的旅游费后的余额为营业额。

(3)对拍卖行向委托方收取的手续费应征收营业税。

(4)从事物业管理的单位，以与物业管理有关的全部收入减去代业主支付的水费、电费、燃(煤)气费、以及代承租者支付的水、电、燃气、房租后的余额为营业额。

(5)境内单位派出本单位员工赴境外从事劳务服务取得的各项收入，不征收营业税。

(6)电脑福利彩票投注点代销福利彩票取得的任何形式的手续费收入，应照章征收营业税。

7. 单位和个人销售或转让其购置的不动产或受让的土地使用权，以全部收入减去不动产或土地使用权的购置或受让原价后的余额为营业额。单位和个人销售或转让抵债所得的不动产、土地使用权的，以全部收入减去抵债时该项不动产或土地使用权作价后的余额为营业额。

8. 对于纳税人提供劳务、转让无形资产或销售不动产价格明显偏低又无正当理由的，或者视同发生应税行为又无营业额的，税务机关按下列顺序核定其营业额：

(1)按纳税人最近时期发生同类应税行为的平均价格核定；

(2)按其他纳税人最近时期发生同类应税行为的平均价格核定；

(3)按公式核定计税价格：

计税价格 = 营业成本或工程成本 ×(1 + 成本利润率)÷(1 − 营业税率)

成本利润率由省、自治区、直辖市税务局确定。

二、营业税应纳税额的计算

营业税应纳税额的计算比较简单。纳税人提供应税劳务、转让无形资产或销售不动产，按照营业额和规定的适用税率计算应纳税额。计算公式为：

应纳税额 = 营业额 × 税率

下面通过两个例子，说明应纳税额的计算方法。

[例4－1]2013年10月，某国际旅行社组织甲、乙两个旅游团。甲团是由36人组成的境内旅游团，旅行社向每人收取4 500元。旅游期间，旅行社为每人支付交通费1 600元，住宿费400元，餐费300元，公园门票等费用600元。乙团是由30人组成的境外旅游团，旅行社向每人收取费用6 800元，在境外该团改由当地WT旅游公司接团，负责在境外安排旅游。旅行社按协议支付给境外WT旅游公司旅游费折合人民币144 000元。已知旅游业适用营业税税率为5%。计算该旅行社10月份应纳营业税税额。

【解析】

该旅行社10月份应纳营业税税额

= 营业额 × 税率

$=[(4\ 500-1\ 600-400-300-600)\times 36+(6\ 800\times 30-144\ 000)]\times 5\%$

$=117\ 600\times 5\%$

$=5\ 880$(元)

[例4－2]某卡拉OK歌舞厅某月取得门票收入为60万元，台位费收入30万元，相关的烟酒和饮料费收入20万元，鲜花和小吃收入10万元，假定适用的税率为15%。请计算该歌舞厅应缴纳的营业税税额。

应纳税额＝营业额×适用税率＝(60＋30＋20＋10)×15%＝18(万元)

应纳税额以人民币为计算单位，如果纳税人以外汇结算营业额的，须按外汇市场价格折合成人民币计算。人民币的折合率可选择营业额发生的当天或者当月1日的人民币汇率中间价。纳税人应当在事先确定采用何种折合率，确定后1年内不得变更。

金融保险业以外汇结算营业额的，金融业按其收到收汇的当天或当季季末中国人民银行公布的基准汇价折合营业额；保险业按其收到外汇的当天或当月月末中国人民银行公布的基准汇价折合营业额，并计算营业税。纳税人选择何种折合率，确定后1年之内不得变动。

第五节　几种特殊经营行为的税务处理

营业税属于流转税的税种，与增值税一样在商品生产、流通过程中发挥作用。尽管税法已经明确划分了营业税和增值税的征收范围，但是实际经营活动是不受限制的，纳税人可以同时从事多项应税活动。例如：宾馆附设餐厅、娱乐厅、健身房等适用不同税率的应税项目。正确处理不同经营活动的税收问题是维护税法严肃性的需要，也是保护纳税人利益的客观要求。

一、纳税人兼有不同税目应税行为

《营业税暂行条例》规定纳税人兼有不同税目应税行为的，应当分别核算不同税目的营业额、转让额、销售额，然后按各自的适用税率计算应纳税额；未分别核算的，税务部门将从高适用税率计算应纳税额。

营业额是指从事建筑业、金融保险业、电信业、文化体育业、娱乐业和传统服务业取得的营业收入；转让额是指转让无形资产取得的收入；销售额是指销售不动产取得的收入。

二、混合销售行为

同一项销售行为如果既涉及营业税的征税范围又涉及应征增值税征税范围，为混合销售行为。根据“主业为重”原则，如果是以从事货物的生产、批发或零售的企业、企业性单位及个体经营者的混合销售行为，视为销售货物，不征收营业税；其他单位和个人的混合销售行为，视为提供应税劳务，应当征收营业税。

以上所述的货物是指有形资产，包括电力、热力、气体在内。上述从事货物的生产、批发或零售的企业、企业性单位及个体经营者包括以从事货物的生产、批发或零售为主，并兼营应税劳务的企业、企业性单位及个体经营者在内。

纳税人的销售行为是否属于混合销售行为，由国家税务总局所属征收机关确定。

三、兼营应税劳务与货物或非应税劳务、服务行为

纳税人兼营应税劳务与货物或非应税劳务、非应税服务行为的，应分别核算应税劳务的

营业额与货物或非应税劳务、非应税服务的销售额。不分别核算或者不能准确核算的，由主管税务机关核定其应税行为营业额。

纳税人兼营免税、减税项目的，应当单独核算免税、减税项目的营业额，未单独核算营业额的，不得免税、减税。

第六节　营业税的税收优惠

一、营业税的起征点

对于经营营业税应税项目的个人，营业税规定了起征点。营业额达到或超过起征点即照章全额计算纳税。营业额低于起征点则免予征收营业税。自 2011 年 11 月 1 日起，为了贯彻落实国务院关于支持小型和微型企业发展的要求，税法规定的起征点如下：

(一)按期纳税的(除另有规定外)为月营业额 5 000 ~ 20 000 元；

(二)按次纳税的(除另有规定外)为每次(日)营业额 300 ~ 500 元。

各省、自治区、直辖市人民政府所属地方税务机关可以在规定的幅度内，根据当地实际情况确定本地区适用的起征点，并报财政部、国家税务总局备案。

二、营业税税收优惠规定

1. 根据《营业税暂行条例》和国家政策性文件的规定，下列项目免征营业税：

(1)托儿所、幼儿园、养老院、残疾人福利机构提供的育养服务、婚姻介绍、殡葬服务。

(2)残疾人员个人为社会提供的劳务。

(3)学校和其他教育机构提供的教育劳务，学生勤工俭学提供的劳务。学校和其他教育机构是指普通学校以及经地、市级以上人民政府或者同级政府的教育行政部门批准成立、国家承认其学员学历的各类学校。

(4)农业机耕、排灌、病虫害防治、植保、农牧保险以及相关技术培训业务，家禽、牲畜、水生动物的配种和疾病防治。

(5)纪念馆、博物馆、文化馆、美术馆、展览馆、书画院、图书馆、文物保护单位举办文化活动的门票收入，宗教场所举办文化、宗教活动的门票收入。

2. 根据国家的其他规定，下列项目减征或免征：

(1)保险公司开展的 1 年期以上返还性人身保险业务的保费收入免征营业税。

(2)将土地使用权转让给农业生产者用于农业生产，免征营业税。

(3)凡经中央及省级财政部门批准纳入预算管理或财政专户管理的行政事业性收费、基金，无论是行政单位收取的，还是由事业单位收取的，均不征收营业税。

(4)社会团体按财政部门或民政部门规定标准收取的会费，不征收营业税

(5)为扩大就业，鼓励以创业带动就业，对持《就业失业登记证》人员从事个体经营(除建筑业、娱乐业以及销售不动产、转让土地使用权、房屋中介、桑拿、按摩、网吧、氧吧等)的，在 3 年内按每户每年 8000 元为限额依次扣减其当年应缴纳的营业税、城市维护建设税、教育费附加和个人所得税。纳税人年度应缴纳税款小于上述扣减限额的，以其实际缴纳的税款为限；大于上述扣减限额的，应以上述扣减限额为限。

(6)对住房公积金管理中心用住房公积金在指定的委托银行发放个人住房贷款取得的收

人，免征营业税。

（7）对按政府规定价格出租的公有住房和廉租住房暂免征收营业税；对个人按市场价格出租的居民住房，在3%的税率基础上减半征收营业税。

（8）保险公司的摊回分保费用不征营业税。

（9）中国人民银行对金融机构的贷款业务，不征收营业税。中国人民银行对企业贷款或委托金融机构贷款的业务应当征收营业税。

（10）金融机构往来业务暂不征收营业税。金融机构往来是指金融企业联行、金融企业与中国人民银行及同业之间的资金往来业务取得的利息收入，不包括相互之间提供的服务。

（11）对金融机构的出纳长款收入，不征收营业税。

（12）企业集团或集团内的核心企业（以下简称企业集团）委托企业集团所属财务公司代理统借统还贷款业务，从财务公司取得的用于归还金融机构的利息不征收营业税；财务公司承担此项统借统还委托贷款业务，从贷款企业收取贷款利息不代扣代缴营业税。

（13）对地方商业银行转贷用于清偿农村合作基金会债务的专项贷款利息收入免征营业税。专项贷款是指由人民银行向地方商业银行提供，并由商业银行转贷给地方政府，专项用于清偿农村合作基金会债务的贷款。

（14）对信达、华融、长城和东方资产管理公司接受相关国有银行的不良债权，免征销售转让不动产、无形资产以及利用不动产从事融资租赁业务应缴营业税。对资产公司接受相关国有银行的不良债权取得的利息收入免征营业税。

（15）对纳人全国试点范围的非营利性中小企业信用担保、再担保机构，可由地方政府确定，对其从事担保业务的收入，3年内免征营业税。

（16）纳税人在资产重组过程中，通过合并、分立、出售、置换等方式，将全部或者部分实物资产以及与其相关联的债权、债务和劳动力一并转让给其他单位和个人的行为，其转让价格不仅仅是由资产价值决定的，与企业销售不动产、转让无形资产的行为完全不同，不属于营业税征收范围，其中涉及的不动产、土地使用权转让，不征收营业税。

（17）对社保基金理事会、社保基金投资管理人运用社保基金买卖证券投资基金，股票、债券的差价收入，暂免征收营业税。

（18）对中国电信集团公司将江苏、浙江、广东、上海等四省（市）和其他地区电信业务资产重组上市时已缴纳过营业税的预收性质的收入（包括电话初装费收入、工料费收入及电话卡售卡收入等），从递延收入中转出并确认为营业收入时，不再征收营业税。

（19）保险企业取得的追偿款不征收营业税。

（20）自2004年8月1日起，对军队空余房产租赁收入暂免征收营业税、房产税；此前已征税款不予退还，未征税款不再补征。

（21）对房地产主管部门或其指定机构、公积金管理中心、开发企业以及物业管理单位代收的住房专项维修基金，不计征营业税。

（22）对从事个体经营的军队转业干部、城镇退役士兵和随军家属，自领取税务登记证之日起3年内免征营业税。

（23）对QFII委托境内公司在我国从事证券买卖业务取得的差价收入，免征营业税。

（24）单位和个人提供的垃圾处置劳务不属于营业税应税劳务，对其处置垃圾取得的垃圾处置费，不征收营业税。

(25)根据《(财税字〔1997〕063号)》第一条的规定，对在京外国商会按财政部门或民政部门规定标准收取的会费，不征收营业税。对其会费以外各种名目的收入，凡属于营业税应税范围的，一律照章征收营业税。

(26)个人向他人无偿赠与不动产，包括继承、遗产处分及其他无偿赠与不动产等三种情况可以免征营业税。

(27)公司从事金融资产处置业务时，出售、转让股权不征收营业税；出售、转让债权或将其持有的债权转为股权不征收营业税；销售、转让不动产或土地使用权，按照《(财税［2003］16号)》第三条第二十款及第四条的有关规定，征收营业税。

(28)对境内单位或个人在中华人民共和国境外提供建筑业、文化体育业劳务暂免征收营业税。

(29)纳税人将土地使用权归还给土地所有者时，只要出具县级(含)以上地方人民政府收回土地使用权的正式文件，无论支付征地补偿费的资金来源是否为政府财政资金，该行为均属于土地使用者将土地使用权归还给土地所有者的行为，按照《(国税发［1993］149号》规定，不征收营业税。

(30)根据《财税〔2009〕111号》的有关规定，境外单位或个人在境外向境内单位或个人提供的国际通信服务(包括国际间通话服务、移动电话国际漫游服务、移动电话国际互联网服务、国际间短信互通服务、国际间彩信互通服务)，不属于营业税征税范围，不征收营业税。

(31)自2010年7月1日起至2013年12月31日，对注册在北京、天津、大连、哈尔滨、大庆、上海、南京、苏州、无锡、杭州、合肥、南昌、厦门、济南、武汉、长沙、广州、深圳、重庆、成都、西安等21个中国服务外包示范城市的企业从事离岸服务外包业务取得的收入免征营业税。

(32)对经营公租房所取得的租金收入，免征营业税。公租房租金收入与其他住房经营收入应单独核算，未单独核算的，不得享受免征营业税优惠政策。

(33)对个人(包括个体工商户及其他个人，下同)从事外汇、有价证券、非货物期货和其他金融商品买卖业务取得收入暂免征收营业税。

(34)境外单位或者个人在境外向境内单位或者个人提供的完全发生在境外的《中华人民共和国营业税暂行条例》规定的劳务，不属于在境内提供条例规定的劳务，不征收营业税。

(35)自2011年10月1日至2014年9月30日，对家政服务企业由员工制家政服务员提供的家政服务取得的收入免征营业税。

(36)为支持农村金融发展，解决农民贷款难问题，自2009年1月1日至2015年12月31日对农村信用社、村镇银行、农村资金互助社、由银行业机构全资发起设立的贷款公司、法人机构所在地在县(含县级市、区、旗)及县以下地区的农村合作银行和农村商业银行的金融保险业收入减按3%的税率征收营业税。

(37)保险保障基金公司根据《保险保障基金管理办法》取得的境内保险公司依法缴纳的保险保障基金以及从撤销或破产保险公司清算财产中获得的受偿收入和向有关责任方追偿所得，免征营业税。

第七节　营业税的申报与缴纳

一、营业税纳税义务发生的时间

营业税的纳税义务发生时间为纳税人收讫营业收入款项或者取得索取营业收入款项凭据的当天，签订书面合同的为书面合同约定的付款日；未签订书面合同或者书面合同未确定付款日期的，为应税行为完成的当天。收讫营业收入款项，是指纳税人应税行为发生过程中或者完成后收取的款项。对某些具体项目进一步明确如下：

1. 转让土地使用权或者销售不动产，采用预收款方式的，其纳税义务发生时间为收到预收款的当天。提供建筑业劳务或者不动产租赁业务，采取预收款方式的，其纳税义务发生时间为收到预收款的当天。

2. 单位或者个人自己新建建筑物后销售，其自建行为的纳税义务发生时间，为其销售自建建筑物并收讫营业额或者取得索取营业额凭据的当天。

3. 纳税人将不动产或者土地使用权无偿赠送其他单位或者个人的，其纳税义务发生时间为不动产所有权、土地使用权转移的当天。

4. 会员费、席位费和资格保证金纳税义务发生时间为会员组织收讫会员费、席位费、资格保证金和其他类似费用款项或者取得索取这些款项凭据的当天。

5. 扣缴税款义务发生时间为扣缴义务人代纳税人收讫营业收入款项或者取得索取营业收入款项凭据的当天。

6. 不动产租赁业务，纳税义务发生时间为取得租金收入或取得索取租金收入价款凭据的当天。

7. 金融商品转让业务，纳税义务发生时间为金融商品所有权转移之日。

8. 金融经纪业务和其他金融业务，纳税义务发生时间为取得营业收入或取得索取营业收入价款凭据的当天。

9. 保险业务，纳税义务发生时间为取得保费收入或取得索取保费收入价款凭据的当天。

10. 金融企业承办委托贷款业务营业税的扣缴义务发生时间，为受托发放贷款的金融机构代委托人收讫贷款利息的当天。

11. 电信部门销售有价电话卡的纳税义务发生时间，为售出电话卡并取得售卡收入或取得索取售卡收入凭据的当天。

二、营业税的纳税期限

1. 营业税的纳税期限，分别为 5 日、10 日、15 日、1 个月或 1 个季度。纳税人的具体纳税期限，由主管税务机关根据纳税人应纳税额的大小分别核定；不能按照固定期限纳税的，可以按次纳税。

纳税人以 1 个月或 1 个季度为一期纳税的，自期满之日起 15 日内申报纳税；以 5 日、10 日或者 15 日为一期纳税的，自期满之日起 5 日内预缴税款，于次月 1 日起 15 日内申报纳税并结清上月应纳税款。

2. 扣缴义务人的解缴税款期限，比照上述规定执行。

3. 银行、财务公司、信托投资公司、信用社、外国企业常驻代表机构的纳税期限为 1 个季度。自纳税期满之日起 15 日内申报纳税。

4. 保险业的纳税期限为 1 个月。

三、营业税的纳税地点

营业税的纳税地点原则上采取属地征收的方法，就是纳税人在经营行为发生地缴纳应纳税款。具体规定如下：

1. 纳税人提供应税劳务，应当向机构所在地/居住地的主管税务机关申报纳税。

2. 纳税人转让土地使用权，应当向土地所在地主管税务机关申报纳税。纳税人转让其他无形资产，应当向其机构所在地或居住地的主管税务机关申报纳税。

3. 单位和个人出租土地使用权、不动产的营业税纳税地点为土地、不动产所在地；

4. 纳税人销售不动产，应当向不动产所在地主管税务机关申报纳税。

5. 在中华人民共和国境内的电信单位提供电信业务的营业税纳税地点为电信单位机构所在地。

【本章小结】

“营改增”以后营业税的征税范围限于建筑业、电信业、金融保险业、娱乐业、传统服务业、文体业、销售不动产、转让无形资产(土地使用权，自然资源使用权)。纳税人是在中华人民共和国境内提供应税劳务、转让土地使用权，转让自然资源使用权或者销售不动产的单位和个人。税法在基本规定之外，又根据经营行为或经营特点，规定几种特殊的纳税人。为了加强源泉控制、堵塞漏洞，简化征收手续，保证税收收入，税法也规定了营业税的扣缴义务人。

营业税对八个税目设置了 3%、5% 二个档次的比例税率和一个幅度比例税率(5% ~ 20%)。

营业税应纳税额按照营业额和规定的税率计算。营业额是指纳税人提供应税劳务、转让无形资产或者销售不动产向对方收取的全部价款和价外费用。价外费用包括向对方收取的手续费、基金、集资费、代收款项、代垫款项及其他各种性质的价外费用。

营业税纳税义务发生时间，为纳税人收讫营业收入款项或者取得索取营业收入款项凭据的当天；营业税的纳税期限，由主管税务机关根据纳税人应纳税额的大小分别核定；营业税的纳税地点是根据不同纳税人的情况，本着便于纳税人缴纳和税务机关征收管理，便于企业经济核算和保证财政收人的原则来确定的。

【思考与练习】

一、单项选择题

1. 营业税的纳税义务人，是在中华人民共和国境内提供应税劳务、转让无形资产或者销售不动产的(　)。

A. 机关团体　　B. 法人　　C. 单位和个人　　D. 企业

2. 我国营业税采用的税率形式是。

A. 定额税率　　B. 累进税率　　C. 超率累进税率　　D. 比例税率

3. 下列哪些业务应征收营业税(　)。

A. 交通运输业　　B. 建筑业　　C. 有形动产租赁业务　　D. 邮政业

4. 纳税人以外汇结算营业额的.应折合成人民币。外汇折合成人民币的折合率.可以按营业额发生的( )的市场汇率确定。

A. 当月任何一天　　B. 当月最后一天

C. 前一天　　D. 当天或当月1日中国人民银行公布

5. 对单位自用房屋不征税.将自建的房屋对外销售营业税政策规定是( )。

A. 不征税

B. 按建筑业征脱

C. 按销售不动产征税

D. 除对销售不动产征收营业税外.还应征收一道建筑业营业税

二、多项选择题

1. 下列经营项目属于营业税应税劳务的有( )。

A. 从事照相、美容业务　　B. 从事加工、修理修配业务

C. 从事广告业务　　D. 从事房屋装修业务

2. 纳税人兼有不同税目应税行为的，应当分别核算不同税目的( )，未分别核算的、税务部门将从高适用税率。

A. 营业额　　B. 转让额　　C. 销售额　　D. 毛利

3. 金融企业取得外汇收入.应将其折算为人民币计算缴纳营业税，折算时可选择收到外汇收入的( )

A. 当天国家公布的外汇牌价　　B. 当月1日国家公布的外汇牌价

C. 当月月末国家公布的外汇牌价　　D. 当季1 日国家公布的外汇牌价

E. 当季季末国家公布的外汇牌价

4. 某歌舞团到甲地演出，共取得票价收入35万元，付给剧场场租费5万元，付给经纪人费用3万元，则各相关单位和人员应缴纳营业税的税目有( )。

A. 歌舞团按文化体育业纳税　　B. 剧场按租赁业纳税

C. 剧场按文化体育业纳税　　D. 经纪人按服务业纳税

E. 经纪人按文化体育业纳税

5. 旅行社组织旅游团在中国境内旅游的，以收取的旅游费减去替旅游者支付给其他单位的( )和其他代付费用的余额为应纳营业税的营业额。

A. 房费　　B. 门票　　C. 餐费　　D. 交通

三、计算分析题

1. A建筑公司中标一项建筑承包工程，总承包额10 000万元，该建筑公司将工程的装修部分分包给B装饰工程公司，分包价款3 000万元；又将工程的设备安装工程分包给C设备安装公司，分包价款为900万元。工程结束后，建设单位又支付给A建筑公司500万元材料价差和700万元提前竣工奖，建筑公司又将提前竣工奖支付给其他两个分包公司各150万元。

要求：计算上述A、B、C三个单位各自应缴或应代扣代缴的营业税。

2. 2013年3月，甲房地产开发公司发生的主要经营业务如下：

(1)采取直接收款方式销售商品房300套，每套售价60万元，共收取房款18000万元；采取预收款方式销售商品房100套，本月预收房款6000万元，合同约定，该批商品房于2014

年 1 月交付使用。

(2)将委托某施工企业建造的一栋办公楼无偿捐赠给当地的一所小学。该办公楼的委托开发成本为 400 万元。

(3)2012 年 4 月 1 日将买价为 600 万元的办公楼作抵押，向某商业银行贷款 800 万元，贷款期限 1 年，年利率 6%。按照协议规定，抵押期间该办公楼由银行使用，公司不再负担贷款利息。本月底该贷款到期，甲房地产开发公司无流动资金偿还贷款，经双方协商，甲房地产开发公司将该办公楼按市价 850 万元抵付给银行，银行向甲房地产开发公司支付差价 50 万元。

(4)转让一宗尚未开发的土地使用权，取得转让收入 300 万元，该土地使用权系上一年度购置，购置原价 260 万元，购置时缴纳相关税费 2 万元。

已知，销售不动产的成本利润率为 20%。

要求：根据上述材料，回答下列问题。

(1)2013 年 3 月甲房地产开发公司销售商品房应缴纳的营业税。

(2)2013 年 3 月甲房地产开发公司无偿捐赠办公楼应缴纳的营业税。

(3)2013 年 3 月甲房地产开发公司转让土地使用权应缴纳的营业税。

(4)2013 年 3 月甲房地产开发公司共计应缴纳的营业税。

第五章　关税法律制度

【学习目标】

通过学习，掌握关税的征税范围和税率、关税完税价格的确定和应纳税额的计算，熟悉关税征收管理规定，了解行李和邮递物品进口税和船舶吨税的相关规定。

第一节　关税概述

一、关税的概念

关税是海关依法对进出境货物、物品征收的一种税。所谓“境”指关境，又称“海关境域”或“关税领域”，是国家《海关法》全面实施的领域。在通常情况下，一国关境与国境是一致的，包括国家全部的领土、领海、领空。但当某一国家在国境内设立了自由港、自由贸易区等，这些区域就进出口关税而言处在关境之外，这时，该国家的关境小于国境，如我国。根据《中华人民共和国香港特别行政区基本法》和《中华人民共和国澳门特别行政区基本法》，香港和澳门保持自由港地位，为我国单独的关税地区，即单独关境区。单独关境区是不完全适用该国海关法律、法规或实施单独海关管理制度的区域。当几个国家结成关税同盟，组成一个共同的关境，实施统一的关税法令和统一的对外税则，这些国家彼此之间货物进出国境不征收关税，只对来自或运往其他国家的货物进出共同关境时征收关税，这些国家的关境大于国境，如欧洲联盟。

关税一般分为进口关税、出口关税和过境关税。我国目前对进出境货物征收的关税分为进口关税和出口关税两类。

全国人民代表大会常务委员会于 1987 年 1 月 22 日通过的、于 2000 年 7 月 8 日修订的《海关法》，国务院于 2003 年 11 月颁布的《进出口关税条例》，以及经国务院关税税则委员会审定并报国务院批准，由海关总署印发的《海关进出口税则》、《中华人民共和国海关入境旅客行李物品和个人邮递物品征收进口税办法》等规章、制度、文件，构成了我国关税法律制度。

二、关税的征税范围和纳税人

1. 关税征税范围

关税的征税范围包括国家准予进出境的货物和物品，但法律、行政法规另有规定的除外。货物是指贸易性商品；物品指入境旅客随身携带的行李物品、个人邮递物品、各种运输工具上的服务人员携带进口的自用物品、馈赠物品以及其他方式进境的个人物品。对从境外采购进口的原产于中国境内的货物，海关也要依照《海关进出口税则》征收进口关税。具体地说，除国家规定享受减免税的货物可以免征或减征关税外，所有进口货物和少数出口货物均属于关税的征税范围。

2. 关税的纳税人

关税的纳税义务人，包括进口货物的收货人、出口货物的发货人、进出境物品的所有人。进出口货物的收、发货人是依法取得对外贸易经营权，并进口或者出口货物的法人或者其他社会团体。进出境物品的所有人包括该物品的所有人和推定为所有人的人。一般情况下，对于携带进境的物品，推定其携带人为所有人；对分离运输的行李，推定相应的进出境旅客为所有人；对以邮递方式进境的物品，推定其收件人为所有人；以邮递或其他运输方式出境的物品，推定其寄件人或托运人为所有人。

三、关税的税目和税率

1. 税目

关税的税目和税率由《海关进出口税则》规定。《海关进出口税则》是根据世界海关组织（WCO）发布的《商品名称及编码协调制度》（HS）而制定的。《商品名称及编码协调制度》是一部科学、系统的国际贸易商品分类体系，是国际上多个商品分类目录协调的产物，适合于与国际贸易有关的多方面的需要，如海关、统计、贸易、运输、生产等，成为国际贸易商品分类的一种“标准语言”。它包括三个主要部分：归类总规则、进口税率表、出口税率表。其中，归类总规则是进出口货物分类的具有法律效力的原则和方法。

《海关进出口税则》中的商品分类目录，由类、章、项目、一级子目和二级子目五个等级、八位数码组成。按照税则归类总规则及其归类方法，每一种商品都能找到一个最适合的对应税目。

2. 税率

关税税率为差别比例税率，分为进口关税税率、出口关税税率和特别关税。

（1）进口关税税率 在我国加入世界贸易组织（WTO）之前，我国进口税则设有两栏税率，即普通税率和优惠税率。对原产于与我国未订有关税互惠协议的国家或者地区的进口货物，按照普通税率征税；对原产于与我国订有关税互惠协议的国家或者地区的进口货物，按照优惠税率征税。在我国加入 WTO 之后，为履行我国在加入 WTO 关税减让谈判中承诺的有关义务，享有 WTO 成员应有的权利，自 2002 年 1 月 1 日起，我国进口税则设有最惠国税率、协定税率、特惠税率、普通税率、关税配额税率等税率。对进口货物在一定期限内可以实行暂定税率。

①最惠国税率。最惠国税率适用原产于与我国共同适用最惠国待遇条款的 WTO 成员国或地区的进口货物，或原产于与我国签订有相互给予最惠国待遇条款的双边贸易协定的国家或地区进口的货物，以及原产于我国境内的进口货物。

②协定税率。协定税率适用原产于我国参加的含有关税优惠条款的区域性贸易协定有关缔约方的进口货物，目前对原产于韩国、斯里兰卡和孟加拉国 3 个曼谷协定成员的 739 个税目进口商品实行协定税率（即曼谷协定税率）。

③特惠税率。特惠税率适用原产于与我国签订有特殊优惠关税协定的国家或地区的进口货物，目前对原产于孟加拉国的 18 个税目进口商品实行特惠税率（即曼谷协定特惠税率）。

④普通税率。普通税率适用于原产于上述国家或地区以外的其他国家或地区的进口货物。

按照普通税率征税的进口货物，经国务院关税税则委员会特别批准，可以适用最惠国税率。

适用最惠国税率、协定税率、特惠税率的国家或者地区名单，由国务院关税税则委员会决定。

（2）出口关税税率 出口关税税率是对出口货物征收关税而规定的税率。目前我国仅对少数资源性产品及易于竞相杀价，需要规范出口秩序的半制成品征收出口关税。与进口关税税率一样，出口关税税率也规定有暂定税率。与进口暂定税率一样，出口暂定税率优先适用于出口税则中规定的出口关税税率。未订有出口关税税率的货物，不征出口关税。

（3）特别关税 为了应对个别国家对我国出口货物的歧视，任何国家或者地区如对进口原产于我国的货物征收歧视性关税或者给予其他歧视性待遇的，海关可以对原产于该国或者地区的进口货物征收特别关税。特别关税包括报复性关税、反倾销税与反补贴税、保障性关税。

①报复性关税。报复性关税是指对违反与我国签订或者共同参加的贸易协定及相关协定，对我国在贸易方面采取禁止、限制、加征关税或者其他影响正常贸易的国家或地区所采取的一种进口附加税。

②反倾销税与反补贴税。反倾销税与反补贴税是指进口国海关对外国的倾销商品，在征收关税的同时附加征收的一种特别关税，其目的在于抵消他国补贴。

③保障性关税。保障性关税是指当某类货物进口量剧增，对我国相关产业带来巨大威胁或损害时，按照 WTO 有关规则，采取的一般保障措施，主要是采取提高关税的形式。

征收报复性关税的货物，适用国别、税率、期限和征收办法，由国务院关税税则委员会决定，海关总署负责实施。征收反倾销与反补贴税和保障性关税的适用税率按照《中华人民共和国保障措施条例》的有关规定执行。

为了逐步完善关税的税率结构，更好地发挥关税的作用，从 1997 年 7 月 1 日起，我国对部分进口货物实行从量定额、从量定额和从价定率混合使用的复合税率和滑准税率。

4. 税率的运用

我国《进出口关税条例》规定，进出口货物，应当依照税则规定的归类原则归入合适的税号，并按照适用的税率征税。其中：

（1）进出口货物，应当按照纳税义务人申报进口或者出口之日实施的税率征税；

（2）进口货物到达前，经海关核准先行申报的，应当按照装载此货物的运输工具申报进境之日实施的税率征税；

（3）进出口货物的补税和退税，适用该进出口货物原申报进口或者出口之日所实施的税率，但下列情况除外：

①按照特定减免税办法批准予以减免税的进口货物，后因情况改变经海关批准转让或出售或移作他用需予补税的，适用海关接受纳税人再次填写报半单申报办理纳税及有关手续之日实施的税率征税；

②加工贸易进口料、件等属于报税性质的进口货物，如经批准转为内销，应按向海关申报转为内销之日实施的税率征税；如未经批准擅自转为内销的，则按海关查获日期所施行的税率征税；

③暂时进口货物转为正式进口需予补税时，应按其申报正式进口之日实施的税率征税；

④分期支付租金的租赁进口货物，分期付税时，适用海关接受纳税人再次填写保管申报办理纳税及有关手续之日实施的税率征税；

⑤溢卸、误卸货物事后确定需征税时，应按其原运输工具申报进口日期所实施的税率征税。如原进口日期无法查明的，可按确定补税当天实施的税率征税；

⑥对由于税则归类的改变、完税价格的审定或其他工作查错而需补税的，应按原征税日期实施的税率征税；

⑦对经批准缓税进口的货物以后缴税时，不论是分期或一次缴清税款，都应按货物原进口之日实施的税率征税；

⑧查获的走私进口货物需补税时，按查获日期实施的税率征税。

四、原产地规定

确定进境货物原产国的主要原因之一，是便于正确运用进口税则的各栏税率，对产自不同国家或地区的进口货物适用不同的关税税率。我国原产地规定基本上采用了“全部产地生产标准”、“实质性加工标准”两种国际上通用的原产地标准。

1. 全部产地生产标准

全部产地生产标准是指进口货物“完全在一个国家内生产或制造”，生产或制造国即为该货物的原产国。完全在一国生产或制造的进口货物包括：

(1)在该国领土或领海内开采的矿产品；

(2)在该国领土上收获或采集的植物产品；

(3)在该国领土上出生或由该国饲养的活动物及从其所得产品；

(4)在该国领土上狩猎或捕捞所得的产品；

(5)在该国的船只上卸下的海洋捕捞物，以及由该国船只在海上取得的其他产品；

(6)在该国加工船加工上述第(5)项所列物品所得的产品；

(7)在该国收集的只适用于作再加工制造的废碎料和废旧物品；

(8)在该国完全使用上述(1)至(7)项所列产品加工成的制成品。

2. 实质性加工标准

实质性加工标准是适用于确定有两个或两个以上国家参与生产的产品的原产国的标准，其基本含义是：经过几个国家加工、制造的进口货物，以最后一个对货物进行经济上可以视为实质性加工的国家作为有关货物的原产国。“实质性加工”是指产品加工后，在进出口税则中四位数税号一级的税则归类已经有了改变，或者加工增值部分所占新产品总值的比例已超过30%及以上的。

3. 其他

对机器、仪器、器材或者车辆所用零件、部件、配件、备件及工具，如与主件同时进口且数量合理的，其原产地按主件的原产地确定，分别进口的则按各自的原产地确定。

第二节　关税应纳税额的计算

一、关税的计税依据

我国对进出口货物征收关税，主要采取从价计征的办法，以货物的完税价格为计税依据征收关税。

1. 进口货物的完税价格

进口货物的完税价格，由海关以进口应税货物的成交价格以及该货物运抵我国境内输入地点起卸前的运输及相关费用、保险费为基础审查确定。

货物成交价格，是指卖方向中国境内销售该货物时，买方为进口货物向卖方实付、应付的价款总额。

下列费用应包括在进口货物的完税价格中：

(1)由买方负担的除购货佣金以外的佣金和经纪费。购货佣金，是指买方为购买进口货物向自己的采购代理人支付的劳务费用。经纪费，是指买方为购买进口货物向代表买卖双方利益的经纪人支付的劳务费用；

(2)由买方负担的与该货物视为一体的容器的费用；

(3)由买方负担的包装材料和包装劳务费用；

(4)与该货物的生产和向我国境内销售有关的，由买方以免费或者以低于成本的方式提供并可以按适当比例分摊的料件、工具、模具、消耗材料及类似货物后的价款，以及在境外开发、设计等相关服务的费用；

(5)作为卖方向我国境内销售该货物的一项条件，应当由买方直接或间接支付的、与该货物有关的特许权使用费。特许权使用费，是指买方为获得与进口货物相关的、受著作权保护的作品、专利、商标、专有技术和其他权利的使用许可而支付的费用。但是在估定完税价格时，进口货物在境内的复制权费不得计入该货物的实付或应付价格之中；

(6)卖方直接或间接从买方获得的该货物进口后转售、处置或者使用的收益。

下列费用、税收，如进口时在货物的价款中列明，不计入该货物的完税价格：

(1)厂房、机械、设备等货物进口后进行建设、安装、装配、维修和技术服务的费用；

(2)进口货物运抵境内输入地点起卸后的运输及其相关费用、保险费；

(3)进口关税及国内税收。

2. 特殊进口货物的完税价格

对于某些特殊、灵活的贸易方式(如寄售等)下进口的货物，在进口时没有“成交价格”可作依据，确定其完税价格的方法主要有：

(1)运往境外加工的货物的完税价格。出境时已向海关报明并在海关规定的期限内复运进境的，应当以境外加工费和料件费，以及复运进境的运输费、保险费及其相关费用审查确定完税价格；

(2)运往境外修理的机械器具、运输工具或者其他货物的完税价格。出境时已向海关报明，并在海关规定的期限内复运进境的，应以境外修理费和料件费审查确定完税价格；

(3)租赁方式进口货物的完税价格。租赁方式进境的货物，以海关审查确定的该货物租金作为完税价格；留购的租赁物，以海关审定的留购价作为完税价格；

(4)对于国内单位留购的进口货样、展览品和广告陈列品，以海关审定的留购价格作为完税价格。但对于留购货样、展览和广告陈列品的买方，除按留购价格付款外，又直接或间接给卖方一定利益的，海关可以另行确定上述货物的完税价格；

(5)加工贸易进口料件及其制成品需征税或内销补税的，海关按照一般进口货物完税价格规定，审定完税价格；

(6)内销的进料加工进口料件或其制成品(包括残次品、副产品)，以料件进口时的价格估定完税价格；

(7)内销的来料加工进口料件或其制成品(包括残次品、副产品)，以料件申报内销时的价格估定完税价格；

(8)出口加工区内的加工企业内销的制成品(包括残次品、副产品)，以制成品申报内销时的价格估定完税价格；

(9)转让出售进口减免税货物的完税价格。按照特定减免税办法批准予以减免税进口的货物，在转让或出售而需补税时，可按这些货物原进口时的价格扣除折旧部分价值来确定其完税价格。其计算公式为：

$$\text{完税价格}=\text{海关审定的该货物原进口时的价格}\times\left[1-\frac{\text{申请补税时实际已使用的时间(月)}}{\text{监管年限}\times 12}\right]$$

监管年限是指海关对减免税进口的货物监督管理的年限。

(10)以易货贸易、寄售、捐赠、赠送等其他方式进口的货物，应当按照一般进口货物估价办法的规定，估定完税价格。

2. 出口货物的完税价格

出口货物的完税价格，由海关以出口货物的成交价格以及该货物运至中国境内输出地点装载前的运输及其相关费用、保险费为基础审查确定。出口关税不计入完税价格。

出口货物的成交价格，是指该货物出口时卖方为出口该货物应当向买方直接收取和间接收取的价款总额。

二、关税应纳税额的计算

1. 从价税计算方法

从价税，是指以进(出)口货物的完税价格为计税依据的一种关税计征方法。

其应纳关税税额的计算公式为：

关税应纳税额 = 应税进(出)口货物数量 × 单位完税价格 × 适用税率

2. 从量税计算方法

从量税，是指以进(出)口货物的数量为计税依据的一种关税计征方法。

其应纳关税税额的计算公式为：

关税应纳税额 = 应税进(出)口货物数量 × 关税单位税额

3. 复合税计算方法

复合税，是指对某种进(出)口货物同时使用从价和从量计征的一种关税计征方法。其应纳关税税额的计算公式为：

$$\text{关税应纳税额}=\text{应税进(出)口货物数量}\times\text{关税单位税额}+\text{应税进(出)口货物数量}\times\text{单位完税价格}\times\text{适用适率}$$

4. 滑准税计算方法

滑准税，是指关税的税率随着进口货物价格的变动而反方向变动的一种税率形式，即价格越高，税率越低，税率为比例税率。因此，对实行滑准税率的进口货物应纳税额的计算方法仍同于从价税的计算方法。

关税应纳税额 = 应税进(出)口货物数量 × 单位完税价格 × 滑准税税率

【例 5 - 1】某进出口公司进口摩托车 1 000 辆，经海关审定的货价为 200 万美元。另外，运抵我国关境内输入地点起卸包装费 10 万美元，运输费 8 万美元，保险费 2 万美元。假设人民币汇价为 1 美元 =6.20 元人民币；该批摩托车进口关税税率为 23%。计算进口该批摩托车应缴纳的关税税额。

【解析】

（1）该批摩托车的完税价格 =200 +10 +8 +2 =220（万美元）

（2）应缴关税税额 =220 ×6.20 ×23% =313.72（万元）

第三节　关税的征收管理

一、关税的减免

关税减免是对某些纳税人和征税对象给予鼓励和照顾的一种特殊调节手段。正是有了这一手段，使关税政策工作兼顾了普通性和特殊性、原则性和灵活性。因此，关税减免是贯彻国家关税政策的一项重要措施。关税减免分为法定减免税、特定减免税和临时减免税。根据《海关法》规定，除法定减免税外的其他减免税均由国务院决定。

1. 法定减免税

法定减免税是税法中明确列出的减税或免税。符合税法规定可予减免税的进出口货物，纳税义务人无须提出申请，海关可按规定直接予以减免税，海关对法定减免税货物一般不进行后续管理。例如：我国《海关法》和《进出口条例》明确规定，对关税税额在人民币 50 元以下的一票货物、无商业价值的广告品和货样、外国政府、国际组织无偿赠送的物资、进出境运输工具装载的途中必需的燃料、物料和饮食用品等，可予免税。

2. 特定减免税

特定减免税也称政策性减免税。在法定减免税之外，国家按照国际通行规定和我国实际情况，制定发布的有关进出口货物减免关税的政策，称为特定或政策性减免税。特定减免税货物一般有地区、企业和用途的限制，海关需要进行后续管理，也需要进行减免税统计。例如：为有利于我国科研、教育事业发展，国务院制定了《科学研究和教学用品免征进口税收暂行规定》，对科学研究机构和学校不以营利为目的，在合理数量范围内进口国内不能生产的科学研究和教学用品，直接用于科学研究或者教学的，免征进口关税和进口环节增值税、消费税。又如：为支持残疾人的康复工作，国务院制定了《残疾人专用品免征进口税收暂行规定》，对规定的残疾人个人专用品，免征进口关税和进口环节增值税、消费税等等。

3. 临时减免税

临时减免税是指以上法定和特定减免税以外的其他减免税，即由国务院根据《海关法》对某个单位、某类商品、某个项目或某批进出口货物的特殊情况，给予特别照顾，一案一批，专文下达的减免税。一般有单位、品种、期限、金额或数量等限制，不能比照执行。

我国加入世界贸易组织后，为遵循统一、规范、公平、公开的原则，有利于统一税法、公平税赋、平等竞争，国家严格控制减免税，一般不办理个案临时性减免税，对特定减免税也在逐步规范、清理，对不符合国际惯例的税收优惠政策将逐步予以废止。

二、关税的缴纳

进口货物自运输工具申报进境之日起 14 日内，出口货物在货物运抵海关监管区后装货的24小时以前，应由进出口货物的纳税义务人向货物进（出）境地海关申报，海关根据税则归类和完税价格计算应缴纳的关税和进口环节代征税，并填发税款缴款书。纳税义务人应当自海关填发税款缴款书之日起15日内，向指定银行缴纳税款。如关税缴纳期限的最后1日是周末或法定节假日，则关税缴纳期限顺延于周末或法定节假日过后的第1个工作日。为方便纳税义务人，经申请且海关同意，进（出）口货物的纳税义务人可以在设有海关的指运地（启动地）办理海关申报、纳税手续。

关税纳税义务人因不可抗力或者在国家税收政策调整的情形下，不能按期缴纳税款的，经海关总署批准，可以延期缴纳税款，但最长不得超过6个月。

三、关税的强制执行

纳税义务人未在关税缴纳期限内缴纳税款，即构成关税滞纳。为保证海关征收关税决定的有效执行和国家财政收入的及时入库，《海关法》赋予海关对滞纳关税的纳税义务人强制执行的权利。强制措施主要有两类：

1. 征收关税滞纳金

滞纳金自关税缴纳期限届满滞纳之日起，至纳税义务人缴纳关税之日止，按滞纳税款万分之五的比例按日征收，周末或法定节假日不予扣除。具体计算公式为：

关税滞纳金金额＝滞纳关税税额×滞纳金征收比率×滞纳天数

2. 强制征收

如纳税义务人自海关填发缴款书之日起3个月仍未缴纳税款，经海关关长批准，海关可以采取强制扣缴、变价抵缴等强制措施。强制扣缴即海关从纳税义务人在开户银行或者其他金融机构的存款中直接扣缴税款。变价抵缴即海关将应税货物依法变卖，以变卖所得抵缴税款。

四、关税的退还

关税退还是关税纳税义务人按海关核定的税额缴纳关税后，因某种原因的出现，海关将实际征收多于应当征收的税额退还给原纳税义务人的一种行政行为。根据《海关法》规定，海关多征的税款，海关发现后应当立即退还。

按规定，有下列情形之一的，进出口货物的纳税义务人可以自缴纳税款之日起1年内，书面声明理由，连同原纳税收据向海关申请退税并加算银行同期活期存款利息，逾期不予受理：

1. 因海关误征，多纳税款的；

2. 海关核准免验进口的货物，在完税后，发现有短卸情节，经海关审查认定的；

3. 已征出口关税的货物，因故未将其运出口，申报退关，经海关查验属实的。

对已征出口关税的出口货物和已征进口关税的进口货物，因货物品种或规格原因（非其他原因）原状复运进境或出境的，经海关查验属实的，也应退还已征关税。海关应当自受理退税申请之日起30日内，作出书面答复并通知退税申请人。

五、关税的补征和追征

补征和追征是海关在关税纳税义务人按海关核定的税额缴纳关税后，发现实际征收税额少于应当征收的税额（简称短征关税）时，责令纳税义务人补缴所差税款的一种行政行为。

《海关法》根据短征关税的原因，将海关征收原短征关税的行为分为补征和追征两种。由于纳税人违反海关规定造成短征关税的，称为追征；非因纳税人违反海关规定造成短征关税的，称为补征。区分关税追征和补征的目的是为了区别不同情况适用不同的征收时效，超过时效规定的期限，海关就丧失了追补关税的权力。根据《海关法》规定，进出境货物和物品放行后，海关发现少征或者漏征税款，应当自缴纳税款或者货物、物品放行之日起 1 年内，向纳税义务人补征；因纳税义务人违反规定而造成的少征或者漏征的税款，自纳税义务应缴纳税款之日起 3 年以内可以追征，并从缴纳税款之日起按日加收少征或者漏征税款万分之五的滞纳金。

六、关税纳税争议

为保护纳税人合法权益，我国《海关法》和《关税条例》都规定了纳税义务人对海关确定的进出口货物的征税、减税、补税或者退税等有异议时，有提出申诉的权利。在纳税义务人同海关发生纳税争议时，可以向海关申请复议，但同时应当在规定期限内按海关核定的税额缴纳关税，逾期则构成滞纳，海关有权按规定采取强制执行措施。

纳税争议的内容一般为进出境货物和物品的纳税义务人对海关在原产地认定、税则归类、税率或汇率适用、完税价格确定、关税减征、免征、追征、补征和退征等征税行为是否合法或适当，是否侵害了纳税义务人的合法权益，而对海关征收关税的行为表示异议。

纳税争议的申诉程序：纳税义务人自海关填发税款缴款书之日起 30 日内，向原征税海关的上一级海关书面申请复议。逾期申请复议的，海关不予受理。海关应当自收到复议申请之日起 60 日内作出复议决定，并以复议决定书的形式正式答复纳税义务人；纳税义务人对海关复议决定仍然不服的，可以自收到复议决定书之日起 15 日内，向人民法院提起诉讼。

第四节 行邮物品进口税

一、行邮物品进口税的概念

行李和邮递物品进口税简称行邮税，是海关对入境旅客行李物品和个人邮递物品征收的进口税。由于其中包含了在进口环节征收的增值税、消费税，因而也是对个人非贸易性入境物品征收的进口关税和进口工商税收的总称。课税对象包括入境旅客、运输工具、服务人员携带的应税行李物品、个人邮递物品、馈赠物品以及以其他方式入境的个人物品等项物品，简称进口物品。

二、行邮物品进口税的纳税人

行邮物品进口税的纳税人是携带应税个人自用物品入境旅客及运输工具服务人员，进口邮递物品的收件人，以及其他方式进口应税个人自用物品的收件人。上述所称的应税个人自用物品，不包括汽车、摩托车及其配件、附件。对进口应税个人自用汽车、摩托车及其配件、附件，以及超过海关规定自用合理数量部分的应税物品应按货物进口程序办理报送验放手续。

三、行邮物品进口税的税目和税率

入境旅客行李物品和个人邮递物品进口税税率由国务院关税税则委员会审定后，海关总署对外公布实施。我国行邮税税目和税率经过了多次调整，2007 年 6 月修订后的《入境旅客行李物品和个人邮递物品进口税税则归类表》将行邮税税率分别为 50%、30%、20%、10% 四个档次，都采用比例税率。如：食品、饮料、金、银、珠宝及其制成品等适用税率10%，纺织原材料及其制成品、皮革、皮毛及其制成品等适用税率20%，高档手表、高尔夫球及球具适用税率30%，酒类、烟草、化妆品等适用税率50%。

四、行邮物品进口税应纳税额的计算

行邮物品进口税采用从价计征，完税价格由海关参照该项物品的境外正常零售平均价格确定。如2007年6月海关修订的《入境旅客行李物品和个人邮递物品完税价格表》规定笔记本电脑完税价格5 000元/台、数码照相机2 000元/台等等。完税价格乘以进口税税率，即为应纳的进口税税额。海关按照填发税款缴纳书当日有效的税率和完税价格计算征收。纳税人应当在海关放行应税个人自用物品之前缴清税款。

【例5－2】某中国旅客出国旅游回国时带入境内1台笔记本电脑，海关确定的完税价格为人民币5 000元，适用税率为20%，该出国人员应纳行李和邮递物品进口税税额是多少？

【解析】

应纳进口税税额＝5 000×20%＝1 000（元）

五、行邮物品进口税的税收优惠

1. 中国常驻境外的外交机构人员、留学人员、访问学者、赴外劳务人员、援外人员、远洋海员，香港、澳门、台湾同胞和华侨，外国驻华使馆、领事馆、有关国际机构的人员，可以享受一定的免征行李和邮递物品进口税待遇。

2. 不超过海关规定的自用合理数量的避孕用具和药品，可以免征行李和邮递物品进口税。

3. 外国在华常驻人员在华居住超过1年者（指工作或者留学签证有效期超过1年者），在签证有效期以内初次来华携带进境的个人自用的家用摄像机、照相机和便携式收录机、激光唱机、计算机，报经所在地主管海关审核，在每个品种1台的数量限制以内，可以免征行李和邮递物品进口税。

第五节 船舶吨税

一、船舶吨税的概念

船舶吨税（以下简称吨税）是对进出、停靠我国港口的国际航行船舶由海关代征的一种税。国际航行船舶因在我国港口行驶，使用了我国的港口和助航设备，对其征收的这种税收，是一种属于使用性质的税。

二、船舶吨税的征收制度

1. 船舶吨税征税范围

（1）在我国港口行驶的外国籍船舶；

（2）外商租用的中国籍船舶；

（3）中外合营海运企业自有或租用的中外船舶；

（4）我国租用航行国外及兼营国内沿海贸易的外国籍船舶。

2. 计税依据和税率

吨税以船舶的注册净吨位为计税依据。注册净吨位指船舶能够装载旅客和货物的船舱容量。吨税实行分类分级定额税率。船舶分机动船舶与非机动船舶两大类，以净吨位分级规定税额，吨位越大，税额越大。

吨税采用复式税率，设普通税率和优惠税率。凡是同我国签有贸易条约或协定，规定对船舶的税费相互给予最惠国待遇的国家的船舶，适用优惠税率；未与我国签有贸易互惠条约或协定的国家的船舶，适用普通税率。船舶吨税税额见表 5－1。

表 5－1　　船舶吨税税额表

税目（按船舶净吨位划分）	税率（元/净吨）						备注
	普通税率（按执照期限划分）			优惠税率（按执照期限划分）			
	1 年	90 日	30 日	1 年	90 日	30 日	
不超过 2000 净吨	12.6	4.2	2.1	9.0	3.0	1.5	拖船和非机动驳船分别按相同净吨位船舶税率的 50% 计征税款
超过 2000 净吨，但不超过 10000 净吨	24.0	8.0	4.0	17.4	5.8	2.9	
超过 10000 净吨，但不超过 50000 净吨	27.6	9.2	4.6	19.8	6.6	3.3	
超过 50000 净吨	31.8	10.6	5.3	22.8	7.6	3.8	

三、船舶吨税的缴纳与减免

船舶吨税的缴纳分为 90 天一期和 30 天一期两种。缴纳期依船舶在我国港口行驶和停靠的时间而定，由纳税人申报纳税时自行选报。纳税人应自海关签发吨税缴款书之次日起 7 日内（法定节假日顺延）缴清税款。逾期由海关自第 8 天起到缴清税款之日止按日征收应缴税款 1% 的滞纳金。

下列船舶免征吨税：

（一）应纳税额在人民币 50 元以下的船舶；

（二）自境外以购买、受赠、继承等方式取得船舶所有权的初次进口到港的空载船舶；

（三）吨税执照期满后 24 小时内不上下客货的船舶；

（四）非机动船舶（不包括非机动驳船）；

（五）捕捞、养殖渔船；

（六）避难、防疫隔离、修理、终止运营或者拆解，并不上下客货的船舶；

（七）军队、武装警察部队专用或者征用的船舶；

（八）依照法律规定应当予以免税的外国驻华使领馆、国际组织驻华代表机构及其有关人员的船舶；

（九）国务院规定的其他船舶。

【本章小结】

关税是海关依法对进出境货物、物品征收的一种税。征税范围包括国家准予进出境的货物和物品，但法律、行政法规另有规定的除外。关税的纳税义务人，包括进口货物的收货人、出口货物的发货人、进出境物品的所有人。关税的税目和税率由《海关进出口税则》规定。关税税率为差别比例税率，分为进口关税税率、出口关税税率和特殊关税。

我国对进出口货物征收关税，主要采取从价计征的办法，以货物的完税价格为计税依据征收关税。关税应纳税额的计算方法分从价税、从量税、复合税和滑准税等。

行李和邮递物品进口税简称行邮税，是海关对入境旅客行李物品和个人邮递物品征收的进口税。行邮税税率由国务院关税税则委员会审定后，海关总署对外公布实施。行邮物品进口税采用从价计征，完税价格由海关参照该项物品的境外正常零售平均价格确定。

船舶吨税是对进出、停靠我国港口的国际航行船舶由海关代征的一种税。吨税以船舶的注册净吨位为计税依据。吨税实行分类分级定额税率。

【思考与练习】

一、单项选择题

1. 如果一个国家的国境内设有免征关税的自由港或自由贸易区，这时(　　)。

A. 关境与国境一致　　B. 关境与国境不一致

C. 关境大于国境　　D. 关境小于国境

2. 北京某进出口公司从美国进口商品，该商品的成交价格 200 万美元，另支付购货佣金 2 万美元，经纪费 1 万美元，从美国运抵天津海关起卸前的运输及保险费 3 万美元，从天津运抵北京的运输费用人民币 4 万元，汇率为 1 美元 =6.2 元人民币，则该公司进口商品的完税价格为人民币(　　)。

A. 1280.4 万元　　B. 1258.6 万元

C. 1264.8 万元　　D. 1277.2 万元

3. 下列费用应包括在进口货物的完税价格中(　　)。

A. 由买方负担的购货佣金

B. 由买方负担的经纪费

C. 由买方负担的包装材料和包装劳务费用

D. 卖方直接从买方获得的该货物进口后转售、处置或者使用的收益

4. 根据《海关法》规定，进出境货物和物品放行后，海关发现少征或者漏征税款，应当自缴纳税款或者货物、物品放行之日起(　　)内，向纳税义务人补征。

A. 1 年　　B. 3 年　　C. 5 年　　D. 无限期

二、多项选择题

1. 根据关税法律制度的规定，下列各项中，属于关税纳税人的有(　　)。

A. 进口货物的收货人　　B. 出口货物的发货人

C. 携带物品进境的入境人员　　D. 进境邮递物品的收件人

2. 下列项目中属于关税免税货物范围的有(　　)。

A. 关税额在人民币 50 元以下的一票货物

B. 无商业价值的广告品和货样

C. 外国政府、国际组织无偿赠送的物资

D. 进出境运输工具装载的途中必需的燃料、物料和饮食品等

3. 某公司从德国进口啤酒，进口环节应缴纳的税金有(　　)。

A. 关税　　B. 营业税　　C. 消费税　　D. 增值税

4. 船舶吨税征税范围包括(　　)。

A. 在我国港口行驶的外国籍船舶

B. 外商租用的中国籍船舶

C. 中外合营海运企业自有或租用的中外船舶

D. 我国租用航行国外及兼营国内沿海贸易的外国籍船舶

三、判断题

1. 因海关误征，多纳税款的，进出口货物的纳税义务人可以自缴纳税款之日起 1 年内，书面声明理由，连同原纳税收据向海关申请退税并加算银行同期活期存款利息，逾期不予受理。(　　)

2. 出口货物的完税价格，由海关以出口货物的成交价格以及该货物运抵我国境内输出地点装载前的运输及其相关费用、保险费、出口关税为基础审查确定。(　　)

3. 外国政府国际组织无偿赠送的物资，依照关税基本法的规定，可实行特定减免。(　　)

4. 入境旅客在国外购买的高档手表在入境时应缴纳行邮物品税、增值税和消费税。(　　)

5. 滑准税，是指关税的税率随着进口货物价格的变动而反方向变动的一种税率形式，即价格越高，税率越低，税率为比例税率。(　　)

四、计算分析题

1. 某具有进出口经营权的外贸公司，2013 年 3 月发生以下经营业务：

(1)经批准从境外进口小轿车 30 辆，每辆小轿车货款 15 万元，运抵我国海关前发生的运输费用 9 万元、保险费用 1.38 万元。向海关缴纳了相关税款，并取得完税凭证。

(2)公司委托运输公司将小轿车从海关运回本单位，支付运输费用 9 万元，取得了运输公司开具的普通发票。当月售出 24 辆，每辆取得含税销售额 40.95 万元。公司自用 2 辆并作为本公司固定资产。

已知:小轿车关税税率为 60%、增值税税率为 17%、消费税税率为 8%。

要求:

(1)计算小轿车在进口环节应缴纳的关税、消费税和增值税。

(2)计算国内销售环节应缴纳的增值税。

2. 某进出口公司进口一批机器设备，经海关审定的成交价为 200 万美元。另外，货物运抵我国境内输入地点起卸前的运输费 10 万美元，保险费 20 万美元，由买方负担的购货佣金 5 万美元、包装劳务费 3 万美元。

已知:市场汇率为 1 美元 =6.2 元人民币，该机器设备适用关税税率为 30%。

要求:

根据上述情况和关税法律制度的有关规定，回答下列问题:

(1)进出口公司在进口该批机器设备过程中发生的哪些费用应计入货物的完税价格?

(2)计算进口该批机器设备应缴纳的关税税额。

(3)说明进出口公司进口该批机器设备申报缴纳关税的期限。

■ 第六章 企业所得税法律制度

【学习目标】

通过学习，了解企业所得税的特点及发展；理解居民企业和非居民企业的划分标准及其纳税义务；掌握企业所得税的计税依据；学会企业所得税应纳税额的计算。

第一节 企业所得税概述

一、企业所得税的概念

企业所得税是指对在中华人民共和国境内的企业和其他取得收入的组织，就其生产经营所得和其他所得征收的一种税。

我国企业所得税制度的建立和发展主要经历了如下几个阶段：

1. 新中国成立至20世纪90年代初期

新中国成立之后至20世纪90年代初期，我国经济成分主要区分为国营企业、集体企业和私营企业。国家对这三类企业分别实行不同的所得税税收政策。

在1983年以前，国家对国营企业生产经营所需的资金由国家拨给，发生的亏损由财政弥补，而国营企业实现的利润也一直是实行利润上缴制度，不征收所得税。这种"统收统支"的分配制度，束缚了企业和职工的积极性、主动性和创造性。国家虽然多次对国营企业的利润上缴制度进行了改革，但始终未能从根本上解决国家与国营企业分配制度中的积弊。党的十一届三中全会以后，经济体制改革不断推进。为了规范国家与国营企业之间的分配关系，国家在1983年和1984年对国营企业实行了两步利改税，把国营企业上缴利润部分改为征收所得税，其中大中型企业实行55%的比例税率，小型企业实行八级超额累进税率，税率为10%~55%。1984年9月国务院颁布了《中华人民共和国企业所得税条例(草案)》，标志着国家与国营企业的分配关系以法律的形式确定了下来。

集体企业所得税是由原工商所得税演变过来的。1950年，政务院公布《工商业税暂行条例》，规定除国营企业外，所有的工商企业都要缴纳所得税，当时的纳税人主要是私营企业和城乡个体工商业户。社会主义改造基本完成后，集体企业成为我国经济成分中的一个重要组成部分。1958年我国进行工商税制改革，工商所得税成为一个独立的税种，主要对集体企业征收。1985年4月国务院颁布《中华人民共和国集体企业所得税暂行条例》，对全国城乡集体企业取得的生产经营所得和其他所得，统一征收集体企业所得税，执行税率与小型国营企业相同。

私营企业在建国初期是企业所得税的主要纳税人。1958 年社会主义改造完成后，私营企业不复存在。改革开放以来，我国的私营经济发展迅速。为了加强对私营企业生产和收入分配的管理和监督，引导私营企业的健康发展，国务院于 1988 年 6 月颁布《私营企业所得税暂行条例》，决定开征私营企业所得税，并实行 35% 的比例税率。

至此，我国内资企业形成了国营企业所得税、集体企业所得税、私营企业所得税三种所得税制并行的局面。

建国以来的很长时期内，我国没有征收过外资企业所得税。党的十一届三中全会后，改革开放成为我国的基本国策，对外经济交流日益频繁，大量的外资进入我国，各种各样的外资企业在我国境内兴起。1980 年 9 月，我国颁布《中华人民共和国中外合资企业所得税法》，1981 年 12 月又颁布了《中华人民共和国外国企业所得税法》，从此建立了涉外所得税制。

2. 20 世纪 90 年代初期至 2008 年

国营企业所得税、集体企业所得税、私营企业所得税三种所得税制并行，为我国经济的发展带来了很多障碍和不便。首先，由于税率不同，造成各类企业税收负担不公平，阻止了企业之间的公平竞争；其次，国有企业税收负担偏重，影响了国有企业的发展；其次，不同所有制的企业实行不同的所得税制度，不利于市场经济制度的建立和发展。为了解决这些矛盾和障碍，1993 年 12 月国务院颁布《中华人民共和国企业所得税暂行条例》，正式将国营企业所得税、集体企业所得税和私营企业所得税合并统一为企业所得税，并统一实行 33% 的基本税率。

为了进一步扩大开放，吸引更多外资，发展我国社会主义市场经济，按照税负从轻、优惠从宽、手续从简的原则，1991 年 4 月国家颁布了《中华人民共和国外商投资企业和外国企业所得税法》，代替了原有的两个涉外企业所得税。外商投资企业和外国企业实现了统一税率、统一税收优惠政策、统一税收管辖权，完善了税收管理。

至此，我国的企业所得税基本上形成了内资企业所得税和外资企业所得税两种税制并行的局面。

3. 2008 年 1 月 1 日以后

外资企业所得税给予外资企业的优惠政策有利于吸引外资，扩大开放，对我国的经济建设做出了很大贡献。但随着我国经济的进一步发展，内、外资企业在所得税制度上的差别性待遇，既影响了内资企业与外资企业的公平竞争，又导致了国家税收流失严重。

为了解决内资企业与外资企业税负不一致的矛盾，按照“简税制、宽税基、低税率、严征管”的税制改革原则，2007 年 3 月全国人民代表大会通过了《中华人民共和国企业所得税法》，并自 2008 年 1 月 1 日实施。此次企业所得税改革的重点是内资企业所得税与外资企业所得税“两税合并”，统一税率，统一优惠政策，统一税收负担水平。新的企业所得税税率实行 25% 的基本税率，不但大大降低了企业的税收负担水平，还在税收优惠政策上实行“以产业优惠为主、区域优惠为辅”的政策。

二、企业所得税的特点

1. 征税对象是所得额

企业所得税的征税对象为所得额，即为纳税人的收入总额，减去不征税收入、免税收入、各项扣除以及允许弥补的以前亏损后的余额。它既不等于企业实现的利润，也不等于企业的增值额，更不是企业的营业额或销售额。因此，企业所得税是一种不同于流转税的税种。

2. 应纳税所得额的计算程序复杂

企业所得税的计税依据是应纳税所得额。应纳税所得额的计算要涉及一定时期的成本、费用的归集与分摊，并且为了对纳税人的不同项目实行区别对待，还需要通过不得列支项目，将某些收入所得排除在应纳税所得之外，或对某些项目的支出给予一定限制，从而使应纳税所得额的计算程序较为复杂。

3. 征税以量能负担为原则

企业所得税以纳税人的生产、经营所得和其他所得为计税依据，贯彻了量能负担的原则，即所得多、负担能力大的，多纳税；所得少、负担能力小的，少纳税；无所得、没有负担能力的，不纳税。这种将所得税负担和纳税人所得多少联系起来征税的办法，便于体现税收公平的原则。

4. 实行按年计征、分期预缴的征收管理办法

会计利润是应纳税所得额的基础，而企业利润一般是按年度计算和衡量的。因此，企业所得税也一般以全年的应纳税所得额为计税依据，分月或分季预缴，年终汇算清缴。

第二节　企业所得税的纳税人、征税对象和税率

一、企业所得税的纳税人

在中华人民共和国境内，企业和其他取得收入的组织(以下统称企业)为企业所得税的纳税人。

1. 企业所得税纳税人的具体范围

(1)国有企业，是指生产资料或资产归国家所有，按国家有关规定注册、登记的全民所有制企业；

(2)集体企业，是指生产资料归企业劳动群众所有，按国家有关规定注册、登记的集体所有制企业；

(3)私营企业，是指生产资料归私人所有，按照国家有关规定注册、登记的私营企业。这里仅指有限责任公司性质的私营企业；

(4)联营企业，是指生产资料贵联营各方共同所有，按照国家有关规定注册、登记的联营企业；

(5)股份制企业，是指注册资本由全体股东共同出资，并以股份的形式构成，按照国家有关规定注册、登记的企业。其主要形式包括股份有限公司和有限责任公司；

(6)外商投资企业，是指依照中国法律规定，在中国境内设立的、由中国投资者和外国投资者共同投资或者由外国投资者独自投资的企业。包括中外合资经营企业、中外合作经营企业和外商独资企业；

(7)外国企业，是指在中国境内设立机构、场所，从事生产、经营和虽未设立机构、场所，而有来源于中国境内所得的外国企业和其他经济组织；

(8)其他取得收入的组织，是指国家有关部门批准，依法注册、登记，并实行独立经济核算的，有生产经营所得和其他所得的事业单位、社会团体等组织。

个人独资企业、合伙企业的所有者，应依法缴纳个人所得税。因此，个人独资企业、合伙企业不是企业所得税的纳税人。

为了规范企业各类改组改制业务的所得税处理，国家税务总局对企业改组改制有关所得税的税务事项做了明确规定：

（1）被吸收或兼并的企业和存续企业依照税法规定，符合企业所得税纳税人条件的，分别以被吸收或兼并的企业和存续企业为纳税人；被吸收或兼并的企业不符合企业所得税纳税人条件的，应以存续企业为纳税人，被吸收企业或兼并企业的未了税务事宜，应由存续企业承继；

（2）企业以新设合并方式合并后，新设合并企业符合企业所得税纳税人条件的，以新设企业为纳税人。合并前企业未了税务事宜，应由新设企业承继；

（3）企业分立后各企业符合企业所得税纳税人条件的，以各企业为纳税人；分立前企业的未了税务事宜，应由分立后的企业承继。

2. 居民企业和非居民企业的判定标准

根据企业登记地标准和企业实际管理机构所在地标准，企业可分为居民企业和非居民企业。居民企业和非居民企业所承担的纳税义务不同。

（1）居民企业 居民企业是指依法在中国境内成立，或者依照外国（地区）法律成立但实际管理机构在中国境内的企业。

（2）非居民企业 非居民企业是指依照外国（地区）法律成立且实际管理机构不在中国境内，但在中国境内设立机构、场所的，或者在中国境内未设立机构、场所，但有来源于中国境内所得的企业。

从上述居民企业和非居民企业的界定来看，依照我国法律规定并在中国境内成立的外商投资企业应属于我国的居民企业，与我国的内资企业负有相同的纳税义务。

3. 居民企业与非居民企业的纳税义务范围

居民企业负有全面纳税义务，应当就其来源于中国境内、境外的所得缴纳企业所得税。

非居民企业在中国境内设立机构、场所的，应当就其所设机构、场所取得的来源于中国境内的所得，以及发生在中国境外但与其所设机构、场所有实际联系的所得，缴纳企业所得税。

非居民企业在中国境内未设立机构、场所的，或者虽设立机构、场所但取得的所得与其所设机构、场所没有实际联系的，应当就其来源于中国境内的所得缴纳企业所得税。由此可以看出，非居民企业负有有限纳税义务。

为了避免国际双重征税，《企业所得税法》规定，居民企业来源于中国境外的应税所得和非居民企业在中国境内设立机构、场所，取得发生在中国境外但与该机构、场所有实际联系的应税所得，已在境外缴纳的所得税税额，可以从其当期应纳税额中抵免，抵免限额为该项所得依照本法规定计算的应纳税额；超过抵免限额的部分，可以在以后5个年度内，用每年度抵免限额抵免当年应抵税额后的余额进行抵补。而居民企业从其直接或者间接控制的外国企业分得的来源于中国境外的股息、红利等权益性投资收益，外国企业在境外实际缴纳的所得税税额中属于该项所得负担的部分，可以作为该居民企业的可抵免境外所得税税额，在税法规定的抵免限额内抵免。

二、企业所得税的征税对象

企业所得税的征税对象是纳税人取得的生产、经营所得和其他所得。

1. 生产、经营所得

生产、经营所得是指从事制造业、采掘业、交通运输业、建筑安装业、农业、林业、畜牧业、渔业、水利业、商品流通业、金融业、保险业、邮电通信业、服务业，以及国务院、财政、税务部门确认的其他营利事业取得的合法所得；还包括卫生、物资、供销、城市公用和其他行业的企业，以及一些社团组织、事业单位开展多种经营和有偿服务活动，取得的合法经营所得。

2. 其他所得

其他所得是指纳税人取得的股息、利息、租金、转让各类资产收益、特许权使用费，以及营业外收益等所得。

此外，纳税人按照章程规定解散或破产，以及其他原因宣布终止时，其清算终了后的清算所得，也属于企业所得税的征税对象。

三、企业所得税的税率

1. 基本税率

企业所得税实行比例税率，其基本税率为25%。

对于非居民企业在中国境内未设立机构、场所的，或者虽设立机构、场所取得的所得与其所设机构、场所没有实际联系的，应当就其来源于中国境内的所得缴纳企业所得税，适用税率为20%。

2. 优惠税率

企业所得税规定，符合条件的小型微利企业，减按20%的税率征收企业所得税；国家需要重点扶持的高新技术企业，减按15%的税率征收企业所得税。

第三节　企业所得税应纳税所得额的确定

企业所得税应纳税所得额是企业所得税的计税依据，是企业每一纳税年度的收入总额，减除不征税收入、免税收入、各项扣除以及允许弥补的以前年度亏损后的余额。其计算公式为：

应纳税所得额 = 收入总额 − 不征税收入 − 免税收入 − 各项扣除 − 允许弥补的以前年度亏损

一、收入总额的确定

收入总额是指企业以货币形式和非货币形式从各种来源取得的收入。包括销售货物收入，提供劳务收入，转让财产收入，股息、红利等权益性投资收益，利息收入，租金收入，特许权使用费收入，接受捐赠收入，其他收入等。

1. 销售货物收入

销售货物收入是指企业销售商品、产成品、在产品、半成品 、原材料等取得的收入。

2. 提供劳务收入

提供劳务收入是指企业提供建筑安装、交通运输、金融保险、仓储、邮政、电信、旅游、娱乐、旅店、教育、科技、文化、体育、法律、会计、咨询、代理和其他劳务服务活动取得的收入。

3. 转让财产收入

转让财产收入是指企业有偿转让各类财产取得的收入，包括转让固定资产、有价证券、股权以及其他财产而取得的收入。

4. 股息、红利等权益性投资收益

股息、红利等权益性投资收益是指企业对外进行权益性投资而从被投资方取得的股息、红利等收益。

5. 利息收入

利息收入是指企业将资金提供他人使用而向资金使用者收取的存款利息、贷款利息、债券利息、欠款利息等收入。

6. 租金收入

租金收入是指企业出租固定资产、包装物，以及其他资产而取得的租金收入。

7. 特许权使用费收入

特许权使用费收入是指企业提供或者转让专利权、非专利技术、商标权、著作权，以及其他特许权的使用权而取得的收入。

8. 接受捐赠收入

接受捐赠收入是指企业接受外来捐赠而取得的货币或非货币资产。

9. 其他收入

其他收入是指除上述各项收入之外的一切收入，包括企业资产盘盈或溢余收入、罚款收入、包装物押金收入、债务重组收入等。

企业收入总额的确认，一般是以权责发生制为原则。凡是当期已经实现的收入，不论款项是否收到，都应当确认为当期的收入。但是一些特殊的经营业务的收入可以分期确认：

（1）以分期收款方式销售商品的，可以按合同约定的购买人应付价款的日期确定销售收入的实现；

（2）建筑、安装、装配工程和提供劳务，持续时间超过一年的，可以按完工进度或者完成的工作量确定收入的实现。

二、不征税收入

企业所得税法规定，下列收入为不征税收入：

1. 财政拨款；
2. 依法收取并纳入财政管理的行政事业性收费、政府性基金；
3. 国务院规定的其他不征税收入。

三、免税收入

企业所得税法规定，企业的下列收入为免税收入：

1. 国债利息收入

国债利息收入是指纳税人购买国债而按期获得的利息收入。

2. 符合条件的居民企业之间的股息、红利等权益性投资收益

这是指居民企业以现金、实物、无形资产或以购买股票的形式向其他居民企业进行投资而定期获得的股息、红利等收益。该权益性投资收益在接受投资的居民企业已经依法缴纳企业所得税，所以，投资的居民企业取得时就不再缴纳企业所得税，以免重复征税。

3. 在中国境内设立机构、场所的非居民企业从居民企业取得与该机构、场所有实际联系的股息、红利等权益性投资收益

这部分权益性投资收益在居民企业已经缴纳企业所得税，在中国境内设立机构、场所的

非居民企业在取得时就不再缴纳企业所得税，以避免重复征税。

4. 符合条件的非营利组织的收入

主要包括非营利性科学研究机构从事技术开发、技术转让业务和与之相关的技术培训、技术服务取得的收入；非营利性医疗机构、疾病控制机构、妇幼保健机构等按照国家规定的价格取得的医疗卫生收入；政府部门和企业、事业单位、社会团体、个人投资兴办的福利性、非营利性老年服务机构取得的收入；福利彩票机构发行销售福利彩票取得的收入；政府兴办的高等学校、中等学校和初等学校举办进修班、培训班取得的，又全部 归学校所有的收入；社会团体取得的各级政府资助收入；按照省级以上人民政府、财政部门的规定收取的会费收入等。

四、准予扣除的支出项目

准予扣除的项目，是指按照税法规定，企业在计算应纳税所得额时，准予扣除的实际发生的与取得收入有关的、合理的支出，包括成本、费用、税金、损失和其他支出。具体包括：

1. 成本

指企业为生产、经营商品和提供劳务等所发生的各项直接费用和间接费用。

2. 费用

指企业为生产、经营商品和提供劳务等所发生的销售（经营）费用、管理费用和财务费用。

3. 税金

指企业按规定缴纳的消费税、营业税、城市维护建设税、资源税、土地增值税以及教育费附加。

4. 损失

指企业生产、经营过程中的各项营业外支出，已经发生的经营亏损和投资损失以及其他损失。

5. 扣除项目的标准

（1）工资、薪金支出

企业发生的合理的工资、薪金支出准予据实扣除。

“合理工资薪金”，是指企业按照股东大会、董事会、薪酬委员会或相关管理机构制订的工资薪金制度规定实际发放给员工的工资薪金。

（2）职工福利费、工会经费、职工教育经费

规定标准以内按实际数扣除，超过标准的只能按标准扣除。标准为：

①企业发生的职工福利费支出，不超过工资薪金总额14%的部分准予扣除。

②企业拨缴的工会经费，不超过工资薪金总额2%的部分准予扣除。

③除国务院财政、税务主管部门另有规定外，企业发生的职工教育经费支出，不超过工资薪金总额2.5%的部分准予扣除，超过部分准予结转以后纳税年度扣除。

（3）社会保险费

①按照政府规定的范围和标准缴纳的“五险一金”，即基本养老保险费、基本医疗保险费、失业保险费、工伤保险费、生育保险费等基本社会保险费和住房公积金，准予扣除；

②企业为在本企业受雇的全体职工支付的补充养老保险费、补充医疗保险费，分别在不超过职工工资总额5%标准以内，准予扣除。

企业依照国家有关规定为特殊工种职工支付的人身安全保险费和符合国务院财政、税务

主管部门规定可以扣除的商业保险费准予扣除；

③企业参加财产保险，按照规定缴纳的保险费，准予扣除；企业为投资者或者职工支付的商业保险费，不得扣除。

(4)利息费用

①非金融企业向金融企业借款的利息支出、金融企业的各项存款利息支出和同业拆借利息支出、企业经批准发行债券的利息支出：可据实扣除。

②非金融企业向非金融企业借款的利息支出：不超过按照金融企业同期同类贷款利率计算的数额的部分可据实扣除，超过部分不许扣除。

(5)借款费用

①企业在生产经营活动中发生的合理的不需要资本化的借款费用，准予扣除。

②企业为购置、建造固定资产、无形资产和经过12个月以上的建造才能达到预定可销售状态的存货发生借款的，在有关资产购置、建造期间发生的合理的借款费用，应予以资本化，作为资本性支出计入有关资产的成本；有关资产交付使用后发生的借款利息，可在发生当期扣除。

(6)汇兑损失

汇率折算形成的汇兑损失，准予扣除.

(7)业务招待费

企业发生的与生产经营活动有关的业务招待费支出，按照发生额的60%扣除，但最高不得超过当年销售(营业)收入的5‰。

(8)广告费和业务宣传费

不超过当年销售(营业)收入15%的部分，准予扣除；超过部分，准予结转以后纳税年度扣除。

(9)环境保护专项资金

企业依照法律、行政法规有关规定提取的用于环境保护、生态恢复等方面的专项资金准予扣除；上述专项资金提取后改变用途的，不得扣除。

(10)租赁费

①属于经营性租赁发生的租入固定资产租赁费：根据租赁期限均匀扣除；

②属于融资性租赁发生的租入固定资产租赁费：构成融资租入固定资产价值的部分应当提取折旧费用，分期扣除；租赁费支出不得扣除。

(11)劳动保护费

企业发生的合理的劳动保护支出，准予扣除。

(12)公益性捐赠支出

①公益性捐赠含义：是指企业通过公益性社会团体或者县级以上人民政府及其部门，用于《中华人民共和国公益事业捐赠法》规定的公益事业的捐赠。

②公益性捐赠税前扣除标准：企业发生的公益性捐赠支出，不超过年度利润总额12%的部分，准予扣除。

年度利润总额，是指企业依照国家统一会计制度的规定计算的年度会计利润。

(13)有关资产的费用

①企业转让各类固定资产发生的费用：允许扣除；

②企业按规定计算的固定资产折旧费、无形资产和递延资产的摊销费:准予扣除。

(14)总机构分摊的费用

非居民企业在中国境内设立的机构、场所,就其中国境外总机构发生的与该机构、场所生产经营有关的费用,能够提供总机构出具的费用汇集范围、定额、分配依据和方法等证明文件,并合理分摊的,准予扣除。

(15)资产损失

①企业当期发生的固定资产和流动资产盘亏、毁损净损失,由其提供清查盘存资料经主管税务机关审核后,准予扣除;

②企业因存货盘亏、毁损、报废等原因不得从销项税金中抵扣的进项税金,应视同企业财产损失,准予与存货损失一起在所得税前按规定扣除。

(16)其他项目

如会员费、合理的会议费、差旅费、违约金、诉讼费用等,准予扣除。

(17)手续费及佣金支出

企业发生与生产经营有关的手续费及佣金支出,不超过以下规定计算限额以内的部分,准予扣除;超过部分,不得扣除。

①保险企业:财产保险企业按当年全部保费收入扣除退保金等后余额的15%计算限额;人身保险企业按当年全部保费收入扣除退保金等后余额的10%计算限额;

②其他企业:按与具有合法经营资格中介服务机构或个人(不含交易双方及其雇员、代理人和代表人等)所签订服务协议或合同确认的收入金额的5%计算限额。

五、公益性捐赠支出的扣除

公益性捐赠支出，是指企业通过中国境内非营利的社会团体、国家机关向教育、民政等公益事业和遭受自然灾害地区、贫困地区的捐赠。

企业发生的公益性捐赠支出，在年度利润总额12%以内的部分，准予在计算应纳税所得额时扣除。

六、不得扣除的项目

在计算应纳税所得额时，下列支出不得扣除：

1. 向投资者支付的股息、红利等权益性投资收益款项；

2. 企业所得税税款；

3. 税收滞纳金。税收滞纳金是指企业违反税收法规，被税务机关处以的滞纳金、罚金；

4. 罚金、罚款和被没收财物的损失。罚金、罚款和被没收财物的损失，是指企业生产、经营因违反国家法律、法规和规章，被有关部门处以的罚款以及被没收财物的损失；

5. 超过规定以外的捐赠支出。超过规定以外的捐赠支出，是指企业超出税法规定允许扣除比例的公益性捐赠支出以及非公益性捐赠支出；

6. 赞助支出；

7. 未经核定的准备金支出；

8. 与取得收入无关的其他支出。

七、亏损弥补

企业纳税年度发生的亏损，准予向以后年度结转，用以后年度的所得弥补，但结转年限最长不得超过五年。

企业发生亏损用以后年度的实现利润弥补时，需要注意两个问题：

1. 亏损弥补期应当自亏损年度的下一个年度起连续五年不间断地计算；

2. 亏损弥补期间发生的年度亏损，应依照规定按每个亏损年度分别连续计算各自的弥补期限，并按照先亏先补的顺序进行弥补。

同时，《企业所得税法》规定：企业在汇总计算缴纳企业所得税时，其境外营业机构的亏损不得抵减境内营业机构的盈利。

企业在合并、兼并、分立、股权重组、资产转让等改组改制中亏损弥补应执行以下规定：

1. 企业以吸收合并或兼并方式改组，被吸收或兼并的企业和存续企业符合纳税人条件的，应分别进行亏损弥补。合并、兼并前尚未弥补的亏损，分别用其以后年度的经营所得弥补，但被吸收或兼并企业不得用存续企业的所得进行亏损弥补，存续企业也不得用被吸收或兼并企业的所得进行亏损弥补。

2. 企业以新设合并方式以及以吸收合并或兼并方式合并，且被吸收或兼并企业按税法规定不具备纳税人资格的，各企业合并或兼并前尚未弥补的经营亏损，可以在税收法规规定的弥补期限的剩余年限内，由合并企业或兼并后的企业逐年延续弥补。

3. 企业分立前尚未弥补经营的亏损，由分立后各企业分担的数额，经主管税务机关审核认定后，可在税法规定的亏损弥补年限的剩余期限内，由分立后的各企业弥补。

4. 企业在股权重组前尚未弥补的亏损，可在税法规定的亏损弥补年限的剩余期限内，由股权重组后延续弥补。

5. 企业资产转让和受让双方在资产转让前后发生的经营亏损，应各自在税法规定的亏损期限内逐年弥补。不论企业转让部分还是全部资产，企业经营亏损均不得因资产转让和受让在双方间相互结转。

八、应纳税所得额的其他规定

非居民企业在中国境内未设立机构、场所的，或者虽设立机构、场所取得的所得与其所设立机构、场所没有实际联系的，应当就其来源于中国境内的所得缴纳企业所得税。

其应纳税所得额按下列方法计算：

1. 股息、红利等权益性投资收益和利息、租金、特许权使用费所得，以收入全额为应纳税所得额；

2. 转让财产所得，以收入全额减除财产净值后的余额为应纳税所得额；

3. 其他所得，参照前两项规定的方法计算应纳税所得额。

《企业所得税法》规定：在计算企业所得税的应纳税所得额时，企业财务、会计处理办法与税收法律、行政法规的规定不一致的，应当依照税收法律、行政法规的规定计算。

第四节　资产的税务处理

资产是企业拥有或控制的、预期会给企业带来经济利益的资源，主要包括流动资产、对外投资、固定资产、无形资产、长期待摊费用等。

对于资本性支出，不允许作为成本费用从企业收入总额中一次性扣除，而应采取分期计提折旧或分期摊销的方式从以后各期的收入总额中分期予以扣除。

一、固定资产的税务处理

固定资产，是指使用期限超过一年的房屋、建筑物、机器、机械、运输工具，以及其他与生产经营有关的设备、器具、工具等。

不属于生产经营主要设备，但单位价值在2 000元以上，并且使用期限超过两年的物品，也应当作为固定资产。

1. 固定资产的计价

固定资产的计价应当按照原价进行计价。具体规定如下：

(1) 外购固定资产的计价 外购固定资产的价格，应包括购买价款、相关税费以及购入时发生的运输费、装卸费、安装费等。

(2) 自行建造的固定资产的计价 自行建造的固定资产的价格，由建造该项资产达到预定可使用前所发生的必要支出构成。

(3) 投资者投入的固定资产的计价 投资者投入固定资产的价格，应当按照投资合同或协议约定的价值确定。

(4) 融资租入的固定资产的计价 融资租入的固定资产的价格，按照租赁协议或合同确定的价款加上运输费、途中保险费、安装调试费等后的价值确定。

(5) 接受赠与的固定资产的计价 接受赠与的固定资产的价格，按照捐赠协议规定的价款加上由企业负担的运输费、保险费、安装调试费等确定；捐赠协议规定的价值明显不合理的，按同类设备的市场价格确定。

(6) 盘盈的固定资产的计价 盘盈的固定资产的价格，按同类固定资产的重置完全价值确定。

2. 固定资产的折旧计提

(1) 固定资产的折旧范围 在计算应纳税所得额时，企业按照规定计算的固定资产折旧，准予扣除。但下列规定资产不得计算折旧扣除：

①房屋、建筑物以外未投入使用的固定资产；

②以经营租赁方式租入的固定资产；

③以融资租赁方式租出的固定资产；

④已足额提取折旧仍继续使用的固定资产；

⑤与经营活动无关的固定资产；

⑥单独估价作为固定资产入账的土地；

⑦其他不得计算折旧扣除的固定资产。

(2) 固定资产计提折旧的依据和方法 固定资产应当从投入使用月份的次月起计提折旧，停止使用的固定资产应当从停止使用月份的次月其停止计提折旧。固定资产提足折旧后，不论能否继续使用，均不再计提折旧，提前报废的固定资产，也不再计提折旧。固定资产在计算折旧前，应当估计残值，从固定资产原价中减除。

固定资产折旧一般可采用平均年限法、工作量法计算。但是，企业的固定资产由于技术进步等原因，确需加速折旧的，可以缩短折旧年限或采取加速折旧的方法。

固定资产的折旧年限，一般不得短于以下规定年限：

①房屋、建筑物为20年；

②火车、轮船、机器和其他生产设备为10年；

③电子设备和火车、轮船以外的运输工具以及与生产、经营有关的器具、工具、家具等为5年。

由于特殊原因需要缩短折旧年限的，可由企业提出申请，报省、自治区、直辖市地方税务局并经财政厅（局）同意后确定。

二、无形资产的税务处理

无形资产，是指企业长期使用、但没有实物形态的资产，包括专利权、商标权、著作权、土地使用权、非专利技术、商誉等。

1. 无形资产的计价

无形资产应当按照取得时的实际成本计价。具体规定如下：

（1）外购无形资产的价格，应包括购买价款、相关税费以及购买过程中发生的其他相关费用；

（2）自行开发的无形资产的价格，应按照开发过程中的实际支出确定；

（3）投资者投入无形资产的价格，应当按照投资合同或协议约定的价值确定；

（4）非货币性资产交换取得的无形资产，其成本包括公允价值和相关税费，公允价值与换出资产账面价值的差额计入当期损益；

（5）接受捐赠的无形资产的价格，按照发票账单所列金额或者同类无形资产的市场价格计价。

2. 无形资产的摊销

无形资产的摊销，采用直线法计算。

无形资产的摊销金额一般应当计入当期损益。应摊销的金额为其成本扣除预计残值后的余额。使用寿命有限的无形资产，其残值应当为零。但下列两种情况除外：

（1）有第三方承诺在无形资产使用寿命结束时购买该无形资产；

（2）可以根据活跃市场得到预计残值信息，并且该市场在无形资产使用寿命结束时很可能存在。

无形资产的摊销年限不得少于10年。但作为投资或者受让的无形资产，在协议、合同中规定有使用年限的，可以按照协议、合同规定使用年限分期摊销。

根据《企业所得税法》的规定，在计算应纳税所得额时，企业按照规定计算的无形资产摊销费用，准予扣除。但下列无形资产不得计算摊销费用扣除：

（1）自行开发的支出已在计算应纳税所得额时扣除的无形资产；

（2）自创商誉；

（3）与经营活动无关的无形资产；

（4）其他不得计算摊销费用扣除的无形资产。

三、长期待摊费用的税务处理

长期待摊费用，是指企业已经发生但由本期和以后各期负担的分摊期限在一年以上的各项费用。

根据《企业所得税法》的规定，在计算应纳税所得额时，企业发生的下列支出作为长期待摊费用，按照规定摊销的，准予扣除：

1. 已足额提取折旧的固定资产的改建支出；
2. 租入固定资产的改建支出；
3. 固定资产的大修理支出；
4. 其他应当作为长期待摊费用的支出。

四、对外投资的税务处理

对外投资是企业以现金、实物、无形资产等方式或者以购买、债券等有价证券方式向其他单位进行的投资，包括权益性投资和债权性投资。对外投资资产的成本属于资本性支出。

企业所得税法规定：企业对外投资期间，投资资产的成本在计算应纳税所得额时不得扣除。

五、存货的税务处理

存货，是指企业在日常活动中持有以备出售的产成品或商品、在产品以及在生产过程或提供劳务过程中耗用的材料和物料等。

企业的存货按照成本计价。存货成本包括采购成本、加工成本和其他成本。

1. 采购成本

采购成本包括购买价款、相关税费、运输费、装卸费、保险费以及其他可归属于存货采购成本的费用；

2. 加工成本

加工成本包括直接人工以及按照一定方法分配的制造费用。

3. 其他成本

其他成本是指除采购成本、加工成本以外的，使存货达到目前场所和状态所发生的其他支出。

但非正常耗用的直接材料、直接人工和制造费用、仓储费用，不能归属于使存货达到目前场所和状态所发生的其他支出，不计入存货成本。

投资者投入存货的成本，应当按照投资合同或协议约定的价值确定。

企业发出存货的实际成本，应当采用先进先出法、加权平均法或者个别计价法确定。

企业所得税法规定：企业使用或者销售存货，按照规定计算的存货成本，准予在计算应纳税所得额时扣除。

六、转让资产的税务处理

根据《企业所得税法》的规定，企业转让资产，该项资产的净值，准予在计算应纳税所得额时扣除。

七、关联企业间业务往来的税务处理

目前，关联企业利用转让定价的方法转让利润进行避税的情况越来越多。为了防止关联企业之间利用转让定价方法转移利润进行避税，税法及有关规定对关联企业的确认、关联企业之间业务往来的计价原则、税务机关调整计价的方法等方面均作了具体规定。

1. 关联企业的确认

税务管理中的关联企业，是指与企业有以下之一关系的公司、企业和其他经济组织：

(1)相互间直接或间接持有其中一方的股份总和达到25%或以上的；

(2)直接或间接同为第三者所拥有或控制股份达到25%或以上的；

(3)企业与另一企业之间借贷资金占企业自有资金50%或以上，或企业借贷资金总额的10%是由另一企业担保的；

(4)企业的董事或经理等高级管理人员一半以上或有一名常务董事是由另一企业委派的；

(5)企业的生产经营活动必须由另一企业提供的特许权利(包括工业产权、专有技术等)才能正常进行的；

(6)企业生产经营购进原材料、零配件等(包括价格及交易条件等)是由另一企业所控制或供应的；

(7)企业生产的产品或商品的销售(包括价格及交易条件等)是由另一企业所控制的；

(8)对企业生产经营、交易具有实际控制的其他利益上的相关联的关系，包括家族、亲属关系等。

2. 关联企业之间业务往来的计价

企业与其关联企业之间的业务往来，应当按照独立交易原则收取或者支付价款、费用。

企业与其关联方共同开发、受让无形资产，或者共同提供、接受劳务发生的成本，在计算应纳税所得额时应当按照独立交易原则进行分摊。

由居民企业，或者由居民企业和中国居民控制的设立在实际税负明显低于25%的法定税率水平的国家(地区)的企业，并非由于合理的经营需要而对利润不作分配或减少分配的，上述利润中应归属于该居民企业的部分，应当计入该居民企业的当期收入。

企业从其关联方接受的债权性投资与权益性投资的比例超过规定标准而发生的利息支出，不得在计算应纳税所得额时扣除。

3. 关联企业之间转让定价的税务处理

企业与其关联方之间的业务往来，不符合独立交易原则而减少企业或者其关联方应纳税收入或者所得额的，税务机关有权按照合理方法调整。

企业实施其他不具有合理商业目的的安排而减少其应纳税收入或者所得额的，税务机关有权按照合理方法调整。

税务机关依法作出纳税调整，需要补征税款的，应当依法补征税款，并按照国务院规定加收利息。

对关联企业之间转让定价的税务调整方法，因关联企业间业务类型及其内容不同而有所不同：

(1)企业与关联企业之间的购销业务，不按独立交易原则作价的，税务机关有权依照下列顺序和确定的方法进行调整：

①按独立企业之间进行相同或类似义务活动的价格进行调整；

②按再销售给无关联关系的第三者的价格所应取得的利润水平进行调整；

③按成本加合理费用和利润进行调整；

④采用其他合理的方法进行调整。

(2)企业与关联企业之间融通资金所支付或者收取的利息，超过或者低于没有关联关系所能同意的数额，或者其利率超过或者低于同类业务的正常利率的，税务机关可以参照正常利率进行调整。

(3)企业与关联企业之间提供劳务，不按独立企业之间业务往来收取和支付劳务费用的，税务机关可以参照类似劳务活动的正常收费标准进行调整。

(4)企业与关联企业之间以租赁等形式提供有形财产的使用权等业务往来，不按独立企业之间业务往来作价或者收取、支付使用费的，税务机关可以参照以下方法进行调整：

①按与非关联企业之间提供相同或类似的有形财产时，所收取的正常费用进行调整；

②提供方向他人承租后转租给使用方收取的使用费(租金)，可按提供方实际支付租赁费或使用费加上提供方所支出的成本或费用和合理利润，作为正常使用费进行认定；

③根据租赁费的构成要素进行确定。

(5)企业与关联企业之间无形资产的所有权转让和使用权提供业务，不按独立企业之间业务往来作价或收取、支付使用费的，税务机关可以参照无关联关系企业所能同意的数额进行调整。

4. 关联企业相关资料的提供

企业向税务机关报送年度企业所得税纳税申报表时，应当就其与关联方之间的业务往来，提交年度关联业务往来报告表。

企业不提供与其关联方之间业务往来资料，或者提供虚假、不完整资料，未能真实反映其关联业务往来情况的，税务机关有权依法核定其应纳税所得额。

第五节　企业所得税的税收优惠

企业所得税法规定，国家对重点扶持和鼓励发展的产业和项目，给予企业所得税优惠。

一、免税收入

企业的下列收入为免税收入：

1. 国债利息收入；

2. 符合条件的居民企业之间的股息、红利等权益性投资收入；

3. 在中国境内设立机构、场所的非居民企业从居民企业取得与该机构、场所有实际联系的股息、红利等权益性投资收益；

4. 符合条件的非营利组织的收入。

二、免征、减征企业所得税的所得

企业的下列所得，可以免征、减征企业所得税：

1. 从事农、林、牧、渔业项目的所得；

2. 从事国家重点扶持的公共基础设施项目投资经营的所得；

3. 从事符合条件的环境保护、节能节水项目的所得；

4. 符合条件的技术转让所得；

5. 非居民企业在中国境内未设立机构、场所的，或者虽设立机构、场所但取得的所得与其所设机构、场所没有实际联系的，且来源于中国境内的所得。

三、对小型微利企业和高新技术企业的税收优惠

1. 符合条件的小型微利企业，减按 20% 的税率征收企业所得税；

2. 国家需要重点扶持的高新技术企业，减按 15% 的税率征收企业所得税。

四、民族自治地方企业所得税的税收优惠权限

民族自治地方的自治机关对本民族自治地方的企业应缴纳的企业所得税中属于地方分享的部分，可以决定减征或者免征。自治州、自治县决定减征或者免征的，须报经省、自治区、直辖市人民政府批准。

五、加计扣除的支出项目

企业的下列支出，可以在计算应纳税所得额时加计扣除：

1. 开发新技术、新产品、新工艺的研究开发费用；

2. 安置残疾人员及国家鼓励安置的其他就业人员所支付的工资。

六、其他税收优惠

1. 对创业投资企业的税收优惠

创业投资企业从事国家需要重点扶持和鼓励的创业投资，可以按投资额的一定比例抵扣应纳税所得额。

2. 鼓励企业技术进步的税收优惠

企业的固定资产由于技术进步等原因，确需加速折旧的，可以缩短折旧年限或者采取加速折旧的方法。

3. 鼓励企业综合利用资源的税收优惠

企业综合利用资源，生产符合国家产业政策规定的产品所取得的收入，可以在计算应纳税所得额时减计收入。

4. 鼓励企业环境保护、节能节水、安全生产的税收优惠

企业购置用于环境保护、节能节水、安全生产等专用设备的投资额，可以按一定比例实行税额抵免。

5. 由于突发事件等原因对企业经营活动产生重大影响的税收优惠

根据国民经济和社会发展的需要，或者由于突发事件等原因对企业经营活动产生重大影响的，国务院可以制定企业所得税专项优惠政策，报经全国人民代表大会常务委员会备案。

6.《企业所得税法》公布前已经批准设立的企业，依照当时的税收法律、行政法规规定，享受低税率优惠的，按照国务院规定，可以在本法施行五年内，逐步过渡到本法规定的税率；享受减免税优惠的，按照国务院规定，可以在本法施行后继续享受到期满为止，但因未获利而尚未享受优惠的，优惠期限从本法施行年度起计算。

7. 法律设置的发展对外经济合作和技术交流的特定地区内，以及国务院已规定执行上述地区特殊优惠政策的地区内新设立的国家需要重点扶持的高新技术企业，可以享受过渡性税收优惠，具体办法由国务院规定。

8. 国家已确定的其他鼓励类企业，可以按照国务院规定享受减免税优惠。

第六节　企业所得税应纳税额的计算

一、企业所得税应纳税额的计算

企业的应纳税所得额乘以适用税率，减除税收优惠规定的减免和抵免的税额后的余额，为应纳税额。其计算公式为：

应纳税额 = 应纳税所得额 × 适用税率 - 应减免的税额 - 允许抵免的税额

企业所得税实行按年计征、分月（季）预缴、年终汇算、多退少补的办法。其应纳税额的计算分为预缴所得税额计算和年终汇算清缴所得税额计算两部分。

1. 按月（季）预缴所得税的计算方法

纳税人预缴所得税时，应按纳税期限的实际数预缴，按实际数预缴有困难的，可以按上一年度应纳所得税额的1/12或1/4预缴，或者经当地税务机关认可的其他方法分期预缴所得税。预缴方法一经确定，不得随意改变。

2. 年终汇算清缴的所得税的计算方法

全年应纳所得税额 = 全年应纳税所得额 × 适用税率 - 应减免的税额 - 允许抵免的税额

多退少补所得税额 = 全年应纳所得税额 - 全年已预缴所得税额

【例6-1】某企业每个季度按实际数预缴所得税。2013年第一季度利润额为100万元，第二季度累计利润额为180万元，第三季度累计利润额为240万元，第四季度累计利润额为360万元。2013年该企业全年利润经调整后，确认全年应纳税所得额为400万元。计算各季度应预缴和年终汇算清缴的企业所得税税额。

【解析】

（1）各季度应预交所得税额：

①2013年第一季度应预缴所得税额 = 100 × 25% = 25（万元）

②2013年第二季度应预缴所得税额 =（180 - 100）× 25% = 20（万元）

③2013年第三季度应预缴所得税额 =（240 - 180）× 25% = 15（万元）

④2013年第四季度应预缴所得税额 =（360 - 240）× 25% = 30（万元）

（2）年终汇算清缴：

①全年应纳所得税额 = 400 × 25% = 100（万元）

②全年累计预缴所得税额 = 25 + 20 + 15 + 30 = 90（万元）

③应补缴所得税额 = 100 - 90 = 10（万元）

二、境外已纳税款扣除的计算

国际双重征税，是指相关各国对同一纳税人的同一征税对象重复征税。国际双重征税，一方面违背了税负公平的原则，增加了跨国纳税人的税收负担；另一方面又会阻碍国际投资活动的正常展开。

目前我国采用税收抵免法避免国际双重征税。企业所得税法规定：居民企业来源于中国境外的应税所得和非居民企业在中国境内设立机构、场所，取得发生在中国境外但与该机构、场所有实际联系的应税所得，已在境外缴纳的所得税税额，可以从其当期应纳税额中抵免，抵免限额为该项所得依照中国税法规定计算的应纳税额；超过抵免限额的部分，可以在以后五个年度内，用每年度抵免限额抵免当年应抵税额后的余额进行抵补。

1. 境外所得已纳税款的抵免限额

境外所得已纳税款的抵免限额，是指纳税人的境外所得按我国税法规定计算的应纳税额。其计算公式为：

$$\text{境外所得已纳税额的抵免限额} = \text{境内、内外所得按税法计算的应纳税总额} \times \frac{\text{来源于某外国的所得额}}{\text{境内、境外所得总额}}$$

2. 境外所得已纳税额的抵扣方法

纳税人在境外缴纳的所得税，在汇总纳税时，可在分国不分项抵扣和定率抵扣中选择一种方法予以抵扣。抵扣方法一经确定，不得随意更改。

(1)分国不分项抵扣 企业能够全面提供境外完税凭证的，可采取分国不分项抵扣。即纳税人在境外已缴纳的所得税税款应按国别(地区)进行抵扣，并应分国(地区)计算抵扣限额。纳税人在境外各国(地区)已缴纳的所得税税款低于计算出的该国(地区)境外所得税税款抵扣限额的，可以从应纳税额中按实际扣除;超过抵扣限额的，应按计算出的抵扣限额进行扣除，其超过部分不得在本年度的应纳税额中扣除，也不得列为费用支出，但可以在以后的连续5年内，用每年度抵免限额抵免当年应抵税额后的余额进行抵补

(2)定率抵扣 为了便于计算和简化征收管理，经企业申请，税务机关批准，企业也可以不区分免税或非免税项目，统一按境外应纳税所得额的一定比率抵扣。具体比率由国务院规定。

【例6-2】某企业2012年境内应税所得为800万元，同期从在加拿大设立的全资境外机构取得应纳税所得额200万元，并在加拿大已实际缴纳所得税税款60万元。该企业对境外所得已缴纳所得税款采用分国不分项抵扣方法。计算该企业本年度应纳所得税额。

【解析】

(1)该企业全年应纳所得税额 = (800 + 200) × 25% = 250(万元)

(2)境外所得税税款抵扣限额 = 250 × 200 ÷ (800 + 200) = 50(万元)

(3)该企业2012年应纳所得税额 = 250 - 50 = 200(万元)

境外所得已纳所得税税款超过抵扣限额的10万元部分，不得在本年度的应纳税额中扣除;也不得列为费用支出，但可以在不超过5年的期限内，用以后年度税额不超过扣除限额的余额补扣。

三、投资所得应纳税额的计算

1. 境内投资所得的应纳税额

企业对外进行投资，从被投资企业分回的股息、红利等权益性投资收益，是由被投资企业已在所在地缴纳所得税的税后利润，如果投资企业适用税率与被投资企业适用税率一致，就不必再缴纳所得税;如果投资企业适用税率低于被投资企业适用税率，也不退还所得税;如果投资企业适用税率高于被投资企业适用税率，投资企业从被投资企业分回的股息、红利等权益性投资收益应按照规定补缴所得税。补缴所得税的计算公式为：

$$\text{来源于被投资企业的应纳税所得额} = \frac{\text{投资企业分回的股息、红利}}{1 - \text{被投资企业的所得税税率}}$$

应纳税额 = 来源于被投资企业的应纳税所得额 × 投资企业适用税率

税收扣除额 = 来源于被投资企业的应纳税所得额 × 被投资企业适用税率

应补缴所得税税额 = 应纳所得税税额 - 税收抵扣额

【例 6－3】某企业适用企业所得税税率为 25%。2013 年度该企业从国家重点扶持的高新技术企业（适用税率 15%）分回利润 170 万元。计算该企业分回利润所应缴纳企业所得税。

【解析】

（1）分回利润所对应的应纳税所得额＝170÷（1－15%）＝200（万元）

（2）应纳税额＝200×25%＝50（万元）

（3）税收扣除额＝200×15%＝30（万元）

（4）应补缴所得税税额＝50－30＝20（万元）

2. 境外投资所得的应纳税额

居民企业从其直接或间接控制的外国企业分得的来源于中国境外的股息、红利等权益性投资收益，外国企业在境外实际缴纳的所得税税额中属于该项所得负担的部分，可以作为该居民企业的可抵免境外所得税税款，从其当期应纳税额中抵免，抵免限额为该项所得依照中国税法规定计算的应纳税额；超过抵免限额的部分，可以在以后 5 年内，用每年度抵免限额抵免当年应抵税额后的余额进行抵补。

四、源泉扣缴

1. 源泉扣缴的应税所得和扣缴义务人

企业所得税法规定，对非居民企业在中国境内未设立机构、场所的，或虽设立机构、场所但取得的所得与其所设机构、场所没有实际联系的来源于中国境内的所得应缴纳的所得税，实行源泉扣缴，以支付人为扣缴义务人。对非居民企业在中国境内取得工程作业和劳务所得应缴纳的所得税，税务机关可以指定工程价款或者劳务费的支付人为扣缴义务人。

税款由扣缴义务人在每次支付或者到期应支付时，从支付或者到期应支付的款项中扣缴。扣缴义务人每次代扣的税款，应当自代扣之日起 7 日内缴入国库，并向所在地的税务机关报送扣缴企业所得税报告表。

2. 应扣缴税额的计算

实行源泉扣缴的应税所得适用的税率为 20%。其计算公式为：

应扣缴税额＝支付单位每次支付款项×20%

每次支付的款项，是指现金支付、汇拨支付、转账支付的金额，以及以非货币资产或者权益折价支付的金额。

3. 未依法扣缴所得税的处理

企业所得税法规定，应当扣缴的所得税，扣缴义务人未依法扣缴或无法履行扣缴义务的，由纳税人在所得发生地缴纳。纳税人未依法缴纳的，税务机关可以从该纳税人在中国境内其他收入项目的支付人应付的款项中，追缴该纳税人的应纳税款。

第七节　企业所得税的纳税申报与税款缴纳

一、企业所得税的纳税地点

居民企业一般以企业登记注册地为纳税地点，但登记注册地在境外的，以实际管理机构所在地为纳税地点。居民企业在中国境内设立不具有法人资格的营业机构的，应当汇总计算并缴纳企业所得税。

非居民企业在中国境内设立机构、场所的，应当就其所设机构、场所取得的来源于中国境内的所得，以及发生在中国境外但与其所设机构、场所有实际联系的所得，以机构、场所所在地为纳税地点。非居民企业在中国设立两个或两个以上机构、场所的，经税务机关审核批准，可以选择由其主要机构、场所汇总缴纳企业所得税。

非居民企业未在中国境内设立机构、场所的，或者虽设立机构、场所但取得的所得与其所设机构、场所没有实际联系的来源于中国境内的所得，以扣缴义务人所在地为纳税地点。

除国务院另有规定外，企业之间不得合并缴纳企业所得税。

二、企业所得税的纳税年度

企业所得税的纳税年度，自公历 1 月 1 日起至 12 月 31 日止。

企业在一个纳税年度中间开业，或者终止经营活动，使该纳税年度的实际经营期不足 12 个月的，应当以其实际经营期为一个纳税年度。

企业依法清算时，应当以清算期间作为一个纳税年度。

三、企业所得税的纳税申报期限

企业所得税分月或分季预缴。

企业应当自月份或季度终了之日起 15 日内，向税务机关报送预缴企业所得税纳税申报表，预缴税款。

企业应当自年度终了之日起 5 个月内，向税务机关报送年度企业所得税纳税申报表，并汇算清缴，结清应缴应退税款。企业在报送企业所得税纳税申报表时，应当按照规定附送财务会计报告和其他有关资料。

企业在年度中间终止经营活动的，应当自实际经营终止之日起60 日内，向税务机关办理当期企业所得税汇算清缴。企业应当在办理注销登记前，就其清算所得向税务机关申报并依法缴纳企业所得税。

【本章小结】

在中华人民共和国境内，企业和其他取得收入的组织(以下统称企业)为企业所得税的纳税人。根据企业登记地标准和企业实际管理机构所在地标准，企业所得税的纳税人可分为居民企业和非居民企业。居民企业负有全面纳税义务，非居民企业负有有限纳税义务。企业所得税的征税对象是纳税人取得的生产、经营所得和其他所得。企业所得税的基本税率为25%，另有20%和15%两档优惠税率。企业所得税应纳税所得额是企业每一纳税年度的收入总额，减除不征税收入、免税收入、各项扣除以及允许弥补的以前年度亏损后的余额。企业所得税实行按年计征、分期预缴、年终汇算清缴的征收办法。

【思考与练习】

一、单项选择题

1. 下列单位中，不缴纳企业所得税的是(　　)。

A. 个人独资企业　　B. 股份制企业　　C. 外商投资企业　　D. 私营企业

2. 企业所得税的基本税率为(　　)。

A. 33%　　B. 25%　　C. 20%　　D. 15%

3. 企业发生的公益性捐赠支出，在年度利润总额(　　)内的部分，准予在计算应纳税所得额时扣除。

A. 15%　　B. 5%　　C. 12%　　D. 3%

二、多项选择题

1. 居民企业与非居民企业的划分标准是(　　)。

A. 企业登记注册地　　B. 企业实际管理机构所在地

C. 企业主要收入来源地　　D. 企业主要投资人居住地

2. 企业所得额中免税收入包括(　　)。

A. 国债利息收入

B. 符合条件的居民企业之间的股息、红利等权益性投资收益

C. 在中国境内设立机构、场所的非居民企业从居民企业取得的与该机构、场所有实际联系的股息、红利等权益性投资收益

D. 符合条件的非营利组织的收入

三、计算分析题

总机构设在中国境内的某外商投资企业，2013 年该企业境内生产经营所得为 1 000 万元，同期从在英国设立的分公司取得生产经营所得折合人民币 500 万元，并在英国已实际缴纳所得税税款折合人民币 160 万元，从设在印度的分公司取得生产经营所得折合人民币 200 万元，并在印度已实际缴纳所得税税款折合人民币 25 万元。回答下列问题：

(1) 计算该企业英国生产经营所得已纳税款的扣除限额。

(2) 计算该公司全年应纳税额。

■ 第七章　个人所得税法律制度

【学习目标】

通过学习，了解征收个人所得税的意义和目的；熟悉居民纳税人与非居民纳税人的划分标准及其纳税义务；掌握个人所得税的税目、税率和计税依据的确定；学会个人所得税应纳税额的计算方法。

第一节　个人所得税概述

一、个人所得税的概念

个人所得税是以个人取得的各项应税所得为征税对象而征收的一种税。

个人所得税最早于1799年在英国开征，迄今为止已经历了两个世纪的发展和完善。由于个人所得税具有筹集财政收入、调节个人收入以缩小社会两极分化和维持宏观经济稳定等多重功能，因而成为世界上大多数国家都开征的税种。在全世界22个发达国家中，有17个是以个人所得税为主，个人所得税已经成为在西方发达国家税制结构中最重要的税种。

相对于西方发达国家而言，我国个人所得税制的建立时间较晚。清末宣统年间，曾经起草过《所得税章程》，其中包括对个人所得征税的内容。中华民国成立后，以清末的《所得税章程》为基础，制定了《所得税条例》，并于1914年初公布，但是在此后的20多年间并未真正实行。1936年7月21日，国民政府公布《所得税暂行条例》，其中包括对个人所得征税的内容，自同年10月1日起陆续开征。至此，我国历史上第一次开征了个人所得税。

新中国成立以后，1950年政务院颁布的《全国税政实施要则》中列举了对个人所得征税的税种，主要有薪给报酬所得税和存款利息所得税，并对个体工商户的生产经营所得征收所得税。但由于多种原因，存款利息所得税短暂开征后，于1959年停征；薪给报酬所得税并未开征。

党的十一届三中全会以后，改革开放成为我国的基本国策，随着对外经济交往的不断扩大，来华工作、取得收入的外籍人员日益增多。为了维护国家的税收权益和保障外籍人员的合法权益，1980年9月10日，第五届全国人民代表大会第三次会议通过了《中华人民共和国个人所得税法》，同日以中华人民共和国全国人民代表大会常务委员会委员长令公布施行。

这是新中国成立以后制定的第一部个人所得税法，统一适用于中国公民和在我国取得收入的外籍人员。1986 年和 1987 年，国务院分别发布了《中华人民共和国城乡个体工商业户所得税暂行条例》和《中华人民共和国个人收入调节税暂行条例》。这样我国对个人所得税的征税制度就形成了个人所得税、城乡个体工商业户所得税和个人收入调节税等三税并存的格局。

但是，随着时间的推移和我国社会主义市场经济体制改革目标的确定，我国对个人所得征税的三个税收法律、法规并存的状况，显得极不规范，并带来了一系列的问题。为了规范、统一和完善对个人所得征税的课税制度，第八届全国人民代表常务委员会第四次会议在对原三部个人所得课税的法律、法规进行修改、合并的基础上，于 1993 年 10 月 31 日公布了修改后的《中华人民共和国个人所得税法》(以下简称《个人所得税法》)，自 1994 年 1 月 1 日起实施。国务院于 1994 年 1 月 28 日发布了《中华人民共和国个人所得税法实施条例》(以下简称《实施条例》)，1999 年 8 月 30 日第九届全国人民代表大会常务委员会第十一次会议又对《个人所得税法》进行了第二次修改，其内容主要是针对当时投资不足、消费疲软的经济特点而取消了储蓄存款利息的免税待遇。2005 年 10 月 27 日，第十届全国人民代表大会常务委员会第十八次会议对《个人所得税法》进行了第三次修改，将工资薪金所得的扣除标准由 800 元调高到 1 600 元。2007 年 6 月 29 日，第十届全国人民代表大会第二十八次会议对《个人所得税法》进行了第四次修改，主要是对储蓄存款利息进行了进一步的调整。国务院在《对储蓄存款利息所得征收个人所得税的实施办法》中，将存款利息所得税的税率由 20% 下调到了 5% 。

2008 年 3 月 1 日起，工资薪金所得的扣除标准由 1600 元调高到 2000 元。2008 年 10 月 9 日起，国务院决策对储蓄存款利息所得，暂免征收个人所得税，2011 年 6 月 30 日第十一届全国人民代表大会常务委员会第二十一次会议对《个人所得税法》进行了第六次修订，将工资薪金所得的扣除标准由 2000 元调高到 3500 元，并实行 3% ~45% 的七级超额累进税率，2011 年 9 月 1 日起开始实施。

二、个人所得税的特点

我国个人所得税的特点主要包括以下几个方面：

1. 实行分类征收

我国现行个人所得税采用的是分类所得税制，即将个人取得的各项所得划分为 11 类，分项适用不同的费用减除规定、不同的税率和不同的计税方法。实行分类征收，可以对不同来源的所得实行差别待遇，便于体现国家政策。同时还可以广泛采用源泉扣缴方法，既加强税源控制，防止税款偷漏，又简化纳税手续，方便征纳双方。

2. 累进税率与比例税率并用

我国现行个人所得税根据各类个人所得的不同性质和特点，采用了累进税率与比例税率两种税率形式。对工资、薪金所得、个体工商户的生产经营所得、对企事业单位的承包经营、承租经营所得，采用累进税率，实行量能负担，体现税负公平，合理调节收入分配；对劳务报酬所得、稿酬所得、偶然所得等其他所得，采用比例税率，实行等比负担，便于源泉扣缴税款。

3. 费用扣除从宽从简

我国现行个人所得税采用费用定额扣除和定率扣除两种方法。对劳务报酬所得、稿酬所得、特许权使用费所得、财产租赁所得等，每次收入不超过4 000元的，定额扣除800元；每次收入超过4 000元的，定率扣除20%；对工资、薪金所得，每月扣除1 600元，对外籍人员每月增加3 200元的附加扣除费用。按照这样的费用扣除标准，实际上等于对中低收入者给予免税或只征很少的税款，也保障了外籍人员的收入水平。这些都体现了我国现行个人所得税费用扣除从宽从简的原则和特点。

4. 计算简便

我国个人所得税的费用扣除采用总额扣除法，免去了对个人实际生活费用支出逐项计算的麻烦。各种所得项目实行分类计算，各有明确的费用扣除规定，费用扣除项目及方法易于掌握，计算比较简单，符合税制简便原则。比如，在实行累进税率的项目上，明确列出了速算扣除数，便于计算征纳。

5. 采取源泉扣缴和自行申报缴纳的征收方法

我国现行个人所得税的征收方法有支付单位源泉扣缴和纳税人自行申报缴纳两种方法。对凡是可以在应税所得的支付环节扣缴个人所得税的，均由扣缴义务人履行代扣代缴义务；对于没有扣缴义务人的，以及个人在两处以上取得工资、薪金所得的，由纳税人自行申报缴纳。此外，对其他不便于扣缴税款的，也规定由纳税人自行申报缴纳。

三、个人所得税的作用

1. 调节收入分配，体现社会公平

改革开放以来，随着我国社会主义市场经济的不断完善和发展，我国人民的收入日益增长，其中一部分人已达到较高的收入水平，但同时社会成员之间的收入差距也随之拉大。因此，有必要对个人收入进行适当的税收调节。在保证人们基本生活费用支出不受影响的前提下，本着高收入者多纳税、中等收入者少纳税、低收入者不纳税的原则，通过征收个人所得税来缓解社会收入分配不公的矛盾，有利于在不损害效率的前提下，体现社会公平，保持社会稳定。

2. 增强纳税意识，树立义务观念

由于历史的原因和计划经济体制的影响，我国公民的纳税意识一直较为淡薄，义务观念比较缺乏。通过征收个人所得税，加强法制宣传，建立个人所得税的纳税申报、源泉扣缴、征收管理等制度，有利于培养、普及全民依法履行纳税义务的观念，有利于提高全民的纳税意识，为社会主义市场经济的发展创造良好的社会环境。

3. 拓宽聚财渠道，增加财政收入

个人所得税是市场经济发展的产物，个人所得税收入是随着经济市场化、全球化程度和国家人均GDP水平的提高而不断增长的。从实行以个人所得税为主体税种的西方发达国家的现状来看，个人所得税的规模和比重都比较大，对政府的贡献也是很重要的。就我国目前情况来看，个人总体收入水平不高，个人所得税收入也十分有限，但具有较大的增长潜力。随着社会主义市场经济的发展和完善，居民收入水平将逐步提高，个人所得税税源将不断扩大，个人所得税收入占国家税收总额的比重也将逐年增加，为中国特色社会主义建设提供更多的财政收入。

第二节 个人所得税的纳税人、征税对象和税率

一、个人所得税的纳税人

1. 个人所得税纳税人的一般规定

《个人所得税法》规定，个人所得税的纳税人是指在中国境内有住所，或者无住所但在中国境内居住满一年的个人，以及无住所又不居住或居住不满一年但有从中国境内取得所得的个人。包括中国公民、个体工商户、外籍个人，以及香港、澳门、台湾同胞等。

根据住所标准和居住时间标准，可以将上述纳税人划分为居民纳税人和非居民纳税人。居民纳税人和非居民纳税人的纳税义务范围不同。

2. 居民纳税人和非居民纳税人的判定标准

根据国际惯例，我国对居民纳税人和非居民纳税人的划分，采用了国际上常用的住所标准和居住时间标准。

(1)住所标准 住所通常指公民长期生活和活动的主要场所。由于公民实际的生活和活动场所很多，因此我国《民法通则》明确规定："公民以他的户籍所在地的居住地为住所。"也就是以公民本人户口簿登记的住址为住所，我国的公民一人只有一个住所。一般情况下，公民的住所就是其户籍所在地的居住地，但由于种种原因，公民经常居住地可能与户籍所在地不一致。

住所分为永久性住所和习惯性住所。永久性住所就是指户籍所在地的居住地。经常居住地则属于习惯性住所，它与永久性住所有时一致，有时又不一致。根据这种情况，我国税法将在中国境内有住所的个人界定为："因户籍、家庭、经济利益关系而在中国境内习惯性居住的个人。"可见，我国目前采用的住所标准是习惯性住所标准。

习惯性住所是在税收上判断居民和非居民的一个法律意义上的标准，不是指实际居住或在某一特定时期内的居住地。比如，一个纳税人因学习、工作、探亲、旅游等而在中国境外居住的，当其境外居住的原因消除后，则必须回到中国境内居住，那么中国就为该纳税人的习惯性住所。所以，我国个人所得税法中所说的"住所"，其概念与通常所说的住所是有区别的。采用习惯性住所标准，能把中、外籍人员，以及香港、澳门、台湾同胞与在境内居住的中国公民区别开来。

(2)居住时间标准 居住时间是指个人在一国境内实际居住的日数。在实际生活中，有时个人在一国境内并无住所，又没有经常性居住地，但是却在该国内停留的时间较长，从该国取得了收入，应对其行使税收管辖权，甚至视为该国的居民征税。各国在对个人所得征税的实践中，逐渐形成了以个人居住时间长短作为衡量居民与非居民的居住时间标准，但各国判断居民身份的居住时间不尽一致。我国采用这一标准所规定的时间是一个纳税年度内在中国境内住满 365 日，即居住满 1 年。达到这个标准的个人，即为我国的居民纳税人。在计算居住日数时，对临时离境的，即在一个纳税年度内一次离境不超过 30 日或者多次离境累计不超过 90 日的，不扣减日数，连续计算。我国的纳税年度是从每年的 1 月 1 日起至 12 月 31 日止。

我国税法规定的住所标准和居住时间标准，是判定居民身份的两个并列性标准。个人只要符合或达到其中任何一个标准，就可以被认定为居民纳税人。

3. 居民纳税人与非居民纳税人的纳税义务范围

(1)居民纳税人的纳税义务范围 根据两个判定标准被确定为中国居民的个人，是指在中国境内有住所，或者无住所而在中国境内居住满 1 年的个人，属于我国的居民纳税人，应就其从中国境内和境外取得的所得，向我国政府履行全面纳税义务，依法缴纳个人所得税。

对于在中国境内有住所的个人，无论其在中国境内居住时间长短，均应就其来源于中国境内、境外的所得向我国政府履行全面纳税义务。

(2)非居民纳税人的纳税义务范围 根据两个判定标准被确定为非中国居民的个人，是指在中国境内无住所又不居住，或者无住所而在中国境内居住不满 1 年的个人，属于我国税法中的非居民纳税人，只就其来源于中国境内的所得向我国政府履行有限纳税义务，依法缴纳个人所得税。

在我国境内无住所的个人，自 2004 年 7 月 1 日起，按以下规定为准：

第一，关于判定纳税义务时如何计算在中国境内居住天数问题。对在中国境内无住所的个人，需要计算确定其在中国境内居住天数，以便依照税法和协定或安排的规定判定其在华负有何种纳税义务时，均应以该个人实际在华逗留天数计算。上述个人入境、离境、往返或多次往返境内外的当日，均按一天计算其在华实际逗留天数。

第二，关于对个人入、离境当日如何计算在中国境内实际工作期间的问题。对在中国境内、境外机构同时担任职务或仅在境外机构任职的境内无住所个人，在按《国家税务总局关于在中国境内无住所的个人计算缴纳个人所得税若干具体问题的通知》(国税函发〔1995〕125 号)第一条的规定计算其境内工作期间时，对其入境、离境、往返或多次往返境内外的当日，均按半天计算为在华实际工作天数。

4. 所得来源的确定

居民纳税人应就其来源于中国境内、境外的所得缴纳个人所得税；非居民纳税人仅就其来源于中国境内的所得缴纳个人所得税。《个人所得税法》及其《实施条例》对来源于中国境内的所的作了如下规定：

下列所得，不论支付地点是否在中国境内，均为来源于中国境内的所得：

(1)因在中国境内任职、受雇而取得的工资、薪金所得。对工资、薪金这类非独立个人劳动所得的征税，在国际上一般有两种原则，一种是劳务活动所在地原则，即以劳务活动所在地为工资、薪金所得的发生地，由劳务活动所在地政府对该项所得行使征税权；一种是所得支付地原则，即以所得实际支付地为工资、薪金所得发生地，由所得实际支付地政府对该项所得行使征税权。

当出现跨国非独立个人劳务行为时，就会出现在一国发生劳务活动，而在另一国支付工资、薪金所得的情况，从而导致两国对同一跨国工薪所得的重复征税。为解决这一问题，国际社会形成一个时间标准，即一国居民到另一国从事非独立个人劳动，在其所得是由居住国雇主支付的条件下，该居民在非居住国停留只有超过一定时间，非居住国政府才有权对其所得征税。我国税法确定的这一时间标准为 90 日。

(2)因在中国境内从事生产、经营活动而取得的生产经营所得；

(3)因任职、受雇、履约等而在中国境内提供劳务取得的劳务报酬所得；

(4)将财产出租给承租人在中国境内使用而取得的所得；

(5)转让中国境内的建筑物、土地使用权等财产或者在中国境内转让其他财产取得的所得；

(6)提供专利权、非专利技术、商标权、著作权，以及其他特许权在中国境内使用而取得的所得；

(7)因持有中国的各种债券、股票、股权而从中国境内的公司、企业以及其他经济组织或者个人取得的利息、股息、红利所得。

5. 个人所得税的扣缴义务人

我国个人所得税实行代扣代缴和个人申报纳税相结合的征收管理制度。个人所得税采用代扣代缴办法，有利于控制税源，保证税收收入，简化征纳手续，加强个人所得税管理。

税法规定，凡支付应纳税所得的单位或个人，都是个人所得税的扣缴义务人。扣缴义务人在向纳税人支付各项应税所得(个体工商户的生产、经营所得除外)时，必须履行代扣代缴税款的义务。

扣缴义务人包括企业(公司)、事业单位、机关、社会团体、军队、驻华机构(不包括外国驻华使领馆和联合国及其他依法享有外交特权和豁免的国际组织驻华机构)、个体户等单位和个人。

二、个人所得税的征税对象

个人所得税的征税对象是个人取得的应税所得。《个人所得税法》列举征税的个人所得共有11项。个人所得税实施条例及相关法规具体确定了各项个人所得的征税范围。

1. 工资、薪金所得

工资、薪金所得，是指个人因任职或者受雇而取得的工资、薪金、奖金、年终加薪、劳动分红、津贴、补贴以及与任职或者受雇有关的其他所得。

(1)工资、薪金所得属于非独立个人劳动所得。非独立个人劳动所得，是指个人所从事的是由他人指定、安排并接受管理的劳动、工作，或服务于公司、工厂、行政、事业单位(私营企业主除外)。非独立劳动者从上述单位取得的劳动报酬，是以工资、薪金的形式体现的。通常情况下，把直接从事生产、经营或服务的劳动者(工人)的收入称为工资；把从事社会公职或管理活动的劳动者(公职人员)的收入称为薪金。但在税法中，本着简便易行的原则，将工资、薪金合并为一个项目计征个人所得税。

(2)年终加薪、劳动分红不分种类和取得情况，一律按工资、薪金所得课税。

对于一些不属于工资、薪金性质的补贴、津贴或者不属于本人工资、薪金所得项目的收入，不予征税。这些项目具体包括：

①独生子女补贴；

②执行公务员工资制度未纳入基本工资总额的补贴、津贴差额和家属成员的副食品补贴；

③托儿补助费；

④差旅费津贴、误餐补助。其中误餐补助是指按照财政部规定，个人因公在城区、郊区工作，不能在工作单位或返回就餐的，根据实际误餐顿数，按规定的标准领取的误餐费。

(3)奖金是指所有具有工资性质的奖金。免税奖金的范围在税法中另有规定。

(4)关于企业减员增效和行政、事业单位、社会团体在机构改革过程中实行内部退养办法人员取得收入的征税问题，《个人所得税法》及其《实施条例》作了如下规定：

①实行内部退养的个人在其办理内部退养手续后至法定离退休年龄之间从原任职单位取得的工资、薪金，不属于离退休工资，应按“工资、薪金所得”项目计征个人所得税；

②个人在办理内部退养手续后从原任职单位取得的一次性收入，应按办理内部退养手续后至法定离退休年龄之间的所属月份进行平均，并与领取当月的“工资、薪金”所得合并后减除当月费用扣除标准，以余额为基数确定适用税率，再将当月工资、薪金所得加上取得的一次性收入，减除当月费用扣除标准，按适用税率计征个人所得税；

③个人在办理内部退养手续后至法定离退休年龄之间重新就业取得的“工资、薪金”所得，应与其从原任职单位取得的同一月份的“工资、薪金”所得合并，并依法自行向主管税务机关申报缴纳个人所得税。

(5)公司职工取得的用于购买企业国有股权的劳动分红，按“工资、薪金所得”项目计征个人所得税。

(6)出租汽车经营单位对出租车驾驶员采取单车承包或承租方式运营，出租车驾驶员从事客货营运取得的收入，按工资、薪金所得计征个人所得税。

(7)企事业单位按照国家或省(自治区、直辖市)人民政府规定的缴费比例或办法实际缴付的基本养老保险费、基本医疗保险费和失业保险费，免征个人所得税；个人按照国家或省(自治区、直辖市)人民政府规定的缴费比例或办法实际缴付的基本养老保险费、基本医疗保险费和失业保险费，允许在个人应纳税所得额中扣除。企事业单位和个人超过规定的比例和标准缴付的基本养老保险费、基本医疗保险费、失业保险费以及住房公积金，应将超过部分并入个人当期的工资、薪金收入，计征个人所得税。

2. 个体工商户的生产、经营所得

个体工商户的生产、经营所得具体包括：

(1)个体工商户从事工业、手工业、建筑业、交通运输业、商业、饮食业、服务业、修理业以及其他行业生产、经营取得的所得；

(2)个人经政府有关部门批准，取得执照，从事办学、医疗、咨询以及其他有偿服务活动取得的所得；

(3)上述个体工商户和个人取得的与生产经营有关的各项应税所得；

(4)其他个人从事个体工商业生产、经营取得的所得，具体包括：

①从事个体出租车运营的出租车驾驶员取得的收入，按“个体工商户的生产、经营所得”项目计征个人所得税；

②个人因从事彩票代销业务而取得的所得，应按照“个体工商户的生产、经营所得”项目计征个人所得税；

③出租车属于个人所有，但挂靠出租汽车经营单位或企事业单位，驾驶员向挂靠单位缴纳管理费的，或出租汽车经营单位将出租车所有权转移给驾驶员的，出租车驾驶员从事客货营运取得的收入，比照“个体工商户的生产、经营所得”项目计征个人所得税；

④个体工商户和从事生产、经营的个人，取得的与生产、经营活动无关的其他各项应税所得，应分别按照其他应税项目的有关规定，计征个人所得税。

(5)依法登记成立的个人独资企业、合伙企业的投资者，以及依法登记成立的独资、合伙性质的私营企业的投资者，所取得的生产、经营所得，参照“个体工商户的生产、经营所得”项目计征个人所得税；

(6)依法登记成立的合伙制律师事务所的投资者，所取得生产、经营所得，参照“个体工商户的生产、经营所得”项目计征个人所得税；

(7)经政府有关部门依法批准成立的负无限责任和无限连带责任的其他个人独资、个人合伙性质的机构或组织的投资者，所取得的生产、经营所得，参照“个体工商户的生产、经营所得”项目计征个人所得税。

3. 对企事业单位的承包经营、承租经营所得

对企事业单位的承包经营、承租经营所得，是指个人承包经营、承租经营以及转包、转租取得的所得，还包括个人按月或者按次取得的工资、薪金性质的所得。

个人对企事业单位的承包、承租经营形式较多，分配方式也不尽相同，大体上可以分为两类：

(1)个人对企事业单位承包、承租经营后，工商登记改变为个体工商户的，这类承包、承租经营所得，实际上属于个体工商户的生产经营所得，应按“个体工商户的生产、经营所得”项目计征个人所得税，不再征收企业所得税。

(2)个人对企事业单位承包、承租经营后，工商登记仍为企业的，不论其分配方式如何，均应先按照企业所得税的有关规定缴纳企业所得税，然后根据承包、承租经营者按合同(协议)规定取得的所得，依照个人所得税法有关规定缴纳个人所得税。具体为：

①承包、承租人对企业经营成果不拥有所有权，仅按合同(协议)规定取得一定所得的，应按工资、薪金所得项目征收个人所得税；

②承包、承租人按合同(协议)规定只向发包方、出租人缴纳一定的费用，缴纳承包、承租费后的企业的经营成果归承包、承租人所有的，其取得的所得，按对企事业单位承包、承租经营所得项目征收个人所得税。

外商投资企业采取发包、出租经营且经营人为个人的，对经营人从外商投资企业分享的收益或取得的所得，按照个人对企事业单位的承包、承租经营所得征收个人所得税。

4. 劳务报酬所得

劳务报酬所得，是指个人从事设计、装潢、安装、制图、化验、测试、医疗、法律、会计、咨询、讲学、新闻、广播、翻译、审稿、书画、雕刻、影视、录音、录像、演出、表演、广告、展览、技术服务、介绍服务、经纪服务、代办服务以及其他劳务所得的报酬所得。

个人担任董事职务所取得的董事费收入，属于劳务报酬性质，按劳务报酬所得项目征税。

上述各项所得一般属于个人独立从事自由职业取得的所得或属于独立个人劳动所得。是否存在雇佣与被雇佣关系，是判断一种收入是属于劳务报酬所得，还是属于工资、薪金所得的重要标准。如果劳动者与向其提供收入的单位或者个人存在雇佣与被雇佣关系，则他的该项收入属于工资、薪金所得；如果二者之间不存在雇佣与被雇佣关系，则他的该项收入属于劳务报酬所得。

兼职收入按“劳务报酬所得”项目征税。

在校学生因参与勤工俭学活动(包括参与学校组织的勤工俭学活动)而取得属于《个人所得税法》规定的应税所得项目的所得，应依法缴纳个人所得税。

5. 稿酬所得

稿酬所得，是指个人因其作品以图书、报刊形式出版、发表而取得的所得。这里所说的作品，包括文学作品、书画作品、摄影作品，以及其他作品。作者去世后，财产继承人取得的遗作稿酬，亦应征收个人所得税。

对报刊、杂志、出版等单位的职员在本单位的刊物上发表作品、出版图书取得所得征税的问题，《个人所得税法》及其《实施条例》作了如下规定：

(1)任职、受雇于报刊、杂志等单位的记者、编辑等专业人员，因在本单位的报刊、杂志上发表作品取得的所得，属于因任职、受雇而取得的所得，应与其当月工资收入合并，按"工资、薪金所得"项目征收个人所得税;除上述专业人员外，其他人员在本单位的报刊、杂志上发表作品取得的所得，应按"稿酬所得"项目征收个人所得税;

(2)出版社的专业作者撰写、编写或翻译的作品，由本社以图书形式出版而取得的稿费收入，应按"稿酬所得"项目计算个人所得税。

6. 特许权使用费

特许权使用费所得，是指个人提供专利权、商标权、著作权、非专利技术以及其他特许权的使用权取得的所得。

提供著作权的使用权取得的所得，不包括稿酬的所得，对于作者将自己的文字作品手稿原件或复印件公开拍卖取得的所得，属于提供著作权的使用所得，应按"特许权使用费所得"项目计征个人所得税。

个人取得特许权的经济赔偿收入，按"特许权使用费所得"项目计征个人所得税。

自 2002 年 5 月 1 日起，编剧从电视剧的制作单位取得的剧本使用费，不再区分剧本的使用方是否为其任职单位，统一按"特许权使用费所得"项目计征个人所得税。

7. 利息、股息、红利所得

利息、股息、红利所得，是指个人拥有债权、股权而取得的利息、股息、红利所得。其中，利息是指存款、贷款和债券的利息;股息、红利是指个人拥有股权取得的公司、企业分红，按照一定的比率派发的每股息金，称为股息;根据公司、企业应分配的、超过股息部分的利润，按股派发的红股，称为红利。

有关具体规定如下：

(1)除国家规定外的其他专户存款 个人从银行及其他储蓄机构开设的用于支付电话、水、电、煤气等有关费用，或者用于购买股票等方面的投资、生产经营业务往来结算以及其他用途，取得的利息收入，属于储蓄存款利息所得性质，应依法缴纳个人所得税，税款由结付利息的储蓄机构代扣代缴。

(2)职工个人取得的量化资产 为了支持企业改组改制的顺利进行，对于企业在改革过程中个人取得量化资产的征税问题按以下个规定处理：

①对职工个人以股份形式取得的仅作为分红依据，不拥有所有权的企业量化资产，不征收个人所得税;

②对职工个人以股份形式取得的企业量化资产参与企业分配而获得的股息、红利，应按

“利息、股息、红利所得”项目计征个人所得税。

(3)外籍居民个人的储蓄存款利息 对外籍居民个人储蓄存款利息的征税，《个人所得税法》及其《实施细则》有如下规定：

①外籍居民个人可凭其护照或其他有效证件及居民国税务主管当局为其签发的居民证明，直接向储蓄机构办理享受税收协定待遇；

②外籍居民及个人在银行首次开户取得利息时，凡能提供居民证明的，由县级以上储蓄机构报送同级税务机关审核确认后准予享受税收协定待遇；

③外籍居民个人在过渡期间再次存款取得利息时，可凭护照、其他有效证件或经税务机关审核确认的居民证明复印件享受税收协定待遇，不必再提供居民证明原件；

④凡储蓄机构不能认定的护照或其他证件，应会同税务机关审核确认后按有关规定办理。

(4)个人银行结算账户利息 个人在个人银行结算账户的存款自2003年9月1日起孳生的利息，应按“利息、股息、红利所得”项目计征个人所得税，税款由办理个人银行结算账户业务的储蓄机构在结付利息时代扣代缴。

(5)个人从证券公司股东账户取得的利息所得 个人从证券公司股东账户取得的利息所得应按照“利息、股息、红利所得”项目计征个人所得税，税款由其开立股东账户的证券公司代扣代缴。

(6)教育储蓄存款利息所得 对个人取得的教育储蓄存款利息所得以及国务院财政部门规定的其他专项储蓄存款或者储蓄性专项基金存款的利息所得，免征个人所得税。

8. 财产租赁所得

财产租赁所得，是指个人出租建筑物、土地使用权、机器设备、车船以及其他财产取得的所得。

个人取得的财产转租收入，属于“财产租赁所得”的征税范围。

酒店产权式经营业主(以下简称业主)在约定的时间内提供房产使用权与酒店进行合作经营，如房产产权并未归属新的经济实体，业主按照约定取得的固定收入和分红收入均应视为租金收入，按照财产租赁所得项目征收个人所得税。

9. 财产转让所得

财产转让所得，是指个人转让有价证券、股权、建筑物、土地使用权、机器设备、车船以及其他财产取得的所得。根据《个人所得税法》及《实施细则》的规定，对个人取得的各项财产转让所得，除股票转让所得外，都要征收个人所得税。具体规定如下：

(1)股票转让所得 鉴于我国证券市场发育还不成熟，股份制还处于试点阶段，对股票转让所得暂不征收个人所得税。

(2)量化资产股份转让所得 集体所有制企业在改制为股份合作制时，对职工个人以股份形式取得的拥有所有权的企业量化资产，暂缓征收个人所得税；待个人将股份转让时，就其转让收入额，减除个人取得该股份时实际支付的费用支出和合理转让费用后的余额，按“财产转让所得”项目计征个人所得税。

(3)个人财产拍卖所得 个人拍卖除文字作品原稿及复印件以外的其他财产，应以其转让收入额减除财产原值和合理费用后的余额为应纳税所得额，按照“财产转让所得”项目征收个人所得税。个人财产拍卖所得应纳的个人所得税税款，由拍卖单位代扣代缴。

(4)个人出售自有住房 为促进我国居民住宅市场的健康发展，对个人出售住房所得征收个人所得税的有关问题具体规定如下：

①个人出售自有住房取得的所得，应按照“财产转让所得”项目计征个人所得税；

②对个人转让自用5年以上、并且是家庭唯一生活用房取得的所得，免征个人所得税；

③为鼓励个人换购住房，对出售自有住房并拟在现住房出售后1年内按市场价重新购房的纳税人，其出售现住房所应缴纳的个人所得税，视其重新购房的价值可全部或部分予以免税。

10. 偶然所得

偶然所得，是指个人得奖、中奖、中彩以及其他偶然性质的所得。其中，得奖是指参加各种有奖竞赛活动，取得名次获得的奖金；中奖、中彩，是指参加各种有奖活动，如有奖销售、有奖储蓄或购买彩票，经过规定程序，抽中、摇中号码而取得的奖金。

个人因参加企业的有奖销售活动而取得的赠品所得，应按“偶然所得”项目计征个人所得税。赠品为实物的，应当按照取得的凭证上所注明的价格计算应纳税所得额；无凭证的实物或者凭证上所注明的价格明显偏低的，由主管税务机关参照当地的市场价格核定应纳税所得额。

个人取得单张有奖发票奖金不超过800元(含800元)的，免征个人所得税；个人取得单张有奖发票奖金所得超过800元的，应全额按“偶然所得”项目计征个人所得税。

11. 其他所得

个人所得税的征税对象还包括经国务院财政部门确定征税的其他所得。

三、个人所得税的税率

个人所得税按照不同个人所得项目，分别规定了超额累进税率和比例税率两种形式。

1. 工资、薪金所得适用3% ~45%的七级超额累进税率，见表7-1

表7-1　　工资、薪金所得适用税率表

级数	全月应纳税所得额(含税级距)	全月应纳税所得额(不含税级距)	税率(%)	速算扣除数(元)
1	不超过1 500元的部分	不超过1 455元的部分	3	0
2	超过1 500元至4 500元的部分	超过1 455至4 155元的部分	10	105
3	超过4 500元至9 000元的部分	超过4 155至7 755元的部分	20	555
4	超过9 000元至35 000元的部分	超过7 755至27 255元的部分	25	1 005
5	超过35 000元至55 000元的部分	超过27 255至41 255元的部分	30	2 755
6	超过55 000元至80 000元的部分	超过41 255至57 505元的部分	35	5 505
7	超过80 000元的部分	超过57 505元的部分	45	13 505

2. 个体工商户的生产、经营所得以及对企事业单位的承包经营、承租经营所得适用5% ~ 35%的五级超额累进税率，见表7－2

表7－2　　个体工商户的生产、经营所得以及对企事业单位的承包经营、承租经营所得适用税率表

级数	全年应纳税所得额（含税级距）	全年应纳税所得额（不含税级距）	税率（%）	速算扣除数（元）
1	不超过15 000元的部分	不超过14 250元的部分	5	0
2	超过15 000元至30 000元的部分	超过14 250至27 750元的部分	10	750
3	超过30 000元至60 000元的部分	超过27 750至51 750元的部分	20	3 750
4	超过60 000元至100 000元的部分	超过51 750至79 750元的部分	30	9 750
5	超过100 000元的部分	超过79 750元的部分	35	14 750

3. 稿酬所得，适用20%的比例税率

考虑到作者写作或制作一件作品往往需要投入较长时间和较多的精力，并体现对稿酬这种知识性勤劳所得的特殊政策，税法对稿酬所得做出了减征规定：按应纳税额减征30%，即只征收70%的税额。

4. 劳务报酬所得，适用20%的比例税率

对劳务报酬所得一次收入畸高的，规定在适用20%的比例税率征税的基础上，实行加成征收办法。所谓的“劳务报酬所得一次收入畸高的”，是指个人一次取得劳务报酬，其应纳税所得额超过20 000元。

劳务报酬所得的加成征收办法是：对应纳税所得额超过20 000元至50 000元的部分，依照税法规定的比例税率20%计算应纳税额后，再按应纳税额加征五成；对应纳税额超过50 000元的部分，依照税法规定的比例税率20%计算应纳税额后，再按应纳税额加征十成。这实际上等于对劳务报酬所得实行了一种特殊的延伸的三级超额累进税率，见表7－3。

表7－3　　劳务报酬所得适用税率

级数	每次应纳税所得额	税率（%）	速算扣除数（元）
1	不超过20 000元的部分	20	0
2	超过20 000元至50 000元的部分	30	2 000
3	超过50 000元的部分	40	7 000

5. 利息、股息、红利所得，适用20%的比例税率

自2007年8月15日起，对储蓄存款利息所得征收个人所得税时，减按5%的比例税率执行。

具体来说，储蓄存款在1999年10月31日前孳生的利息所得，不征收个人所得税；储蓄存款在1999年11月1日至2007年8月14日孳生的利息所得，按照20%的比例税率征收个人所得税；储蓄存款在2007年8月15日后孳生的利息所得，按照5%的比例税率征收个人所得税；自2008年10月9日起暂免征收储蓄存款利息的个人所得税。

6. 财产租赁所得，适用20%的比例税率

为了配合国家住房制度改革，支持住房租赁市场的健康发展，自2001年1月1日起，对

个人出租居民住房取得的所得暂减按10%的比例税率征收个人所得税。

7. 特许权使用费、财产转让所得、偶然所得和其他所得，适用20%的比例税率。

第三节 个人所得税的税收优惠

个人所得税是一种分配手段，体现了国家再分配的政策。个人所得税法规定有免税、减税的优惠政策。

一、免征个人所得税项目

1. 省级人民政府、国务院部委和中国人民解放军军级以上单位，以及外国组织、国际组织颁发的科学、教育、技术、文化、卫生、体育、环境保护等方面的奖金；

2. 国债和国家发行的金融债券利息。其中，国债利息，是指个人持有的中华人民共和国财政部发行的债券而取得的利息；国家发行的金融债券利息，是指个人持有经国务院批准发行的金融债券而取得的利息所得；

3. 按照国家统一规定发给的补贴、津贴。这些补贴、津贴是指按照国务院规定发给的政府特殊津贴、院士津贴、资深院士津贴和国务院规定免纳个人所得税的补贴、津贴；

4. 福利费、抚恤金、救济金。其中，福利费是指根据国家有关规定，从企业、事业单位、国家机关、社会团体提留的福利费或者从工会经费中支付给个人的生活补助费；救济金是指国家民政部门支付给个人的生活困难补助费；

5. 保险赔款；

6. 军人的转业安置费、复员费；

7. 按照国家统一规定发给干部、职工的安家费、退休工资、离休工资、离休生活补助费；

8. 依照我国有关法律规定应予免税的各国驻华使馆、领事馆的外交代表、领事官员和其他人员的所得；

9. 个人实际领(支)取原提存的基本养老保险金、基本医疗保险金、失业保险金和住房公积金时，免征个人所得税；

10. 中国政府参加的国际公约、签订的协议中规定免税的所得；

11. 对外籍个人取得的探亲费免征个人所得税。可以享受免征个人所得税优惠待遇的探亲费，仅限于外籍个人在我国的受雇地与其家庭所在地(包括配偶或父母居住地)之间搭乘交通工具且每年不超过2次的费用；

12. 按照国家有关城镇房屋拆迁管理办法规定的标准，被拆迁人取得的拆迁补偿款，免征个人所得税；

13. 企业依照国家有关法律规定宣告破产，企业职工从该破产企业取得的一次性安置费收入，免征个人所得税；

14. 经国务院财政部门批准免税的所得。

二、减征个人所得税的项目

有下列情形之一的，经批准可以减征个人所得税：

1. 残疾、孤老人员和烈属的所得；

2. 因严重自然灾害造成重大损失的；

3. 其他经国务院财政部门批准减税的；

4. 个人按市场价格出租居民住房取得的所得，减按10%的税率征收个人所得税；

三、暂时免征个人所得税项目

根据《财政部、国家税务总局关于所得税若干政策问题的通知》和有关文件的规定，对下列所得暂免征个人所得税：

1. 外籍个人以非现金形式或实报实销形式取得的住房补贴、伙食补贴、搬迁费、洗衣费；

2. 外籍个人按合理标准取得的境内、境外出差补贴；

3. 外籍个人取得的语言训练费、子女教育费等，经当地税务机关审核批准为合理的部分；

4. 外籍个人从外商投资企业取得的股息、红利所得。

5. 凡符合下列条件之一的外籍专家取得的工资、薪金所得，可免征个人所得税：

（1）根据世界银行专项贷款协议，由世界银行直接派往我国工作的外国专家；

（2）联合国组织直接派往我国工作的专家；

（3）为联合国援助项目来华工作的专家；

（4）援助国派往我国专为该国援助项目工作的专家；

（5）根据两国政府签订的文化交流项目来华工作两年以内的文教专家，其工资、薪金所得由该国负担的；

（6）根据我国大专院校国际交流项目来华工作两年以内的文教专家，其工资、薪金所得由该国负担的；

（7）通过民间科研协定来华工作的专家，其工资、薪金所得由该国政府机构负担的。

6. 对由亚洲开发银行支付给我国公民或国民（包括为亚行执行任务的专家）的薪金和津贴，凡经亚洲开发银行确认这些人员为亚洲开发银行雇员或执行项目专家的，其取得的符合我国税法规定的有关薪金和津贴等报酬，应依《建立亚洲开发银行协定》的约定，免征个人所得税；

7. 个人举报、协查各种违法、犯罪行为而获得的奖金；

8. 个人办理代扣代缴手续，按规定取得的扣缴手续费；

9. 个人转让自用达5年以上、并且是唯一的家庭生活用房取得的所得；

10. 对个人购买福利彩票、赈灾彩票、体育彩票，一次中奖收入在1万元（含1万元）以下的，暂免征收个人所得税；

11. 达到离休、退休年龄，但确因工作需要，适当延长离休、退休年龄的高级专家（指享受过发放的政府特殊津贴的专家、学者），其在延长离休、退休期间的工资、薪金所得，视同离休、退休工资免征个人所得税；

12. 城镇企业事业单位及其职工个人按照《失业保险条例》规定的比例，实际缴付的事业保险费，均不计入职工个人当期的工资、薪金收入，免予征收个人所得税；

13. 个人因与用人单位解除劳动关系而取得的一次性补偿收入（包括用人单位发放的经济补偿金、生活补助费和其他补助费用），其收入在当地上年职工平均工资3倍数额以内的部分，免征个人所得税；超过的部分按照《国家税务总局关于个人因解除劳动合同取得经济补偿金征收个人所得税问题的通知》（国税发[1999]178号）的有关规定，计算征收个人所得税；

14. 个人取得的教育储蓄存款利息所得，免予征收个人所得税；自2008年10月9日(含)起，暂免征收储蓄存款利息所得税。

15. 下岗职工从事社区居民服务业，对其取得的经营所得和劳务报酬所得，从事个体经营的自其领取税务登记证之日起、从事独立劳务服务的自其持下岗证明在当地主管税务机关备案之日起，3年内免征个人所得税；但第一年免税期满后由县以上主管税务机关就免税主体及范围按规定逐项审核，符合条件的，可继续免征1至2年。

社区居民服务的界定及免税范围：

(1)家庭清洁服务；

(2)初级卫生保健服务；

(3)婴幼儿看护和教育服务；

(4)残疾儿童教育训练和寄托服务；

(5)养老服务；

(6)病人看护和幼儿、学生接送服务(不包括出租车接送)；

(7)避孕节育咨询；

(8)优生优育优教咨询。

16. 个人取得单张有奖发票奖金所得不超过800元(含800元)的，暂免征收个人所得税。

四、判别纳税人是否享受税收优惠的原则

纳税人享受减免个人所得税优惠政策时，是否须经税务机关审核或批准，按照以下原则执行：

1. 税收法律、行政法规、部门规章和规范性文件中未明确规定纳税人享受减免税必须经税务机关审批，且纳税人取得的所得完全符合减免税条件的，无须经主管税务机关审批，纳税人可自行享受减免税；

2. 税收法律、行政法规、部门规章和规范性文件中明确规定纳税人享受减免税必须经税务机关审批的，或者纳税人无法准确判断其取得的所得是否应享受个人所得税减免的，必须经主管税务机关按照有关规定审核或批准后，方可减免个人所得税；

3. 纳税人有“减税项目”规定情形之一的，必须经主管税务机关批准，方可减征个人所得税。

第四节　个人所得税应纳税额的计算

由于个人所得税采取分项计税的办法，每项个人收入的扣除范围和扣除标准不尽相同，应纳所得税额的计算方法存在差异。

一、工资、薪金所得的计税方法

1. 应纳税所得额的计算

工资、薪金所得实行按月计征的办法。因此，工资、薪金所得以个人每月收入额减除费用扣除标准后的余额为应纳税所得额。

(1)一般情况下，对工资、薪金所得以个人每月收入额固定减除费用扣除标准3 500元后的余额为应纳税所得额。其计算公式为：

应纳税所得额 = 月工资、薪金所得 - 3 500 元

(2)对在中国境内无住所而在中国境内取得工资、薪金所得的纳税人和在中国境内有住所而在中国境外取得工资、薪金所得的纳税人，税法根据其平均收入水平、生活水平以及汇率变化情况，确定其每月收入减除费用扣除标准3 500元后，再附加减除费用1 300元，余额即为其应纳税所得额。计算公式为：

应纳税所得额 = 月工资、薪金所得 - 3 500 元 - 1 300 元

附加减除费用所适用的具体范围是：

①在中国境内的外商投资企业和外国企业中工作的外籍人员；

②应聘在中国境内企业、事业单位、社会团体、国家机关中工作的外籍专家；

③在中国境内有住所而在中国境外任职或者受雇取得工资、薪金所得的个人；

④财政部确定的其他人员。

此外，附加减除费用也适用于香港、澳门、台湾同胞。

2. 应纳税额的一般计算

工资、薪金所得适用的税率是超额累进税率，因此，其应纳税额计算公式为：

应纳税额 = 应纳税所得额 × 适用税率 - 速算扣除数

【例7-1】在国内某公司任职的中国公民刘先生，2013年6月份从该公司取得工资收入5 000元。计算刘先生当月应缴纳的个人所得税。

【解析】

(1)当月应纳税所得额 = 5 000 - 3 500 = 1 500(元)

(2)当月应纳税额 = 1 500 × 3% = 45(元)

【例7-2】国内某公司的经理桑德先生是美国公民，2013年每月从该公司取得的工资收入8 000元。计算桑德先生2013年全年应缴纳的个人所得税。

【解析】

(1)每月应纳税所得额 = 8 000 - 3 500 - 1 300 = 3 200(元)

(2)每月应纳税额 = 3 200 × 10% - 105 = 215(元)

(3)全年应纳税额 = 215 × 12 = 2580(元)

3. 特殊规定与应纳税额的计算

(1)对个人取得全年一次性奖金等计算征收个人所得税的方法

全年一次性奖金是指行政机关、企事业单位等扣缴义务人根据其全年经济效益和对雇员全年工作业绩的综合考核情况，向雇员发放的一次性奖金。一次性奖金也包括年终加薪、实行年薪制和绩效工资办法的单位根据考核情况兑现的年薪和绩效工资。

《国家税务总局关于调整个人取得全年一次性奖金等计算征收个人所得税方法问题的通知》(国税发[2005]9号)规定，自2005年1月1日起，纳税人取得全年一次性奖金，单独作为一个月工资、薪金所得计算纳税，并按以下计税办法，由扣缴义务人发放时代扣代缴：

①先将雇员当月内取得的全年一次性奖金，除以12个月，按其商数确定适用税率和速算扣除数。

如果在发放年终一次性奖金的当月，雇员当月工资薪金所得低于税法规定的费用扣除额，应将全年一次性奖金减除“雇员当月工资薪金所得与费用扣除额的差额”后的余额，按上述办法确定全年一次性奖金的适用税率和速算扣除数。

②将雇员个人当月内取得的全年一次性奖金，按上述办法确定的适用税率和速算扣除数计算征税，计算公式如下：

如果雇员当月工资薪金所得高于（或等于）税法规定的费用扣除额的，适用公式为：

应纳税额 = 雇员当月取得全年一次性奖金 × 适用税率 - 速算扣除数

如果雇员当月工资薪金所得低于税法规定的费用扣除额的，适用公式为：

应纳税额 =（雇员当月取得一次性奖金 - 雇员当月工资薪金所得与费用扣除额 的差额）× 适用税率 - 速算扣除数

【例 7-3】张先生和刘先生同是国内某公司的员工。2012 年 12 月份，张先生的工资收入是 4 500 元，刘先生的工资是 3 000 元。当月，张先生取得全年一次性奖金 25 200 元，刘先生取得全年一次性奖金 8 900 元。计算张先生和刘先生 2012 年 12 月份所取得的全年一次性奖金应缴纳的个人所得税。

【解析】

①按 12 个月分摊，张先生每月的奖金 = 25 200 ÷ 12 = 2 100（元）

张先生所取得的全年一次性奖金适用的税率为 10%，适用的速算扣除数为 105。

②按 12 个月分摊，刘先生每月的奖金 = [8 900 -（3 500 - 3 000）] ÷ 12 = 700（元）

刘先生所取得的全年一次性奖金适用的税率为 3%，适用的速算扣除数为 0。

③张先生所取得的全年一次性奖金应缴纳个人所得税 = 25 200 × 10% - 105 = 2415（元）

④刘先生所取得的全年一次性奖金应缴纳个人所得税 = [8 900 -（3 500 - 3 000）] × 3% = 252（元）

（2）取得不含税全年一次性奖金收入计算征收个人所得税的方法

纳税人取得不含税全年一次性奖金收入的，其应缴纳的个人所得税按以下方法计算：

①按照不含税的全年一次性奖金收入除以 12 的商数，查找相应适用税率 A 和速算扣除数 A；

②含税的全年一次性奖金收入 =（不含税的全年一次性奖金收入 - 速算扣除数 A）÷（1 - 适用税率 A）；

③按含税的全年一次性奖金收入除以 12 的商数，重新查找适用税率 B 和速算扣除数 B；

④应纳税额 = 含税的全年一次性奖金收入 × 适用税率 B - 速算扣除数 B。

⑤如果纳税人取得不含税全年一次性奖金收入的当月工资薪金所得，低于税法规定的费用扣除额，应先将不含税全年一次性奖金减去当月工资薪金所得低于税法规定费用扣除额的差额部分后，再按照上述规定处理。

⑥根据企业所得税和个人所得税的现行规定，企业所得税的纳税人、个人独资和合伙企业、个体工商户为个人支付的个人所得税款，不得在所得税前扣除。

【例 7-4】中国公民谭某在国内某公司任职。2013 年每月工资均为 3 800 元，12 月 31 日取得不含税全年一次性奖金 14 400 元。计算谭某取得的不含税全年一次性奖金应缴纳的个人所得税。

【解析】

（1）按 12 月分摊后，谭某取得的每月的不含税奖金 = 14 400 ÷ 12 = 1 200（元）

其适用的税率为 3%，适用的速算扣除数为 0。

（2）谭某取得含税的全年一次性奖金收入 =（14 400 - 25）÷（1 - 3%）= 14 845.36（元）

(3)按 12 月分摊，谭某取得的每月含税奖金 = 14 845.36 ÷ 12 = 1237.11(元)

其适用的税率为 3%，适用的速算扣除数为 0。

(4)谭某取得不含税的全年一次性奖金应缴纳个人所得税 = 14 400 × 3% − 0 = 432(元)

(3)雇主为其雇员负担个人所得税额的计算

在实际工作中，有的雇主(单位或个人)常常为纳税人负担税款，即支付给纳税人的报酬(包括工资、薪金、劳务报酬所得)是不含税的净所得或称为税后所得，纳税人的应纳税额由雇主代为缴纳。这种情况下，应该先将纳税人的不含税收入换算成为应纳税所得额，即含税收入，再计算应纳税额。具体分为三种情况：

①雇主全额为雇员负担税款。此时，应将雇员取得的不含税收入换算成应纳税所得额后，计算雇主应当代付的税款。计算方法为：

第一步：根据工资、薪金不含税收入适用税率表(见表 7 − 1)，确定该不含税收入所适用的税率 A 和速算扣除数 A。

第二步：将该不含税收入转换为应纳税所得额：

应纳税所得额 = (不含税收入额 − 费用扣除标准 − 速算扣除数 A) ÷ (1 − 税率 A)

第三步：根据含税的工资、薪金所得税率表(见表 7 − 1)，确定该应纳税所得额适用的税率 B 和速算扣除数 B。

第四步：计算雇主应当代付的税款：

应纳税额 = 应纳税所得额 × 税率 B − 速算扣除数 B

【例 7 − 5】境内某公司代其雇员(中国居民)缴纳个人所得税。2013 年 4 月支付给陈某的不含税工资为 4 000 元人民币。计算该公司为陈某代付的个人所得税。

【解析】

(1)陈某不含税收入所适用的税率为 10%，适用的速算扣除数为 105。

(2)陈某 4 月份的应纳税所得额为：

(4 000 − 3 500 − 105) ÷ (1 − 10%) = 438289(元)

(3)陈某 4 月份含税的应纳税所得额所适用的税率为 3%，适用的速算扣除数为 0。

(4)该公司 4 月份应代付的个人所得税额：

438.89 × 3% − 0 = 13.17(元)

②雇主为其雇员负担部分税款。雇主为其雇员负担部分税款，又可分为定额负担部分税款和定率负担部分税款两种情况。

第一种情况：雇主为其雇员定额负担部分税款，是指雇主代雇员缴纳应纳税款中的一部分，且这部分的应纳税款是固定数额。雇主为其雇员定额负担部分税款的，应将雇员取得的工资、薪金所得换算成应纳税所得额后，计算雇主应当代扣代缴的税款。计算方法为：

第一步：先将雇员取得的工资转换成应纳税所得额：

应纳税所得额 = 雇员取得的工资 + 雇主代雇员负担的税款 − 费用扣除标准

第二步：根据含税的工资、薪金所得税率表(见表 7 − 1)，确定应纳税所得额适用的税率和速算扣除数；

第三步：计算雇主代扣代缴的个人所得税应纳税额：

应纳税额 = 应纳税所得额 × 适用税率 − 速算扣除数

【例 7 − 6】国内某公司的员工李先生是中国居民。2013 年 4 月李某从该公司取得当月工资收入5 600元，公司代李某负担个人所得税税款100元。计算李某当月取得的工资收入应缴纳的个人所得税。

【解析】

(1)李某当月工资收入的应纳税所得额=5 600+100-3 500=2 200(元)

(2)李某当月应纳税所得额所适用的税率为10%，速算扣除数为105。

(3)李某当月工资收入的应纳税款=2 200×10%-105=115(元)

第二种情况:雇主为其雇员定率负担部分税款，是指雇主为雇员负担一定比例的工资应纳的税款或负担一定比例的实际应纳税款。计算方法为:

第一步:根据不含税收入适用税率表(见表7-1)，确定未含雇主负担的税款的收入额所适用的税率A和速算扣除数A。

第一步:将未含雇主负担的税款的收入额转换为应纳税所得额:

应纳税所得额=(未含雇主负担的税款的收入额-费用扣除标准-速算扣除数A×负担比例)÷(1-税率A×负担比例)

第二步:根据含税的工资、薪金所得税率表(见表7-1)，确定应纳税所得额适用的税率B和速算扣除数B。

第三步:计算雇主代扣代缴的应纳税额:

应纳税额=应纳税所得额×适用税率B-速算扣除数B

【例7-7】某外商投资企业雇员桑思先生是美国居民。2013年4月桑思先生的工资收入为12 000元，雇主负担其工资所得30%部分的税款。计算桑思先生当月应缴纳的个人所得税。

【解析】

(1)根据不含税收入适用税率表，桑思先生未含雇主负担的税款的收入额适用的税率为25%，速算扣除数为1005。

(2)桑思先生当月的应纳税所得额

=(12 000-3 500-1 300-1005×30%)÷(1-25%×30%) = 7 457.84(元)

(3)根据含税的工资、薪金所得税率表，桑思先生当月应纳税所得额适用的税率为20%，速算扣除数为555。

(4)桑思先生当月的应纳税额为=7 457.84×20%-555=936.57(元)

(4)个人取得不满一个月的工资、薪金所得应纳税额的计算

在中国境内无住所的个人，凡在中国境内居住不满一个月，并仅就不满一个月期间的工资、薪金所得申报纳税的，均应按全月工资、薪金所得为依据计算实际应纳税额。计算公式为:

应纳税额=(当月工资、薪金应纳税所得额×适用税率-速算扣除数)×当月实际在中国境内的天数÷当月天数

如果属于上述情况的个人取得的是日工资、薪金，应以日工资、薪金乘以当月天数换成月工资、薪金后，再按上述公式计算应纳税额。

【例7-8】美国某公司派其雇员桑德先生来我国某企业安装、调试电器生产线。桑德先生于2013年1月1日来华，工作时间为10个月，但其中10月份仅在中国居住20天。其工资由美方企业支付，月工资折合人民币31 000元。计算桑德先生10月份在我国应缴纳的个人

所得税。

【解析】

(1)应纳税所得额 = 31 000 - 3 500 - 1 300 = 26 200(元)

(2)应纳税额为 = (26 200 × 25% - 1 005) × 20 ÷ 31 = 3 577.42(元)

假如本例题中桑德先生领取的是日工资，即日工资折合人民币 1 000 元，则桑德先生 10 月份取得工资收入 20 000 元。计算桑德先生 10 月份应缴纳的个人所得税。

【解析】

(1)桑德先生 10 月份的月工资收入 = 1 000 × 31 = 31 000(元)

(2)当月的应纳税所得额 = 31 000 - 3 500 - 1 300 = 26 200(元)

(3)当月应纳税额 = (26 200 × 25% - 1 005) × 20 ÷ 31 = 3577.42(元)

二、个体工商户的生产、经营所得的计税方法

对个体工商户的生产、经营所得征收个人所得税时，实行的是查账征收和定期定额征收两种方法。

查账征收适用于达到《个体工商户建账管理暂行办法》规定设置账簿标准、账目清晰、凭证资料齐全的个体工商户；定期定额征收适用于达不到《个体工商户建账管理暂行办法》规定设置账簿标准的个体工商户，或者虽设置账簿，但账目混乱或成本资料、收入凭证、费用凭证残缺不全，难以查账的个体工商户。

下面我们以查账征收为例，讲述如何计算个体工商户的生产、经营所得应纳税额。

1. 应纳税所得额的计算

对于实行查账征收的个体工商户，其生产、经营所得或应纳税所得额是每一纳税年度的收入总额，减除成本、费用以及损失后的余额。计算公式为：

应纳税所得额 = 收入总额 - (成本 + 费用 + 损失 + 准予扣除的税金)

(1)收入总额 个体工商户的收入总额是指个体工商户从事生产、经营以及与生产、经营有关的活动所取得的各项收入，包括商品(产品)销售收入、营运收入、劳务服务收入、工程价款收入、财产出租或转让收入、利息收入、其他收入和营业外收入。

(2)准予扣除的项目 在计算应纳税所得额时，准予从收入总额中扣除的项目包括成本、费用、损失和准予扣除的税金。

①成本、费用，是指个体工商户从事生产、经营所发生的各项直接支出和分配计入成本的间接费用以及销售费用、管理费用、财务费用；

②损失，是指个体工商户在生产、经营过程中发生的各项营业外支出。包括：固定资产盘亏、报废、毁损和出售的净损失，自然灾害或意外事故损失，公益救济捐赠，赔偿金，违约金等。

③税金，是指个体工商户按规定缴纳的消费税、营业税、城市维护建设税、资源税、土地使用税、土地增值税、房产税、车船使用税、印花税、耕地占用税，以及教育费附加。

纳税人不能提供有关的收入、成本、费用、损失等的完整、准确的纳税资料，不能正确计算应纳税所得额的，应由主管税务机关核定其应纳税所得额。

(3)准予在所得税前列支的其他项目及列支标准 其他准予在所得税前列支的项目包括：

①个体工商户在生产经营中的借款利息支出，未超过中国人民银行规定的同类、同期贷

款利率计算的数额部分，准予扣除；

②个体工商户发生的与生产经营有关的财产保险、运输保险以及从业人员的养老、医疗保险及其他保险费用支出，按国家有关规定的标准计算扣除；

③个体工商户发生的与生产经营有关的修理费用，可以据实扣除。修理费用发生不均衡或数额较大的，应分期扣除；

④个体工商户在生产经营中租入固定资产而支付的费用，其扣除分两种情况处理：以融资租赁方式租入固定资产而发生的租赁费，应计入固定资产价值，不得直接扣除；如果以经营租赁方式租入固定资产而发生的租赁费，可以据实扣除；

⑤个体工商户发生的与生产经营有关的业务招待费，由其提供合法的凭证或单据，竟主管税务机关审核后，在其收入总额的5‰以内据实扣除；

⑥个体工商户将其所得通过中国境内的社会团体、国家机关向教育和其他社会公益事业以及遭受严重自然灾害地区、贫困地区的捐赠，捐赠额不超过其应纳税所得额 30% 的部分可以据实扣除。纳税人直接给受益人的捐赠不得扣除；

⑦个体工商户在生产经营过程中发生的与家庭生活混用的费用，由主管税务机关核定分摊比例，据此计算确定的属于生产经营过程中发生的费用，准予扣除；

⑧个体工商户的年度经营亏损，经申报主管税务机关审核后，允许用下一年度的经营所得弥补。下一年度所得不足弥补的，允许逐年延续弥补，但最长不得超过 5 年；

⑨自 2011 年 9 月 1 日起，个体工商户业主、个人独资企业和合伙企业投资者本人的费用扣除标准为每月 3 500 元。

（4）不得在所得税前列支的项目 按照《个人所得税法》及其《实施细则》的规定，以下项目不得在税前列支：

①资本性支出，包括：为购置和建造固定资产、无形资产以及其他资产的支出，对外投资的支出；

②被没收的财务、支付的罚款；

③缴纳的个人所得税、税收滞纳金、罚金和罚款；

④各种赞助支出；

⑤自然灾害或者意外事故损失有赔偿的部分；

⑥分配给投资者的股利；

⑦用于个人和家庭的支出；

⑧个体工商户业主的工资支出；

⑨与生产经营无关的其他支出；

⑩国家税务总局规定不准扣除的其他支出。

个人独资企业、合伙企业投资者的经营所得比照“个体工商户的生产、经营所得”项目征收个人所得税，其生产、经营所得的应纳税所得额计算比照个体工商户的生产、经营所得的计算方法确定，但部分项目和标准按有关规定执行。

2. 应纳税额的计算

个体工商户的生产、经营所得适用五级超额累进税率，以其应纳税所得额按适用的税率和速算扣除数计算应纳税额。其计算公式为：

应纳税额 = 应纳税所得额 × 适用税率 − 速算扣除数

在实际工作中，个体工商户生产、经营所得的应纳税额实行按年计算、分月或分季预缴、年终汇算清缴、多退少补的方法，因此需要分别计算按月预缴税额和年终汇算清缴税额。

本月应预缴税额 = 本月累计应纳税所得额 × 适用税率 − 速算扣除数 − 上月累计已预缴税额

全年应纳税额 = 全年应纳税所得额 × 适用税率 − 速算扣除数

汇算清缴税额 = 全年应纳税额 − 全年累计已预缴税额

【例 7 −9】某酒家系个体工商户，账证齐全。2012 年 7 月取得营业额为 120 000 元，购进肉、菜、蛋、大米等原料费为 60 000 元，缴纳电费、水费、房租、煤气等 15 000 元，缴纳其他税费合计 6 600 元。当月支付给 4 名雇员工资共 2 000 元（当地税务机关确定雇员月计税工资标准 600 元，业主个人费用扣除 1 600 元）。1 ~6 月累计应纳税所得额为 55 600 元，1 ~6 月已累计预缴个人所得税 14 397.5 元。计算该个体业户 7 月份应缴纳的个人所得税。

【解析】

（1）7 月份应纳税所得额 = 120 000 − 60 000 − 15 000 − 6 600 − 2 000 − 3 500
= 32 900（元）

（2）1 ~7 月份累计应纳税所得额 = 55 600 + 32 900 = 88 500（元）

（3）7 月份应纳个人所得税 = 88 500 × 30% − 9 750 − 14 397.5 = 2402.5（元）

3. 个体工商户个人所得税的定期定额征收

个体工商户个人所得税的定期定额征收，是指税务机关依照法律、行政法规及本办法的规定，对个体工商户在一定经营地点、一定经营时期、一定经营范围内的应纳税所得额（以下简称定额）进行核定，并以此为计税依据，确定其应纳税额的一种征收方式。

（1）核定应纳税所得额的方法 税务机关应当根据定期定额户的经营规模、经营区域、经营内容、行业特点、管理水平等因素核定定额，可以采用下列一种或两种以上的方法核定：

①按照耗用的原材料、燃料、动力等推算或者测算核定；

②按照成本加合理的费用和利润的方法核定；

③按照盘点库存情况推算或者测算核定；

④按照发票和相关凭据核定；

⑤按照银行经营账户资金往来情况测算核定；

⑥参照同类行业或类似行业中同规模、同区域纳税人的生产、经营情况核定；

⑦按照其他合理方法核定。

（2）税务机关核定定额的程序 税务机关核定定额按以下程序进行：

①自行申报。定期定额户要按照税务机关规定的申报期限、申报内容向主管税务机关申报，填写有关申报文书。申报内容应包括经营行业、营业面积、雇佣人数和每月所得额以及税务机关需要的其他申报项目。本项所称所得额为预估数。

②核定定额。主管税务机关根据定期定额户自行申报情况，参考典型调查结果，按照规定的核定方法核定定额，并计算应纳税额。

③定额公示。主管税务机关应当将核定定额的初步结果进行公示，公示期限为五个工作日。公示地点、范围、形式应当按照便于定期定额户及社会各界了解、监督的原则，由主管税务机关确定。

④上级核准。主管税务机关根据公示意见结果修改定额，并将核定情况报经县以上税务机关审核批准后，填制《核定定额通知书》。

⑤下达定额。将《核定定额通知书》送达定期定额户执行。

⑥公布定额。主管税务机关将最终确定的定额和应纳税额情况在原公示范围内进行公布。

（3）定期定额户发生下列情形，应当向税务机关办理相关纳税事宜：

①定额与发票开具金额或税控收款机记录数据比对后，超过定额的所得额所应缴纳的税款；

②在税务机关核定定额的经营地点以外从事经营活动所应缴纳的税款。

三、对企事业单位的承包、承租经营所得的计税方法

1. 应纳税所得额的计算

对企事业单位的承包、承租经营所得是以每一纳税年度的收入总额，减除必要费用后的余额，为应纳税所得额。其中，“收入总额”是指纳税人按照承包、承租经营合同规定分得的经营利润和工资、薪金性质的所得。“减除必要费用”是指按月减除 3 500 元，实际减除的是相当于个人的生计及其他费用。其计算公式为：

应纳税所得额 = 个人承包、承租经营收入总额 − 每月 3 500 元

2. 应纳税额的计算

对企事业单位的承包、承租经营所得适用五级超额累进税率，以其应纳税所得额按适用税率和速算扣除数计算应纳税额。其计算公式为：

应纳税额 = 应纳税所得额 × 适用税率 − 速算扣除数

【例 7－10】张某 2013 年承包某商店，承包期限为一年，取得承包经营所得为 56 000 元。此外，张某还每月从商店领取工资 3 200 元。计算张某全年应缴纳个人所得税。

【解析】

（1）张某全年的应纳税所得额为 =（56 000 + 3 200 × 12）− 3 500 × 12 = 51 200（元）

（2）张某全年应纳税所得额适用的税率为 20%，速算扣除数为 3 750

（3）张某全年应缴纳的税额为 = 51 200 × 20% − 3 750 = 6 490（元）

3. 特殊规定与应纳税额的计算

（1）一个纳税年度内分次取得承包、承租经营所得的税款计算 纳税人在一个纳税年度内分次取得承包、承租经营所得，应在每次分得承包、承租经营所得后，先行预缴税款，年终汇算清缴，多退少补。

（2）一个纳税年度内承包、承租不足 12 个月的税款计算 纳税人承包、承租期不足一年的，以其实际承包、承租经营的期限为一个纳税年度计算应纳税额。其计算公式为：

应纳税所得额 = 该年度承包、承租经营收入额 −（3 500 × 该年度实际承包、承租经营月份数）

应纳税额 = 应纳税所得额 × 适用税率 − 速算扣除数

四、劳务报酬所得的计税方法

1. 应纳税所得额的计算

劳务报酬所得以纳税人每次取得的收入，定额或定率减除规定费用后的余额为应纳税所得额。

（1）减除费用的标准 每次收入不超过 4 000 元的，定额减除费用为 800 元；每次收入在 4 000 元以上的，定率减除 20% 的费用。其计算公式为：

①每次收入不超过 4 000 元的：

应纳税所得额 = 每次收入额 − 800 元

②每次收入在 4 000 元以上的：

应纳税所得额 = 每次收入额 ×（1 − 20%）

（2）每次收入的含义 劳务报酬所得“每次收入”是指：属于一次性收入的，以取得该项收入为一次；凡属于同一项目连续性收入的，以一个月内取得的收入为一次。

获得劳务报酬所得的纳税人从其收入中支付给中介人和相关人员的报酬，除另有规定者外，在定率扣除 20% 的费用后，一律不再扣除。对中介人和相关人员取得的报酬，应分别计征个人所得税。

2. 应纳税额的计算

（1）一般计算方法 劳务报酬所得适用 20% 的比例税率，其应纳税额的计算公式为：

应纳税额 = 应纳税所得额 × 适用税率

对于一次收入畸高的，实行加成征收：

①应纳税所得额超过 2 万元到 5 万元的部分，加征五成。即

应纳税额 = 应纳税所得额 ×20% +（应纳税所得额 −20 000）×20% ×50%

②应纳税所得额超过 5 万元的部分，加征十成。即：

应纳税额 = 应纳税所得额 ×20% +（50 000 −20 000）×20% ×50% +（应纳税所得额 − 50 000）×20% ×100%

（2）采用超额累进税率计算方法

对劳务报酬一次性收入畸高的，实行加成征收，实际上形成了三级超额累进税率。其计算公式为：

应纳税额 = 应纳税所得额 × 适用税率 − 速算扣除数

【例 7 − 11】王某于 2013 年 7 月为某公司提供咨询服务，一次取得劳务报酬 60 000 元。计算王某应缴纳的个人所得税。

【解析】

（1）用一般方法计算：

①王某取得的应纳税所得额为 =60 000 ×（1 −20%）=48 000（元）

②未加成征收的应纳税额 =48 000 ×20% =9 600（元）

③加成征收部分的应纳税额 =（48 000 −20 000）×20% ×50% =2 800（元）

④王某应缴纳的个人所得税 =9 600 +2 800 =12 400（元）

（2）采用超额累进税率计算方法：

①王某取得的应纳税所得额 =60 000 ×（1 −20%）=48 000（元）

②王某应缴纳的个人所得税 =48 000 ×30% −2 000 =12 400（元）

五、稿酬所得的计税方法

1. 应纳税所得额的计算

稿酬所得以纳税人每次取得的收入，定额或定率减除规定费用后的余额为应纳税所得额。

（1）减除费用标准 每次收入不超过 4 000 元的，定额减除费用 800 元；每次收入在 4 000 元以上的，定率减除 20% 的费用。计算公式为：

①每次收入不超过 4 000 元的：

应纳税所得额 = 每次收入额 - 800 元

②每次收入超过 4 000 元的:

应纳税所得额 = 每次收入额 ×(1 - 20%)

(2)每次收入的含义

所谓“每次收入”，是指以每次出版、发表作品取得的收入为一次，确定应纳税所得额。具体规定如下:

①个人每次以图书、报刊方式出版、发表同一作品，不论出版单位是预付还是分笔支付稿酬，或者加印作品后再付稿酬，均应合并为一次征税;

②在两处或两处以上出版、发表或再版同一作品而取得的稿酬，则可以分别各处取得的所得或再版所得分次征税;

③个人的同一作品在报刊上连载，应合并其因连载而取得的所得为一次。连载之后又出书取得稿酬的，或先出书后连载取得稿酬的，应视同再版稿酬分次征税;

④作者去世后，对取得其遗作稿酬的个人，按稿酬所得征税。

2. 应纳税额的计算

稿酬所得适用 20% 的比例税率，并按规定对应纳税额减征 30%，即实际只缴纳应纳税额的 70%。其计算公式为:

应纳税额 = 应纳税所得额 ×20% ×(1 - 30%)

【例 7 - 12】某教授 2013 年 3 月因其编著的教材出版，获得稿酬 10 000 元。计算该教授应缴纳的个人所得税。

【解析】

(1)该教授的应纳税所得额 = 10 000 ×(1 - 20%) = 8 000(元)

(2)该教授应缴纳的个人所得税 = 8 000 ×20% ×(1 - 30%) = 1 120(元)

六、特许权使用费所得的计税方法

1. 应纳税所得额的计算

特许权使用费所得以纳税人每次取得的收入，定额或定率减除规定费用后的余额为应纳税所得额。

(1)减除费用标准 每次收入不超过 4 000 元的，定额减除费用 800 元;每次收入在 4 000 元以上的，定率减除 20% 的费用。其计算公式为:

①每次收入不超过 4 000 元的:

应纳税所得额 = 每次收入额 - 800 元

②每次收入在 4 000 元以上的:

应纳税所得额 = 每次收入额 ×(1 - 20%)

(2)每次收入的含义

特许权使用费所得“每次收入”是指一项特许权的一次许可使用所取得的收入。

纳税人采用同一合同转让一项特许权分期取得收入的，应合并为一次收入计算应纳税额。

2. 应纳税额的计算

特许权使用费所得适用 20% 的比例税率。其应纳税额的计算公式为:

应纳税额 = 应纳税所得额 × 适用税率

七、利息、股息、红利所得的计税方法

1. 应纳税所得额的计算

(1)利息、股息、红利所得以纳税人每次取得的收入额为应纳税所得额，不得从收入额中扣除任何费用。

“每次收入”是指支付单位或个人每次支付利息、股息、红利时，纳税人所取得的收入。对于股份制企业在分配股息、红利时，以股票形式向股东个人支付应得的股息、红利(即派发红股)，应以派发红股的股票票面金额为收入额，计算征收个人所得税。

(2)对个人投资者从上市公司取得的股息红利所得，自 2005 年 6 月 13 日起，暂减按 50% 计入个人应纳税所得额，依照现行税法规定计算征收个人所得税。

(3)对证券投资基金从上市公司分配取得的股息红利所得，扣缴义务人在代扣代缴个人所得税时，减按 50% 计算应纳税所得额。

2. 应纳税额的计算

(1)储蓄存款利息所得应纳税额的计算

储蓄存款利息所得适用 20% 的比例税率。自 2007 年 8 月 15 日起，对储蓄存款利息所得征收个人所得税时，减按 5% 的比例税率计算征收。自 2008 年 10 月 9 日起,暂免征收储蓄存款利息所得税。即：

储蓄存款在 1999 年 10 月 31 日前孳生的利息所得，不征收个人所得税；储蓄存款在 1999 年 11 月 1 日至 2007 年 8 月 14 日孳生的利息所得，按照 20% 的比例税率征收个人所得税；储蓄存款在 2007 年 8 月 15 日后孳生的利息所得，按照 5% 的比例税率征收个人所得税；储蓄存款在 2008 年 10 月 9 日后兹生的利息所得暂免征收个人所得税。

其应纳税额的计算公式为：

应纳税额 = 应纳税所得额 × 适用税率

(2)股息、红利及其他利息所得应纳税额的计算

股息、红利及其他利息所得适用 20% 的比例税率。其应纳税额的计算公式为：

应纳税额 = 应纳税所得额 × 适用税率

八、财产租赁所得的计税方法

1. 应纳税所得额的计算

财产租赁所得一般以纳税人每次取得的收入，定额或定率减除规定费用后的余额为应纳税所得额。每次收入不超过 4 000 元的，定额减除费用 800 元；每次收入在 4 000 元以上，定率减除 20% 的费用。财产租赁所得以一个月内取得的收入为一次。

在确定财产租赁的应纳税所得额时，纳税人在出租财产过程中缴纳的税金和教育费附加，可持完税(缴款)凭证，从其财产租赁收入中扣除。准予扣除的项目除了规定费用和有关税、费外，还准予扣除能够提供有效、准确凭证，证明由纳税人负担的该出租财产实际开支的修缮费用。允许扣除的修缮费用，以每次 800 元为限。一次扣除不完的，准予在下一次继续扣除，直到扣完为止。

个人出租财产取得的财产租赁收入，在计算缴纳个人所得税时，应依次扣除以下费用：

(1)财产租赁过程中缴纳的税费；

(2)由纳税人负担的该出租财产实际开支的修缮费用；

(3)税法规定的费用扣除标准。

财产租赁所得应纳税所得额的计算公式为：

每次(月)收入不超过4 000元的：

应纳税所得额 = 每次(月)收入额 - 准予扣除项目 - 修缮费用(800元为限) - 800元

每次(月)收入在4 000元以上的：

应纳税所得额 = [每次(月)收入额 - 准予扣除项目 - 修缮费用(800元为限)] × (1 - 20%)

2. 应纳税额的计算

财产租赁所得适用20%的比例税率。其应纳税额的计算公式为：

应纳税额 = 应纳税所得额 × 适用税率

3. 特殊规定及其应纳税额的计算

自2001年1月1日起，对个人按市场价格出租的居民住房取得的所得，暂减按10%的税率征收个人所得税。

【例7-13】王某于2013年1月将其自有住房一套对外出租，租期1年。王某每月取得租金收入2 000元。在2013年8月份发生维修费用1 500元，由王某承担，并有相关票据。计算王某全年租金收入应缴纳的个人所得税。

【解析】

(1)王某1月份至7月份以及10月份至12月份期间，每月取得的应纳税所得额 = 2 000 - 800 = 1 200(元)

王某每月的应纳税额 = 1 200 × 10% = 120(元)

(2)王某8月份的应纳税所得额 = 2 000 - 800 - 800 = 400(元)

8月份的应纳税额为：

400 × 10% = 40(元)

(3)王某9月份的应纳税所得额 = 2 000 - 800 - (1 500 - 800) = 500(元)

9月份的应纳税额 = 500 × 10% = 50(元)

(4)王某全年应缴纳个人所得税 = 120 × 10 + 40 + 50 = 1 290(元)

九、财产转让所得的计税方法

1. 应纳税所得额的计算

财产转让所得是以纳税人每次转让财产取得的收入额减除财产原值和相关税、费后的余额为应纳税所得额。其中，“每次”是指以一件财产的所有权一次转让取得的收入为一次。其应纳税所得额的计算公式为：

应纳税所得额 = 每次收入额 - 财产原值 - 合理费用

(1)财产原值的确定《个人所得税法》及其《实施细则》对财产原值规定如下：

①有价证券的原值为买入价以及买入时按规定缴纳的有关费用；

②建筑物原值为建造费或购进价格以及其他有关费用；

③土地使用权原值为取得土地使用权所支付的金额、开发土地的费用以及其他有关税费；

④机器设备、车船原值为购进价格、运输费、安装费，以及其他有关费用；

⑤其他财产原值参照以上方法确定。

如果纳税人未提供完整、准确的财产原值凭证，不能正确计算财产原值，由主管税务机关核定其财产原值。

(2)合理费用的扣除 所谓“合理费用”，是指卖出财产时按照规定支付的有关费用。

(3)个人因购买和处置债权取得所得征收个人所得税 根据《个人所得税法》及有关规定，个人通过招标、竞拍或其他方式购置债权以后，通过相关司法或行政程序主张债权而取得的所得，应按照“财产转让所得”项目缴纳个人所得税。个人通过上述方式取得“打包”债权，只处置部分债权的，其应纳税所得额按以下方式确定：

①以每次处置部分债权的所得，作为一次财产转让所得征税；

②其应税收入按照个人取得的货币资产和非货币资产的评估价值或市场价值的合计数确定；

③所处置债权成本费用(即财产原值)，按下列公式计算：

当次处置债权成本费用 = 个人购置“打包”债权实际支出 × 当次处置债权账面价值(或拍卖机构公布价值) ÷ “打包”债权账面价值(或拍卖机构公布价值)

④个人购买和处置债权过程中发生的拍卖招标手续费、诉讼费、审计评估费以及缴纳的税金等合理税费，在计算个人所得税时允许扣除。

2. 应纳税额的计算

财产转让所得适用20%的比例税率。其应纳税额的计算公式为：

应纳税额 = 应纳税所得额 × 适用税率

十、偶然所得和其他所得的计税方法

1. 应纳税所得额的计算

偶然所得和其他所得以纳税人每次取得的收入额为应纳税所得额，不扣除任何费用。除有特殊规定外，每次收入额就是应纳税所得额，以每次取得该项收入为一次。

2. 应纳税额的计算

偶然所得适用20%的比例税率。其应纳税额的计算公式为：

应纳税额 = 应纳税所得额 × 适用税率

十一、个人所得税的特殊计税方法

1. 扣除捐赠款的计税方法

税法规定，个人将其所得对教育事业和其他公益事业捐赠的部分，允许从应纳税所得额中扣除。上述捐赠是指个人将其所得通过中国境内的社会团体、国家机关向教育和其他社会公益事业以及遭受严重自然灾害地区、贫困地区的捐赠。

捐赠额的扣除以不超过纳税人申报应纳税所得额的30%为限。计算公式为：

捐赠限额 = 申报的应纳税所得额 × 30%

如果实际捐赠额小于捐赠限额，按实际捐赠额扣除；如果实际捐赠额大于捐赠限额，只能按捐赠限额扣除。

此外，对个人通过上述机构、团体向红十字事业、公益性青少年活动场所、农村义务教育和福利性、非营利性的老年服务机构捐赠的，准予在计算应纳税所得额时全额扣除。

【例7－13】某著名演员参加某单位举办的演出，取得报酬50 000元，将其中的30 000元通过当地教育部门捐赠给某希望小学。计算该演员取得的演出报酬应缴纳的个人所得税。

【解析】

(1)该演员未扣除捐赠的应纳税所得额 =50 000 ×(1 -20%)=40 000(元)

(2)允许扣除的捐赠限额 =40 000 ×30% =12 000(元)

由于实际捐赠额大于允许扣除的捐赠限额，故只能按捐赠限额扣除。

(3)该演员应缴纳的个人所得税税额 =(40 000 -12 000)×30% -2 000 =6 400(元)

2. 境外缴纳税额抵免的计税方法

《个人所得税法》规定，纳税人从中国境外取得的所得，准予其在应纳税额中扣除已在境外实缴的个人所得税税额，但扣除额不得超过该纳税人境外所得依照我国个人所得税法规定计算的应纳税额。具体规定为：

(1)已在境外缴纳的个人所得税税额是指纳税人从中国境外取得的所得，依照该所得来源国家或地区的法律规定应当缴纳并且实际已缴纳的税额。

(2)抵免限额的计算方法 准予抵免的已在境外缴纳的税额最多不能超过境外所得按我国税法计算的抵免限额。

我国个人所得税的抵免限额采用分国限额法。即分别来自不同国家或地区和不同应税项目，依照我国税法规定的费用减除标准和适用税率计算抵免限额。对于同一国家或地区的不同应税项目，以其各项的抵免限额之和作为来自该国或该地区所得的抵免限额。

(3)允许抵免额的规定 如果纳税人在境外的所得实际已缴纳的个人所得税税额，低于或等于该所得按照我国税法所计算的应纳税额，则按境外实际缴纳的所得税税额予以抵免;如果纳税人某一纳税年度发生实缴境外税额超过抵免限额时，其超过限额部分不允许在该纳税年度应纳税额中扣除，但可以在以后纳税年度仍来自该国家或地区的不足限额，即实缴境外税额低于抵免限额的部分中补扣。补扣期最长不得超过 5 年。

3. 两人或两人以上共同取得同一项目收入的计税方法

两人或两人以上共同取得同一项目收入的，应当对每个人取得的收入分别按照税法规定减除费用后计算纳税。即实行“先分、后扣、再税”的办法。

4. 外币所得折合成人民币的计税规定

计征个人所得税的各项应税所得，以人民币为单位。所得为外国货币的，应当按照填开完税凭证的上月最后一日中国人民银行公布的外汇牌价，折合成人民币计算应纳税所得额和应纳税额。

第五节 个人所得税的纳税申报与税款缴纳

一、个人所得税的征收方法

我国的个人所得税，采取由支付单位源泉扣缴和纳税人自行申报纳税两种征收方法。

1. 支付单位源泉扣缴方法

个人所得税以取得应纳税所得的个人为纳税义务人，以支付所得的单位或者个人为扣缴义务人。

扣缴义务人在向个人支付下列所得时，应代扣代缴个人所得税：

（1）工资、薪金所得；
（2）对企事业单位的承包、承租经营所得；
（3）劳务报酬所得；
（4）稿酬所得；
（5）特许权使用费所得；
（6）利息、股息、红利所得；
（7）财产租赁所得；
（8）财产转让所得；
（9）偶然所得；
（10）经国务院财政部门确定征税的其他所得。

扣缴义务人在向个人支付应纳税所得（包括现金支付、汇拨支付、转账支付和以有价证券、实物以及其他形式支付）时，不论纳税人是否属于本单位人员，均应代扣代缴其应纳的个人所得税税款。扣缴义务人依法履行代扣代缴义务，纳税人不得拒绝。

2. 自行申报纳税方法

税法规定，凡有下列情形之一的，纳税人必须自行向税务机关申报所得并缴纳税款：
（1）年所得 12 万元以上的；
（2）在两处或两处以上取得工资、薪金所得的；
（3）从中国境外取得所得的；
（4）取得应纳税所得，没有扣缴义务人的，如个体工商户从事生产、经营的所得；
（5）国务院规定的其他情形。

年所得 12 万元以上的纳税人（不包括在中国境内无住所，且在中国境内居住不满 1 年的个人），无论取得的各项所得是否已足额缴纳了个人所得税，均应于纳税年度终了后 3 个月内向主管税务机关办理纳税申报。

从中国境外取得所得的纳税人，是指在中国境内有住所，或者无住所而在一个纳税年度中在中国境内居住满 1 年的个人。

二、个人所得税的纳税期限

个人所得税的扣缴义务人和自行申报纳税人，必须按税法规定的期限向税务机关进行纳税申报和缴纳税款。扣缴义务人每月所扣的税款，自行申报纳税人每月应纳税款，都应当在次月 7 日内缴入国库，并向税务机关报送纳税申报表。

工资、薪金所得的应纳税款，按月计征，由扣缴义务人或者纳税人在次月 7 日内缴入国库，并向税务机关报送纳税申报表。对采掘业、远洋运输业、远洋捕捞业等特定行业的工资、薪金所得应纳的税款，可实行按年计算、分月预缴的方式计征，自年度终了之日起 30 日内，合计其全年工资、薪金所得，再按 12 个月平均并计算实际应纳税额，多退少补。

个体工商户的生产、经营所得应纳的税款，按年计算，分月预缴，由纳税人在次月 7 日内预缴，年度终了后 3 个月内汇算清缴，多退少补。

对企事业单位的承包、承租经营所得应缴纳的税款，按年计算，由纳税义务人在年度终了后 30 日内缴入国库，并向税务机关报送纳税申报表。纳税义务人在一年内分次取得承包、承租经营所得的，应当在取得每次所得后的 7 日内预缴，年度终了后 3 个月内汇算清缴，多退少补。

从中国境外取得所得的纳税人，应当在年度终了后30日内，将应纳税款缴入国库，并向税务机关报送纳税申报表。

三、个人所得税的纳税地点

个人所得税的纳税地点一般应为收入来源地的税务机关。但是，纳税人在两处或两处以上取得工资、薪金所得的，可选择并固定在一地税务机关申报纳税；从境外取得所得的，应向境内户籍所在地或经常居住地税务机关申报纳税；对在中国几地工作或提供劳务的临时来华人员，应以税法所规定的申报纳税日期为准，在某一地区达到申报纳税的日期，即就在该地申报纳税，但为了方便纳税，也可准予个人提出申请，经批准后固定在一地申报纳税；对由在华企业或办事机构发放工资、薪金的外籍纳税人，由在华企业或办事机构集中向当地税务机关申报纳税。

纳税人要求变更申报纳税地点的，须经原主管税务机关批准。

【本章小结】

个人所得税是以个人取得的各项应税所得为征税对象而征收的一种税。《个人所得税法》根据住所标准和居住时间标准，将纳税人分为居民纳税人和非居民纳税人，明确了两种纳税人的不同纳税义务范围。个人所得税实行分项所得税制度，确定了11项应税所得项目。个人所得税根据各项所得项目的不同特征，分别制定了超额累进税率和比例税率，并有针对性地对劳务报酬所得实行加成征收，对稿酬所得实行减征。个人所得税对各项应税所得项目，分别实行定额扣除和定率扣除两种费用扣除方法。现行个人所得税实行支付单位源泉扣缴和纳税人自行申报纳税两种征税方法。

【思考与练习】

一、单项选择

1. 我国对自然人居民和非居民纳税人的划分标准是(　　)。

A. 习惯性住所标准　　B. 时间标准

C. 永久性住所标准　　D. 习惯性住所标准和时间标准

2. 下列各项所得中，适用于加成征税规定的是(　　)。

A. 个体工商户的生产经营所得　　B. 劳务报酬所得

C. 稿酬所得　　D. 特许权使用费所得

3. 工资、薪金所得的应纳税额，按月计征的，由扣缴义务人或纳税人在次月的(　　)内缴入国库。

A. 5日　　B. 7日　　C. 10日　　D. 15日

4. 在中国境内无住所而在中国境内取得工资薪金所得的纳税人和在中国境内有住所而中国境外取得工资、薪金所得的纳税人附加减除费用标准为(　　)元。

A. 每月800元　　B. 每月1 300元

C. 每月3 200元　　D. 每月4 800元

5. 两人以上共同取得同一项目收入的计税方法为( )。

A. 先分、后扣、再税　　B. 先扣、后税、再分

C. 先分、后税　　D. 先税、后分

二、多项选择

1. 个人所得税的纳税义务人包括(　　)。

A. 在中国境内有住所的个人

B. 个体工商户

C. 在中国境内有所得的境外人员

D. 在我国有讲学收入的外籍个人

E. 个人独资企业

2. 个人所得税自行申报纳税的纳税义务人有(　　)。

A. 从两处或两处以上取得工资、薪金所得的个人

B. 取得了应税所得，没有扣缴义务人的

C. 多笔取得属于一次劳务报酬所得的

D. 取得了应税所得，扣缴义务人未按规定扣缴税款的

3. 按照个人所得税的规定，下列说法正确的有(　　)。

A. 劳务报酬所得按月征收

B. 劳务报酬所得按次征收

C. 如果在同一活动中，个人兼有不同的劳务报酬所得，则应合并各项所得统一纳税

D. 凡属于同一项目连续性收入的，以一月内取得的收入为一次，据以确定应纳税所得额

4. 个人取得下列收入，应按照“特许权使用费”项目征收个人所得税的有(　　)。

A. 出租土地使用权取得的收入

B. 提供非专利技术取得的收入

C. 转让土地使用权取得的收入

D. 拍卖文学作品手稿取得的收入

E. 取得侵犯专利权的经济赔偿收入

5. 对于个人所得税纳税期限的规定，下列说法正确的有(　　)。

A. 自行申报的纳税义务人，为取得应税所得的次月 15 日

B. 代扣代缴义务人，为扣缴税款的次月 15 日内

C. 账册健全的个体工商户的生产经营所得应在取得收入次月 15 日内预缴，年度终了后 3 个月内汇算清缴，多退少补

D. 年内分次取得承包、承租经营所得的纳税人，为每次取得收入后 15 日内预缴，年终 3 个月内汇算清缴，多退少补

E. 年终一次性取得承包、承租经营所得的纳税人，自取得收入后 15 日内申报纳税

三、判断

1. 个体工商户的生产经营所得应纳税额的缴纳方法为代扣代缴。(　　)

2. 所谓“劳务报酬所得一次收入畸高的”是指个人一次取得的劳务报酬所得超过 50 000 元。(　　)

3. 我国个人所得税属于分类所得税制。(　　)

四、计算分析题

1. 某从事会计教学的王老师在2013年度月工资为2 660元，同年7月份校外讲课取得报酬3 000元，在教学之外，王老师还在一家公司兼职担任会计工作，月工资2 000元。

根据以上资料回答下列问题：

(1) 王老师全年工资、薪金所得应缴纳个人所得税为多少元？

(2) 校外讲课劳务报酬所得应缴纳个人所得税为多少元？

(3) 兼职收入应缴纳个人所得税多少元？

(4) 王老师2013年度共计应缴纳个人所得税税额为多少元？

2、某个体户2012年发生如下经济业务：

(1) 收入总额为119 200元；

(2) 产品成本40 000元；

(3) 各项费用支出为15 000元；

(4) 税法规定的允许扣除个体工商户的生计费用为每月3 500元；

(5) 缴纳营业税5 000元。

根据以上资料回答下列问题：

(1) 该个体户2012年应纳税所得额为多少元？

(2) 该个体户2012年应缴纳的个人所得税是多少元？

■ 第八章　房产税、契税、车船税法律制度

【学习目标】

通过学习，掌握房产税、契税和车船税三个税种的征税范围和纳税人、计税依据；了解房产税、契税和车船税的税率；学会房产税、契税和车船税三个税种应纳税额的计算。

第一节　房产税法律制度

一、房产税概述

房产税是以城市、县城、建制镇、工矿区的房产为征税对象，以房产的计税余值或租金收入为计税依据，向房产所有人或经营人收取的一种税。

新中国成立以后，中央人民政府政务院于 1951 年 8 月颁布了《城市房地产税暂行条例》，规定对城市中的房屋及占地合并征收房产税和地产税，称为城市房地产税。1973 年简化税制，把对企业征收的这个税种并入工商税，对房地产管理部门和个人的房屋，以及外资企业、中外合资、合作经营企业的房屋，继续保留征收房地产税。1986 年 9 月，为了适应我国改革开放的新情况，国务院发布了《中华人民共和国房地产税暂行条例》，从当年 10 月 1 日实施。各省、自治区、直辖市根据条例规定，各自制定了实施细则。至此，房产税在全国范围内全面征收。

征收房产税，有利于运用税收杠杆，加强对房产的管理，提高房产的使用效益；有利于配合国家房产政策的调整；有利于合理调节房产所有人和经营人的收入，均衡社会财富。

房产税具有以下特点：

1. 房产税属于个别财产税

按征税对象的范围不同，财产税分为一般财产税和个别财产税。一般财产税是指对纳税人拥有的各类财产实行综合课征的税收。个别财产税是对纳税人拥有的土地、房屋、资本和其他财产分别课征的税收。房产税的征税对象是房屋，因此属于个别财产税。

2. 征税限于城镇的经营性房屋

房产税仅针对城市、县城、建制镇和工矿区的经营性房屋征收。农村的房屋并没有纳入房产税的征税范围。另外，对某些拥有房屋，但自身没有纳税能力的单位，如国家拨付行政经费、事业经费和国防经费的单位自用的房产，税法通过免税的方式将这类房屋排除在征税范围之外。

3. 区别房屋的经营使用方式规定征税办法

拥有房屋的单位和个人，既可以将房屋用于经营自用，也可以把房屋用于出租。房产税根据纳税人经营形式不同，对经营自用的房屋按房产余值征收，对用于出租的房屋按租金收入计税，使征税办法符合纳税人的经营特点，便于平衡税收负担和征收管理。

二、房产税的纳税人

房产税以在征税范围内的房屋产权所有人为纳税人。其中：

1. 产权属于国家所有的，由经营管理单位纳税；产权属于集体和个人所有的，由集体单位和个人纳税。

2. 产权出典的，由承典人纳税。所谓产权出典，是指产权所有人将房屋、生产资料等的产权，在一定期限内典当给他人使用，而取得资金的一种融资业务。

3. 产权所有人、承典人不在房屋所在地的，由房产代管人或者使用人纳税。

4. 产权未确定及租典纠纷未解决的，由房产代管人或者使用人纳税。

所谓租典纠纷，是指产权所有人在房产出典和租赁关系上，与承典人、租赁人发生各种争议，特别是权利和义务的争议悬而未决的。

外商投资企业、外国企业及外籍个人经营的房产不适用房产税，而是适用城市房地产税。

三、房产税的征税对象和征税范围

房产税是以房产作为征税对象的。所谓房产，是指有屋面和围护结构(有墙或两边有柱)，能够遮风避雨，可供人们在其中生产、工作、学习、娱乐、居住或储藏物资的场所。

房产税的征税范围是位于城市、县城、建制镇和工矿区的经营性房屋。其中：

城市是指经国务院批准设立的市。城市的征税范围是市区、郊区和市辖县县城，不包括农村。

县城是指县人民政府所在地。

建制镇是指经省、自治区、直辖市人民政府批准设立的建制镇。建制镇的征税范围为镇人民政府所在地，不包括所辖的行政村。

工矿区是指工商业比较发达、人口比较集中，符合国务院规定的建制镇标准，但尚未设立镇建制的大中型工矿企业所在地。开征房产税的工矿区须经省、自治区、直辖市人民政府批准。

四、房产税的税率

房产税采用比例税率。

依据房产计税余值计税的，税率为 1.2%；依据房产租金收入计税的，税率为 12%；从 2001 年 1 月 1 日起，对个人居住用房出租仍用于居住的，其应缴纳的房产税暂减按 4% 的税率征收。

五、房产税应纳税额的计算

1. 房产税计税依据

房产税采用从价计征。计税办法分为按计税余值计税和按租金收入计税两种。

(1)对于经营自用的房屋，以房产的计税余值作为计税依据 房产的计税余值是指依照税法规定按房产原值一次减除 10% 至 30% 的损耗价值以后的余额。

房产原值，是指按照会计制度规定，在账簿“固定资产”科目中记载的房屋原价。在会计账簿中未按规定记载房产原值的，在计征房产税时，应按规定调整房产原值；记载的原值明显不合理的，应按规定予以重新评估；对没有房产原值的，应由主管税务机关参照同类房产确定原值。

对原有房产进行改建、扩建的，要相应的增加房屋的原值。

对于更换房屋附属设备和配套设施的，在将其价值计入房产原值时，可扣减原来相应设备和设施的价值；对附属设备和配套设施易损坏，需要经常更换的零配件，更新后不再计入房产原值，原零配件的原值也不扣除。

自2006年1月1日起，凡在房产税征收范围内的具备房屋功能的地下建筑物，包括与地上房屋相连的地下建筑以及完全建在地面以下的建筑、地下人防设施等，均应当依照有关规定征收房产税。对于与地上房屋相连的地下建筑，如房屋的地下室、地下停车场、商场的地下部分等，应将地下部分与地上房屋视为一个整体按照地上房屋建筑的有关规定计算征收房产税。

在确定计税余值时，房产原值的具体减除比例，由省、自治区、直辖市人民政府在税法规定的减除幅度内自行确定。

(2)对于出租的房屋，以租金收入作为计税依据 房屋的租金收入，是房屋产权所有人出租房屋使用权所取得的报酬，包括货币收入和实物收入。对以劳务或其他形式作为报酬抵付房租收入的，应根据当地同类房屋的租金水平，确定租金标准，依率计征。

如果纳税人对个人出租房屋的租金收入申报不实或申报数与同一地段同类房屋的租金收入相比明显不合理的，税务部门可以按照有关规定，采取科学合理的方法核定其应纳税额。

(3)投资联营及融资租赁房产的计税依据 对投资联营的房产，在计征房产税时应予以区别对待。对于以房产投资联营，投资者参与投资利润分红、共担风险的，按房产的计税余值作为计税依据；对以房产投资，收取固定收入，不承担联营风险的，实际是以联营的名义取得房产租金，由出租方按租金收入计算缴纳房产税。

对融资租赁房屋的情况，由于租赁费包括购进房屋的价款、手续费、借款利息等，且租赁期满后，当承租方偿还最后一笔租赁费时，房屋产权一般都转移到承租方，实际上是一种变相的分期付款购买固定资产的形式，因此在计征房产税时以房产余值计算征收。

(4)关于居民住宅区内业主共有的经营性房产缴纳房产税问题 对居民住宅区内业主共有的经营性房产，由实际经营(包括自营和出租)的代管人或使用人缴纳房产税。其中自营的，依照房产原值减除10%至30%后的余值计征，没有房产原值或不能将业主共有房产与其他房产的原值准确划分开的，由房产所在地地方税务机关参照同类房产核定房产原值；出租的，依照租金收入计征。

2. 房产税应纳税额的计算

(1)按房产余值计税的，应纳税额的计算公式为：

应纳税额 = 房产原值 ×(1 - 减除比例)×1.2%

(2)按房产租金收入计税的，应纳税额的计算公式为：

应纳税额 = 房产租金收入 ×12%

【例8-1】某企业自有房屋8栋，其中6栋用于生产经营，房产原值1 000万元，不包括冷暖通风设备100万元；2栋房屋出租给某公司作经营用房，年租金收入50万元。该省规定按房产原值一次扣除20%后的余值计税。计算该企业当年应纳的房产税。

【解析】

(1)企业经营自用房产应纳税额

= [(1 000 + 100)×(1 - 20%)]×1.2% = 10.56(万元)

(2)该企业出租房产的应纳税额 = 50 ×12% = 6(万元)

(3)全年应纳房产税额 = 10.56 + 6 = 16.56(万元)

该企业当年应纳房产税 16.56 万元。

3. 地下建筑物房产税应纳税额的计算

（1）工业用途房产，以房屋原价的 50% ~60% 作为应税房产原值。

应纳税额 = 应税房产原值 ×（1 − 原值减除比例）×1.2%

（2）商业和其他用途房产，以房屋原价的 70% ~80% 作为应税房产原值。

应纳税额 = 应税房产原值 ×（1 − 原值减除比例）×1.2%

房屋原价折算为应税房产原值的具体比例，由各省、自治区、直辖市和计划单列市财政和地方税务部门在上述幅度内自行确定。

（3）出租的地下建筑，按照出租地上房屋建筑的有关规定计算征收房产税。

六、房产税的减免

下列房产免征房产税：

1. 国家机关、人民团体、军队自用的房产

"人民团体"是指经国务院授权的政府部门批准设立或登记备案的各种社会团体。

"自用的房产"是指这些单位本身的办公用房和公务用房。

2. 国家财政部门拨付事业经费的单位自用的房产。

事业单位自用的房产，是指这些电位本身的业务用房

3. 宗教寺庙、公园、名胜古迹自用的房产

"宗教寺庙自用的房产"是指举行宗教仪式等的房屋和宗教人员使用的生活用房屋。

"公园、名胜古迹自用的房产"是指供公共参观游览的房屋及其管理单位的办公用房屋。

公园、名胜古迹附设的营业单位，如影剧院、饮食部、茶社、照相馆等所使用的房产及出租的房产，应征收房产税。

4. 个人拥有的非营业用的房产

5. 经财政部批准免税的其他房产

（1）企业办的各类学校、医院、托儿所、幼儿园自用的房产，可以比照由国家财政部门拨付事业经费的单位自用的房产，免征房产税。

（2）经有关部门鉴定，对毁损不堪居住的房屋和危险房屋，在停止使用后，可免征房产税。

（3）自 2004 年 8 月 1 日起，对军队空余房产租赁收入暂免征收房产税；此前已征收税款不予退还，未征税款不再补征。暂免征收房产税的军队空余房产，在出租时必须悬挂《军队房地产租赁许可证》，以备查验。

（4）凡是在基建工地为基建工地服务的各种工棚、材料棚、休息棚和办公室、食堂、茶炉房、汽车房等临时性房屋，不论是施工企业自行建造还是由基建单位出资建造交施工企业使用的，在施工期间，一律免征房产税。但是，如果在基建工程结束以后，施工企业将这种临时性房屋交还或者估价转让给基建单位的，应当从基建单位接收的次月起，依照规定征收房产税。

（5）自 2004 年 7 月 1 日起，纳税人因房屋大修导致连续停用半年以上的，在房屋大修期间免征房产税，免征税额由纳税人在申报缴纳房产税时自行计算扣除，并在申报表附表或备注栏中作相应说明。

（6）纳税单位与免税单位共同使用的房屋，按各自使用的部分划分，分别征收或免征房产税。

（7）老年服务机构自用的房产暂免征收房产税。老年服务机构是指专门为老年人提供生

活照料、文化、护理、健身等多方面服务的福利性、非营利性的机构。主要包括:老年社会福利院、敬老院(养老院)、老年服务中心、老年公寓(含老年护理院、康复中心、托老所)等。

(8)从2001年1月1日起,对按政府规定价格出租的公有住房和廉租住房,包括企业和自收自支事业单位向职工出租的单位自有住房;房管部门向居民出租的公有住房;落实私房政策中带户发还产权并以政府规定租金标准向居民出租的私有住房等,暂免征收房产税。

(9)对邮政部门坐落在城市、县城、建制镇、工矿区范围内的房产,应当依法征收房产税;对坐落在城市、县城、建制镇、工矿区范围以外的,尚在县邮政局内核算的房产,在单位财务账中划分清楚的,从2001年1月1日起不再征收房产税。

(10)对房地产开发企业建造的商品房,在出售前不征收房产税。但对出售前房地产开发企业已使用或出租、出借的商品房应按规定征收房产税。

(11)自2001年1月1日至2008年12月31日,对为高校学生提供住宿服务并按高教系统收费标准收取租金的学生公寓,免征房产税。

(12)自2000年1月1日至2008年12月31日,对从原高校后勤管理部门剥离出来而成立的进行独立核算并有法人资格的高校后勤经济实体自用的房产免征房产税。

(13)铁道部所属铁路运输企业自用的房产,继续免征房产税。铁道部所属铁路运输企业的范围包括;铁路局、铁路分局(包括客货站、编组站、车务、机务、工务、电务、水电、车辆、供电、列车、客运段)、中铁集装箱运输有限责任公司、中铁特货运输有限责任公司、中铁行包快递有限责任公司、中铁快运有限责任公司。

地方铁路运输企业自用的房产,应缴纳的房产税比照铁道部所属铁路运输企业的政策执行。

(14)对行使国家行政管理职能的中国人民银行总行(含国家外汇管理局)所属分支机构自用的房产,免征房产税。

对其他专业银行等金融机构(包括信托投资公司、城乡信用合作社,以及经中国人民银行批准设立的其他金融组织)和保险公司的房产,均应按规定征收房产税。

(15)天然林保护工程相关房产免税。

(16)对青藏铁路公司及其所属单位自用的房产免征房产税。

(17)国家直属储备粮、棉、糖、肉、盐库。

对中储粮总公司及其直属粮库经营中央储备粮(油)业务自用的房产土地,中储棉总公司及其直属棉库经营中央储备棉业务自用的房产土地,华商中心、国家储备粮库、国家储备肉库经营中央储备糖肉业务自用的房产,中国盐业总公司国家直属储备盐库经营中央储备盐业务自用的房产、土地,自2006年1月1日起至2008年12月31日免征房产税。

七、房产税的申报和缴纳

1. 纳税义务发生时间

(1)将原有房产用于生产经营的,从生产经营之月起,计征房产税;

(2)自建的房屋用于生产经营的,自建成之日的次月起,计征房产税;

(3)委托施工企业建设的房屋,从办理验收手续之日的次月起,计征房产税。对于在办理验收手续前已使用或出租、出借的新建房屋,应从使用或出租、出借的当月起按规定计征房产税;

(4)购置新建商品房,自房屋交付使用之次月起计征房产税;

(5)购置存量房,自办理房屋权属转移、变更登记手续,房地产权属登记机关签发房屋权属证书之次月起计征房产税；

（6）出租、出借房产，自交付出租、出借房产之次月起计征房产税；

（7）房地产开发企业自用、出租、出借本企业建造的商品房，自房屋使用或交付之次月起计征房产税。

2. 纳税期限

房产税实行按年征收，分期缴纳。纳税期限由省、自治区、直辖市人民政府规定。各地一般按季或半年预征。

3. 纳税申报

房产税的纳税申报，是房屋产权所有人或纳税人缴纳房产税必须履行的法定手续。纳税人应根据税法要求，将现有房屋的坐落地点、结构、面积、原值、出租收入等情况，据实向当地税务机关办理纳税申报，并按规定纳税。

如果纳税人住址发生变更、产权发生转移，以及出现新建、改建、扩建、拆除房屋等情况，而引起房产原值变化或者租金收入变化的，都要按规定及时向税务机关办理变更登记，以便税务机关及时掌握纳税人的房产变动情况。

4. 纳税地点

房产税在房产所在地缴纳。房产不在同一地方的纳税人，应按房产的坐落地点分别向房产所在地的税务机关缴纳。

第二节　契税法律制度

一、契税概述

契税是以所有权发生转移的不动产为征税对象，向产权承受人征收的一种财产税。

契税是一个古老的税种，在我国最早起源于东晋，至今已有1600多年的历史。新中国成立后，1950年4月政务院颁布《契税暂行条例》，对旧中国的契税进行了改革。1954年财政部对《契税暂行条例》进行了修改。“文革”后，财政部于1981年和1990年分别发出了《关于改进和加强契税征收管理工作的通知》和《关于加强契税工作的通知》，对契税政策进行了一些补充和调整，契税征收工作全面恢复。

《契税暂行条例》施行40多年，在加强对土地、房屋权属转移的管理、增加财政收入、调节收入分配等方面发挥了积极的作用。但是，伴随着改革开放，我国的社会、经济结构已经发生了巨大的变化，房地产市场得到了较大发展，交易形式更是多样、灵活，《契税暂行条例》已经不能适应新的形势。1997年7月7日重新颁布了《中华人民共和国契税暂行条例》，并从1997年10月1日起施行。

契税具有以下特点：

1. 契税属于财产转移税

契税以发生转移的不动产，即土地和房屋为征税对象，具有财产转移课税性质。土地、房屋产权未发生转移的，不征契税。

2. 契税由财产承受人缴纳

契税属于土地、房屋产权发生交易过程中的财产税，由承受人纳税，即买方纳税。

二、契税的纳税人

在中华人民共和国境内转移土地、房屋权属，承受的单位和个人为契税的纳税人。境内是指中华人民共和国实际税收行政管辖范围内，土地、房屋权属是指土地使用权和房屋所有权。单位是指企业单位、事业单位、国家机关、军事单位和社会团体以及其他组织。个人是指个体经营者及其他个人，包括中国公民和外籍人员。

三、契税的征税范围

契税的征税对象为发生土地使用权和房屋所有权权属转移的土地和房屋。具体征税范围包括：

1. 国有土地使用权出让

国有土地使用权出让是指土地使用者向国家交付土地使用权出让费用，国家将国有土地使用权在一定年限内让与土地使用者的行为。

2. 土地使用权转让

土地使用权的转让是指土地使用者以出售、赠与、交换或者其他方式将土地使用权转移给其他单位和个人的行为。土地使用权的转让不包括农村集体土地承包经营权的转移。

3. 房屋买卖

房屋买卖是指以货币为媒介，出卖者向购买者过渡房产所有权的交易行为。以下几种特殊情况，视同买卖房屋：

（1）以房屋抵债或实物交换房屋 经当地政府和有关部门批准，以房抵债和实物交换房屋，均视同房屋买卖，应由产权承受人按房屋现值缴纳契税。

（2）以房产作投资或作股价转让 这种交易业务属房屋产权转移，应根据国家房地产管理的有关规定，办理房屋产权交易和产权变更登记手续，视同房屋买卖，由产权承受方按投资房产价值或房产买价缴纳契税。

以自有房产作股投入本人独资经营的企业，免征契税。

（3）买房拆料或翻建新房，应照章征收契税。

4. 房屋赠与

房屋赠与是指房屋产权所有人将房屋无偿转让给他人所有。房屋赠与的前提必须是产权无纠纷，赠与人和受赠人双方自愿。

法律要求赠与房屋应有书面合同（契约），并到房地产管理机构或农村基层政权机关办理登记过户手续，才能生效。如果房屋赠与行为涉及涉外关系，还须公证处证明和外事部门认可，才能有效。房屋的受赠人要按规定缴纳契税。

以获奖方式取得房屋产权的，其实质是接受赠与房产，应照章缴纳契税。

5. 房屋交换

房屋交换，是指房屋住户、用户、所有人为了生活工作方便，相互之间交换房屋的所有权的行为。

房屋产权相互交换，双方交换价值相等，免征契税，办理免征契税手续。其价值不等的，按超出部分由支付差价方缴纳契税。

随着经济形势的发展，有些特殊方式转移土地、房屋权属的，也将视同土地使用权转让、房屋买卖或者房屋赠与。具体情况包括：

（1）以土地、房屋权属作价投资、入股；

（2）以土地、房屋权属抵债；

（3）以获奖方式承受土地、房屋权属；

（4）以预购方式或者预付集资建房款方式承受土地、房屋权属。

6. 企业改革中的有关契税问题

（1）公司改制是指非公司制企业按照《公司法》要求改建为有限责任公司（含国有独资公司）或股份有限公司，或经批准由有限责任公司变更为股份有限公司。

在公司改制中，对不改变投资主体和出资比例改建成的公司制企业承受原企业土地、房屋权属的，不征契税；对独家发起、募集设立的股份有限公司承受发起人土地、房屋权属的，免征契税；对国有、集体企业经批准改建成全体职工持股的有限责任公司或股份有限公司承受原企业土地、房屋权属的，免征契税；对其余涉及土地、房屋权属转移的，征收契税。

（2）企业合并是指两个或两个以上的企业，依照法律规定、合同约定改建为一个企业的行为。合并有吸收合并和新设合并两种形式。一个企业存续，其他企业解散的，为吸收合并；设立一个新企业，原各方企业解散的，为新设合并。

企业合并中，新设方或者存续方承受被解散方土地、房屋权属，合并前各方为相同投资主体的，不征契税；其余征收契税。

（3）企业分立是指企业依照法律规定、合同约定分设为两个或两个以上投资主体相同的企业的行为。分立有派生分立和新设分立两种形式。原企业存续，而其一部分分出、派生设立为一个或数个新企业的，为派生分立；原企业解散，分立出的各方分别设立为新企业的，为新设分立。

企业分立中，对派生方、新设方承受原企业土地、房屋权属的，不征契税。

（4）股权重组是指企业股东持有的股份或出资发生变更的行为，包括股权转让和增资扩股两种形式。股权转让是指企业的股东将其持有的股份或出资部分或全部转让给他人；增资扩股是指公司向社会公众或特定单位、个人募集出资、发行股票。

在股权转让中，单位、个人承受企业股权，企业的土地、房屋权属不属于转移，不征契税；在增资扩股中，对以土地、房屋权属作价入股或作为出资投入企业的，征收契税。

（5）企业破产是指企业因经营管理不善造成严重亏损，不能清偿到期债务而宣告破产的法律行为。

企业破产清算期间，对债权人（包括破产企业职工）承受破产企业土地、房屋权属以抵偿债务的，免征契税；对非债权人承受破产企业土地、房屋 归属的，征收契税。

7. 房屋附属设施有关契税政策

（1）对于承受与房屋相关的附属设施（包括停车位、汽车库、自行车库、顶层楼阁以及储藏室，下同）所有权或土地使用权的行为，按照契税法律、法规的规定征收契税；对于不涉及土地使用权和房屋所有权转移变动的，不征收契税。

（2）采取分期付款方式购买房屋附属设施土地使用权、房屋所有权的，应按合同规定的总价款计征契税。

（3）承受的房屋附属设施权属单独计价的，按照当地确定的适用税率征收契税；与房屋统一计价的，适用与房屋相同的契税税率。

（4）对承受国有土地使用权应支付的土地出让金，要征收契税。不得因减免出让金而减免契税。

四、契税的税率

契税实行幅度比例税率，税率幅度为3%～5%。具体执行税率，由各省、自治区、直辖市人民政府在规定的幅度内，根据本地区的实际情况确定。

五、契税应纳税额的计算

1. 计税依据

契税的计税依据按照土地、房屋交易的不同情况确定：

（1）土地使用权出售、房屋买卖，其计税依据为成交价格；

（2）土地使用权赠与、房屋赠与，其计税依据由征收机关参照土地使用权出售、房屋买卖的市场价格核定；

（3）土地使用权交换、房屋交换，其计税依据是所交换的土地使用权、房屋的价格差额。对于成交价格明显低于市场价格且无正当理由的，或者所交换的土地使用权、房屋的价格差额明显不合理且无正当理由的，由征收机关参照市场价格核定；

（4）出让国有土地使用权的，其契税计税价格为承受人为取得该土地使用权而支付的全部经济利益。具体规定为：

①以协议方式出让的，其契税计税价格为成交价格。成交价格包括土地出让金、土地补偿费、安置补助费、地上附着物和青苗补偿费、拆迁补偿费、市政建设配套费等承受者应支付的货币、实物、无形资产及其其他经济利益。没有成交价格或成交价格明显偏低的，征收机关可依次按由政府批准设立的房地产评估机构根据相同地段、同类房地产进行综合评定，并经当地税务机关确认的价格或由县以上人民政府公示的土地基准价两种方式确定；

②以竞价方式出让的，其契税计税价格，一般应确定为竞价的成交价格，土地出让金、市政建设配套费以及各种补偿费用应包括在内；

③先以划拨方式取得土地使用权，后经批准改为出让方式取得该土地使用权的，应依法缴纳契税，其计税依据为应补缴的土地出让金和其他出让费用；

④已购公有住房经补缴土地出让金和其他出让费用成为完全产权住房的，免征土地权属转移的契税。

2. 应纳税额的计算

契税应纳税额的计算公式为：

应纳税额＝计税依据×税率

应纳税额应以人民币计算。转移土地、房屋权属以外汇结算的，按照纳税义务发生之日中国人民银行公布的人民币市场汇率中间价，折合成人民币计算。

【例8－2】李某有两套住房，将一套出售给王某，成交价格为100 000元；将另一套两室住房与程某交换成两处一室住房，并支付换房差价款40 000元。试计算李某、王某、程某相关行为应缴纳的契税（假定税率为5%）。

【解析】

（1）李某应缴纳契税额＝40 000×5%＝2 000（元）

（2）王某应缴纳契税额为＝100 000×5%＝5 000（元）

（3）程某不用缴纳契税

六、契税的减免税规定

1. 国家机关、事业单位、社会团体、军事单位承受土地、房屋用于办公、教学、医疗、科研和军事设施的，免征契税。

2. 城镇职工按规定第一次购买公有住房的，免征契税。

3. 因不可抗力丧失住房而重新购买住房的，酌情准予减征或者免征契税。

4. 土地、房屋被县级以上人民政府征用、占用后，重新承受土地、房屋权属的，由省级人民政府确定是否减免。

5. 承受荒山、荒沟、荒滩土地使用权，并用于农、林、牧、渔业生产的，免征契税。

6. 经外交部确认，依照我国有关法律规定以及我国缔结或参加的双边或多边条约或协定，应当予以免税的外国驻华使馆、领事馆、联合国驻华机构及其外交代表、领事官员和其他外交人员承受土地、房屋权属的，免征契税。

7. 财政部规定的其他减征、免征契税的项目：

(1)对拆迁居民因拆迁重新购置住房的，对购房成交价格中相当于拆迁补偿款的部分免征契税；成交价格超过拆迁补偿款的，对超过部分征收契税；

(2)对承受国有土地使用权所应支付的土地出让金，要计征契税。不得因减免土地出让金，而减免契税；

(3)对国家石油储备基地第一期项目建设过程中设计的契税予以免征。

以上经批准减税、免税的纳税人，改变有关土地、房屋用途的，不再属于减免税的范围，应当补缴已经减免的税款。纳税义务发生时间为改变有关土地、房屋用途的当天。

符合减免税规定的纳税人，应当在土地、房屋权属转移合同生效的10日内向土地、房屋所在地的征收机关提出减免税申报。自2004年10月1日起，计税金额在10 000万元(含10 000万元)以上的，由省级征收机关办理减免手续。

七、契税的申报与缴纳

1. 纳税义务发生时间

契税的纳税义务发生时间是纳税人签订土地、房屋权属转移合同的当天，或者纳税人取得其他具有土地、房屋权属转移合同性质凭证的当天。

2. 纳税期限

纳税人应当自纳税义务发生之日起10日内，向土地、房屋所在地的契税征收机关办理纳税申报，并在契税征收机关核定的期限内缴纳税款。

3. 纳税地点

契税在土地、房屋所在地的征收机关缴纳。

4. 征收管理

纳税人办理纳税事宜后，征收机关应向纳税人开具契税完税凭证。纳税人持契税完税凭证和其他规定的文件材料，依法向房地产管理部门办理有关土地、房屋的权属变更登记手续。房地产管理部门应向契税征收机关提供有关材料、，并协助契税征收机关依法征收契税。

第三节　车船税法律制度

一、车船税概述

所谓车船税，是指在中华人民共和国境内的车辆、船舶的所有人或者管理人按照中华人民共和国车船税暂行条例应缴纳的一种税。

我国对车船课税历史悠久，距今已有2000多年的历史。新中国于1951年9月颁布了《车船使用牌照税暂行条例》。1973年简化税制时，又把车船使用牌照税并入了工商税，不再单独征收。1984年10月，国务院决定恢复对车船征税，并并把车船使用牌照税更名为车船使用税。1986年9月15日，国务院发布了《中华人民共和国车船使用税暂行条例》，决定从1986年10月1日起在全国施行。各省、自治区、直辖市人民政府根据条例规定，先后制定了实施细则。

2006年12月27日，国务院颁布《中华人民共和国车船税暂行条例》(以下简称《车船税暂行条例》)，并于2007年1月1日起施行。2007年2月1日，财政部与国家税务总局共同颁布了《中华人民共和国车船税暂行条例实施细则》(以下简称《实施细则》)，并于同日实施。原车船使用税和车船使用牌照税同日废止。

车船税具有以下特点：

1. 车船税属于单项财产税

现行车船税的纳税人是车辆、船舶的所有人或管理人，其征税对象仅限于车船类运输工具，而且对不同的车、不同的船还规定了不同的征税标准，因此，车船税属于单项财产税。

2. 车船税的纳税人范围广泛

原车船使用牌照税仅适用与外资企业，原车船使用税仅适用于内资企业，而行政事业单位则一律被给予免税待遇。而车船税的纳税人包括内资企业、外资企业、行政事业单位等，范围更为广泛。

3. 车船税有了明确的代缴义务人，必须随交强险一同征缴

4. 车船税实行分类、分级(项)定额税率

车船税分为5个税目，包括载客汽(电)车、载货汽车、三轮汽车低速货车、摩托车和船舶。其中载客汽车、载货汽车等采用了分类、分项幅度定额税率。而船舶施行分类、分级定额税率。

二、车船税的纳税人和扣缴义务人

在中华人民共和国境内，车辆、船舶(以下简称车船)的所有人或者管理人为车船税的纳税人。

车船的所有人或者管理人未缴纳车船税的，使用人应当代为缴纳车船税。

从事机动车交通事故责任强制保险业务的保险机构为机动车车船税的扣缴义务人，应当依法代收代缴车船税。

三、车船税的征税范围

车船税的征税对象是指依法应当在车船管理部门登记的车船。

在机场、港口以及其他企业内部场所行驶或作业、并在车船管理部门登记的车船，应当缴

纳车船税。

车船税的生产范围是指在中华人民共和国境内属于车船税法所附《车船税税目税额表》规定的车辆、船舶。车辆、船舶是指:

1. 依法应当在车船管理部门登记的机动车辆和船舶;

2. 依法不需要在车船管理部门登记、在单位内部行驶或者作业和机动车辆和船舶。

前款所称车船管理部门,是指公安、交通运输、农业、渔业、武装警察部队等依法具有车船登记管理职能的部门;单位,是指依照中国法律、行政法规规定,在中国境内成立的行政机关、企业、事业单位、社会团体以及其他组织。

四、税目与税率

车船税实行定额税率(固定税额),即对征税的车船规定单位固定税额。车船税确定税额总的原则是:非机动车船的税负轻于机动车船;人力车的税负轻于畜力车;小吨位船舶的税负轻于大船舶。由于车辆与船舶的行驶情况不同,车船税的税额也有所不同。见表 8－1。

表 8－1 **车船税税目、税额表**

	目录	计税单位	年基准税额(元)	备注
乘用车按发动机汽缸容量(排气量分档)	1.0 升(含)以下的	每辆	60～360	核定载客人数 9 人(含)以下
	1.0 升以上至 1.6 升(含)的		360～660	
	1.6 升以上至 2.0 升(含)的		660～960	
	2.0 升以上至 2.5 升(含)的		960～1620	
	2.5 升以上至 3.0 升(含)的		1620～2460	
	3.0 升以上至 4.0 升(含)的		2460～3600	
	4.0 升以上的		3600～5400	
商用车	客车	每辆	480～1440	核定载客人数 9 人(包括电车)
	货车	整备质量每吨	16～120	1. 包括半挂牵引车、挂车、客货两用汽车、三轮汽车和低速载货汽车等。 2. 挂车按照货车税额的 50% 计算
其他车辆	专用作业车	整备质量每吨	16～120	不包括拖拉机
	轮式专用机械车	整备质量每吨	16～120	
摩托车		每辆	36～180	
船舶	机动船舶	净吨位每吨	3～6	拖船、非机动驳船分别按照机动船舶税额的 50% 计算;游艇的税额另行规定。
	游艇	艇身长度每米	600～2000	

1. 机动船舶，具体适用税额为：

(1)净吨位小于或者等于200吨的，每吨3元；

(2)净吨位201~2000吨的，每吨4元；

(3)净吨位2001~10000吨的，每吨5元；

(4)净吨位10001吨及以上的，每吨6元；

拖船按照发动机功率每2马力折合净吨位1吨计算征收车船税。

2. 游艇，具体适用税额为：

(1)艇身长度不超过10米的游艇，每米600元；

(2)艇身长度超过10米但不超过18米的游艇，每米900元；

(3)艇身长度超过18米但不超过30米的游艇，每米1300元；

(4)艇身长度超过30米的游艇，每米1800元；

(5)辅助动力帆艇，每米600元。

3. 车辆整备质量尾数不超过0.5吨的，按0.5吨计算；超过0.5吨的，按1吨计算。整备质量不超过1吨的车辆，按照1吨计算。

4. 船舶净吨位尾数不超过0.5吨的，不予计算，超过0.5吨的，按1吨计算。净吨位不超过1吨的车辆，按照1吨计算。

5. 车船税法和实施条例所涉及的排气量、整备质量、核定载客人数、净吨位、马力、艇身长度，以车船管理部门核发的车船登记证书或者行驶证相应项目所载数据为准。

五、车船税应纳税额的计算

1. 一般计算方法

(1)载客汽(电)车、摩托车应纳车船税额的计算

应纳税额 = 车辆数 × 适用单位税额

(2)载货汽车、三轮汽车低速货车应纳税额的计算

应纳税额 = 自重吨数 × 适用单位税额

(3)船舶应纳税额的计算

应纳税额 = 净吨位数 × 适用单位税额

其中，拖船和非机动驳船的应纳税额的计算为：

应纳税额 = 净吨位数 × 适用单位税额 × 50%

【例8-3】某运输公司拥有载客汽车25辆，其中座位数为32座的客车22辆，其余3辆客车均为16座；拥有载货汽车14辆，其自重吨位均为5吨；客货两用车5辆，核准载客人数为6人，自重吨位3吨。当地车船税适用税率规定为：大客车每辆500元，中型客车每辆450元，小型客车每辆400元，载货汽车每吨30元。计算该运输公司当年应缴纳的车船税额。

【解析】

(1)该公司拥有的大客车应缴纳车船税 = 22 × 500 = 1 1000(元)

(2)该公司拥有的中型客车应缴纳车船税 = 3 × 450 = 1 350(元)

(3)该公司拥有的载货汽车应缴纳车船税 = 14 × 5 × 30 = 2 100(元)

(4)该公司拥有的客货两用车应缴纳车船税 = 5 × 3 × 30 = 450(元)

(5)该公司应缴纳的车船税 = 11 000 + 1 350 + 2 100 + 450 = 14 900(元)

2. 其他特殊规定及其计算

（1）新购置车船应纳税额的计算 购置的新车船，购置当年的应纳税额自纳税义务发生的当月起按月计算。计算公式为：

应纳税额 =（年应纳税额 ÷ 12）× 应纳税月份数

（2）车船盗抢、报废、灭失情况下的应纳税额的计算 在一个纳税年度内，已完税的车船被盗抢、报废、灭失的，纳税人可以凭有关管理机关出具的证明和完税证明，向纳税所在地的主管地方税务机关申请退还自被盗抢、报废、灭失月份起至该纳税年度终了期间的税款。

已办理退税的被盗抢车船，失而复得的，纳税人应当从公安机关出具相关证明的当月起计算缴纳车船税。

六、车船税的减免税规定

1. 下列车船免征车船税：

（1）非机动车船（不包括非机动驳船）；

（2）拖拉机；

（3）捕捞、养殖渔船；

（4）军队、武警专用的车船；

（5）警用车船；

（6）按照有关规定已经缴纳船舶吨税的船舶；

（7）依照我国有关法律和我国缔结或者参加的国际条约的规定应当予以免税的外国驻华使馆、领事馆和国际组织驻华机构及其有关人员的车船。

（8）省、自治区、直辖市人民政府可以根据当地实际情况，对城市、农村公共交通车船给予定期减税、免税。

2. 减免税的特别规定与说明

（1）非机动车，是指以人力或者畜力驱动的车辆，以及符合国家有关标准的残疾人机动轮椅车、电动自行车等车辆；非机动船是指自身没有动力装置，依靠外力驱动的船舶；

（2）拖拉机，是指在农业（农业机械）部门登记为拖拉机的车辆；

（3）捕捞、养殖渔船，是指在渔业船舶管理部门登记为捕捞船或者养殖船的渔业船舶。不包括在渔业船舶管理部门登记为捕捞船或者养殖船以外类型的渔业船舶；

（4）军队、武警专用的车船，是指按照规定在军队、武警车船管理部门登记，并领取军用牌照、武警牌照的车船；

（5）警用车船，是指公安机关、国家安全机关、监狱、劳动教养管理机关和人民法院、人民检察院领取警用牌照的车辆和执行警务的专用船舶；

（6）外国驻华使馆、领事馆和国际组织驻华机构及其有关人员在办理车船税免税事项时，应当向主管地方税务机关出具本机构或个人身份的证明文件和车船所有权证明文件，并申明免税的依据和理由。

七、车船税的申报与缴纳

1. 纳税义务的发生时间

车船税的纳税义务发生时间，为车船管理部门核发的车船登记证书或者行驶证书所记载日期的当月。

纳税人未按照规定到车船管理部门办理应税车船登记手续的，以车船购置发票所载开具时间的当月作为车船税的纳税义务发生时间。对未办理车船登记手续且无法提供车船购置发票的，由主管地方税务机关核定纳税义务发生时间。

2. 纳税期限

车船税按年申报缴纳。具体申报纳税期限由省、自治区、直辖市人民政府确定。

由扣缴义务人代收代缴机动车车船税的，纳税人应当在购买机动车交通事故责任强制保险的同时缴纳车船税。

纳税人应当向主管地方税务机关和扣缴义务人提供车船的相关信息。

纳税人在购买机动车交通事故责任强制保险时缴纳车船税的，不再向地方税务机关申报纳税。

扣缴义务人在代收车船税时，应当在机动车交通事故责任强制保险的保险单上注明已收税款的信息，作为纳税人完税的证明。除另有规定外，扣缴义务人不再给纳税人开具代扣代收税款凭证。纳税人如有需要，可以持注明已收税款信息的保险单，到主管地方税务机关开具完税凭证。

3. 纳税地点

车船税的纳税地点，由省、自治区、直辖市人民政府根据当地实际情况确定。

跨省、自治区、直辖市使用的车船，纳税地点为车船的登记地。

【本章小结】

房产税以在征税范围内的房屋产权所有人为纳税人；房产税以城市、县城、建制镇、工矿区的房产为征税对象；房产税以应税房产的计税余值为计税依据时，其适用税率为1.2%；房产税以应税房产的租金收入为计税依据时，其适用税率为12%。

在中华人民共和国境内转移土地、房屋权属，承受的单位和个人为契税的纳税人；契税的征税对象为发生土地使用权和房屋所有权权属转移的土地和房屋；契税实行幅度比例税率，税率幅度为3%～5%。

在中华人民共和国境内，车辆、船舶（以下简称车船）的所有人或者管理人为车船税的纳税人；车船税的征税对象是指依法应当在车船管理部门登记的车船；车船税主要实行幅度定额税率。

【思考与练习】

一、单项选择

1. 纳税人经营自用的房屋缴纳房产税的计税依据是（　　）。

A. 房屋原值　　B. 房屋净值

C. 市场价格　　D. 计税余值

2. 下列有关房产税纳税人的表述中，不正确的是（　　）。

A. 房屋产权出典的由承典人纳税

B. 房屋出租的由承租人纳税

C. 房屋产权未确定的由代管人或使用人纳税

D. 产权人不在房屋所在地的由房屋代管人或使用人纳税

3. 下列行为不征收契税的是(　　)。

A. 以房抵债　　B. 以房产对外投资

C. 房屋赠与　　D. 房屋使用权交换

4. 下列属于契税纳税人的是(　　)。

A. 购买花园别墅的用户

B. 销售别墅的某房地产公司

C. 出让土地使用权的国土资源管理局

D. 承受土地房屋用于医疗、科研的医院

5. 下列不属于车船税计税依据的是(　　)。

A. 应税客车和摩托车的辆数

B. 应税货车的自重吨位数

C. 应税货车的载重吨位数

D. 应税船舶的净吨位数

二、多项选择

1. 下列各项，免征房产税的有(　　)。

A. 人民团体自用的房产

B. 事业单位的业务用房

C. 个人所有的非营业用房

D. 宗教寺庙出租的住房

E. 企业办的学校自用的房产

2. 下列有关契税表述中，正确的有(　　)。

A. 契税的纳税人是我国境内土地、房屋权属的承受者

B. 契税的征税对象是我国境内产权发生转移的不动产

C. 契税实行差别比例税率

D. 契税纳税人不包括国有经济单位

E. 契税纳税人不包括在我国境内承受土地权属的外国个人

3. 下列车船税的征税对象中，适用于按自重吨数计算应纳税额的有(　　)。

A. 载客汽车　　B. 载货汽车　　C. 摩托车

D. 专用作业车　　E. 船舶

三、判断题

1. 农村居民住房应缴纳房产税。(　　)

2. 国有土地使用权的转让行为应缴纳契税。(　　)

3. 行政事业单位所拥有的车船一律免征车船税。(　　)

四、计算分析题

1. 某国有企业在其所在城市市区有房屋三幢，其中两幢用于本企业生产经营，两幢房屋账面原值共为400万元；另外一幢房屋租给某私营企业，年租金收入为20万元(当地政府规定允许按房产原值一次扣除30%)。

试计算：

(1)该企业生产、经营自用房屋应缴纳的房产税。

(2)该企业出租的房屋应缴纳的房产税。

2. 某运动员2013年受赠一栋房屋市场价值40万元，该省契税税率为5%。同年，外省某单位奖励其住宅一套，市场价值60万元，房产所在地契税税率为4%。

试计算该运动员应缴纳的契税税额。

■ 第九章 土地增值税法律制度

【学习目标】

通过学习本章内容，掌握土地增值税的纳税人、征税范围、税率；掌握土地增值额的计算、扣除项目的确定，学会运用速算扣除系数计算应纳税额的方法。

第一节 土地增值税概述

一、土地增值税的概念

土地增值税是对转让中华人民共和国国有土地使用权、地上建筑物及其附着物并取得收入的单位和个人，就其转让房地产所取得的增值额征收的一种税。现行土地增值税的基本规范是1993年12月13日国务院制定颁布的《中华人民共和国土地增值税暂行条例》(以下简称《土地增值税暂行条例》和1994年1月27日财政部发布的《中华人民共和国土地增值税暂行条例实施细则》(以下简称《实施细则》)。

二、开征土地增值税的意义

开征土地增值税，对于抑制房地产的投机、炒卖活动，加强宏观经济调控，防止国有土地收益的流失，增加财政收入，调节社会分配关系及完善税制等，具有重要作用。

第二节 土地增值税的纳税人、征税范围和税率

一、土地增值税的纳税人

《土地增值税暂行条例》规定，凡转让中华人民共和国国有土地使用权、地上建筑物及其附着物(以下简称转让房地产)并取得收入的单位和个人为土地增值税的纳税义务人。这里所称“单位”是指各类企业、事业单位、国家机关和社会团体及其他组织，“个人”包括个体经营者。根据《全国人大常委会关于外商投资企业和外国企业适用增值税、消费税、营业税等税收暂行条例的决定》、《国务院关于外商投资企业和外国企业适用增值税、消费税、营业税等税收暂行条例的有关问题的通知》以及《国家税务总局关于外商投资企业和外国企业及外籍个人适用税种问题的通知》等的规定，土地增值税适用于涉外企业和个人。因此，外商投资企

业、外国企业及外国驻华机构、以及外国公民、华侨、港澳同胞等，均在土地增值税纳税人范围之内。

由上可见，一切行政、企事业单位及个人，不分内外和经济性质，不分法人和自然人，也不论是专营还是兼营房地产开发业务，只要是有偿转让房地产，就是土地增值税的纳税人，就必须依照其土地增值收益按规定税率缴纳土地增值税。

二、土地增值税的征税范围

1. 转让国有土地使用权

这里所说的“国有土地”是指按国家法律规定属于国家所有的土地。

2. 地上的建筑物及其附着物连同国有土地使用权一并转让

这里所说的“地上的建筑物及其附着物”，是指建于土地上的一切建筑物，包括地上地下的各种附属设施，以及附着于该土地上的不能移动或一经移动即受损坏的物品。

合理、准确界定土地增值税的征税范围十分重要，在实际工作中可以根据以下三条标准进行判定：

（1）转让土地的使用权是否为国家所有 按照我国现行的土地法律制度规定，城市的土地属于国家所有，农村和城市郊区的土地除由法律规定属于国家所有的以外属于集体所有。同时规定：“国家为了公共利益的需要，可以依法对集体所有的土地实行征用。”依法被征用后的土地属于国家所有。依照《土地增值税暂行条例》条文，当按上述法律规定属于国家所有的土地，即“国有土地”，其土地使用权转让时，属于土地增值税的征税范围，集体土地使用权需要先由国家征用后才能转让。

（2）房地产的权属是否发生变更 土地增值税是对国有土地使用权、地上的建筑物及其附着物的转让行为征税，因此，土地使用权和房产产权是否发生变更、是否转让，是判定应否纳入土地增值税征税范围的客观标准。

（3）转让房地产是否取得收入 土地增值税是对有偿转让房地产行为征税，因此，这意味着无论是单独转让国有土地使用权，还是将房屋产权连同国有土地使用权一并转让，只要取得收入，就属于土地增值税的征税范围，应依法征收土地增值税；对于房地产的继承、赠与，由于只发生房地产权属的变更却没有取得相应的收入，故属于无偿转让房地产行为，不能纳入土地增值税的范围。

三、土地增值税的税率

根据《土地增值税暂行条例》的规定，土地增值税实行四级超率累进税率：

1. 增值额未超过扣除项目金额50%的部分，税率为30%；

2. 增值额超过扣除项目金额50%、未超过扣除项目金额100%的部分，税率为40%；

3. 增值额超过扣除项目金额100%、未超过扣除项目金额200%的部分，税率为50%；

4. 增值额超过扣除项目金额200%的部分，税率为60%。

上述所列四级超率累进税率，每级“增值额未超过扣除项目金额”的比例，均包括本比例数。详见表9-1：

表9-1　　土地增值税四级超率累进税率表

级数	增值额与扣除项目金额的比率	税率(%)	速算扣除系数(%)
1	不超过50%的部分	30	0
2	超过50%不超过100%的部分	40	5
3	超过100%不超过200%的部分	50	15
4	超过200%的部分	60	35

第三节　土地增值税应税收入与扣除项目的确定

一、应税收入的确定

根据《土地增值税暂行条例》及其《实施细则》的规定，纳税人转让房地产取得的应税收入，应包括转让房地产的全部价款及有关的经济收益。从收入的形式来看，包括货币收入、实物收入和其他收入。

1. 货币收入

是指纳税人转让房地产而取得的现金、银行存款、支票、银行本票、汇票等各种信用票据以及国库券、金融债券、企业债券、股票等有价证券。这些类型的收入其实质都是转让方因转让国有土地使用权、房屋产权而向受让方收取的价款。转让房地产所取得的收入为外国货币的，以取得收入当天或当月1日国家公布的市场汇价折合成人民币，据以计算应纳土地增值税税额。

2. 实物收入

是指纳税人转让房地产而取得的各种实物形态的收入。例如房屋、土地等不动产，钢材、水泥等建筑材料等。实物收入的价值一般须对实物形态的财产进行评估后才能确定。

3. 其他收入

是指纳税人转让房地产而取得的无形资产收入或具有财产价值的权利，如专利权、著作权、商标权等，其价值应进行专门的评估。

二、扣除项目的确定

根据《土地增值税暂行条例》及《实施细则》的规定，准予从纳税人转让房地产取得的收入额中减除的扣除项目包括以下七项：

1. 取得土地使用权所支付的金额

取得土地使用权所支付的金额是指纳税人为取得土地使用权所支付的地价款和按国家统一规定交纳的有关费用。具体包括：

(1)纳税人为取得土地使用权所支付的地价款 由于纳税人取得土地使用权的方式不尽相同，“地价款”的内涵也有所区别：纳税人如果是以协议、招标、拍卖等出让方式取得土地使用权的，地价款则为其支付的土地出让金，纳税人如果是以行政划拨方式无偿取得土地使用权的，地价款则为其按照国家有关规定补交的土地出让金，纳税人如果是以转让方式取得土地使用权的，地价款则为其向原土地使用人实际支付的地价款。

(2)纳税人在取得土地使用权时按国家统一规定交纳的有关费用 这里所称"有关费用"是指纳税人在取得土地使用权过程中为办理有关手续，按国家统一规定缴纳的有关登记、过户手续费。

2. 房地产开发成本

房地产开发成本是指纳税人房地产开发项目实际发生的成本，包括土地征用及拆迁补偿费、前期工程费、建筑安装工程费、基础设施费、公共配套设施费、开发间接费用等。

(1)土地征用及拆迁补偿费 土地征用及拆迁补偿费包括土地征用费、耕地占用税、劳动力安置费及有关地上、地下附着物拆迁补偿的净支出、安置动迁用房支出等。

(2)前期工程费 前期工程费包括规划、设计、项目可行性研究和水文、地质、勘察、测绘、"三通一平"等支出。

(3)建筑安装工程费 建筑安装工程费是指以出包方式支付给承包单位的建筑安装工程费，以自营方式发生的建筑安装工程费。

(4)基础设施费 基础设施费包括开发小区内道路、供水、供电、供气、排污、排洪、通讯、照明、环卫、绿化等工程发生的支出。

(5)公共配套设施费 公共配套设施费包括不能有偿转让的开发小区内公共配套设施发生的支出。

(6)开发间接费用 开发间接费用是指直接组织、管理开发项目发生的费用，包括工资、职工福利费、折旧费、修理费、办公费、水电费、劳动保护费、周转房摊销等。

3. 房地产开发费用

房地产开发费用是指开发土地和新建房及配套设施(简称房地产开发)的费用，是指与房地产开发项目有关的销售费用、管理费用和财务费用。根据现行财务会计制度将这三项费用作为期间费用，直接计入当期损益，不按成本核算对象进行分摊，因此，房地产开发费用不按房地产开发项目实际发生的费用进行扣除，而按《土地增值税暂行条例实施细则》所规定的标准进行扣除。《实施细则》规定，财务费用中的利息支出，凡能够按转让房地产项目计算分摊并提供金融机构证明的，允许据实扣除，但最高不得超过按商业银行同类同期贷款利率计算的金额。其他房地产开发费用，按《实施细则》第七条规定(即取得土地使用权所支付的金额和房地产开发成本，下同)计算的金额之和的5%以内计算扣除。凡不能按转让房地产项目计算分摊利息支出或不能提供金融机构证明的，房地产开发费用皖《实施细则》第七条(一)、(二)项规定计算的金额之和的10%以内计算扣除。计算扣除的具体比例，由各省、自治区、协调人民政府规定。

4. 旧房及建筑物的评估价格

旧房及建筑物的评估价格是指在转让已使用的房屋及建筑物时，由政府批准设立的房地产评估机构评定的重置成本价乘以成新度折扣率后的价格，评估价格须经当地税务机关确认。

5. 与转让房地产有关的税金

与转让房地产有关的税金是指在转让房地产时缴纳的营业税、城市维护建设税、印花税。因转让房地产交纳的教育费附加，也可视同税金予以扣除。

6. 财政部规定的其他扣除项目

对从事房地产开发的纳税人，可按取得土地使用权所支付的金额和房地产开发成本之和加计 20% 的扣除。需要强调的是，此项优惠只适用于从事房地产开发的纳税人，其他纳税人不在此列，以保护正常开发投资者的积极性，抑制炒买炒卖房地产的投机行为。

第四节　土地增值税应纳税额的计算

一、增值额的确定

土地增值税的计税依据是纳税人转让房地产所取得的增值额。纳税人转让房地产所取得的收入减除规定扣除项目金额后的余额为增值额，即：

增值额 = 转让房地产取得的收入 - 准予扣除项目金额

《土地增值税暂行条例》第 9 条及《实施细则》第 14 条规定，纳税人有下列情形之一的，按照房地产评估价格计算征收：

1. 隐瞒、虚报房地产成交价格的

是指纳税人不报或有意低报转让土地使用权、地上建筑物及其附着物价款的行为。隐瞒、虚报房地产成交价格，应由评估机构参照同类房地产的市场交易价格进行评估，税务机关根据评估价格确定转让房地产的收入。

2. 提供扣除项目金额不实的

是指纳税人在纳税申报时不据实提供扣除项目金额的行为。提供扣除项目金额不实的，应由评估机构按照房屋重置成本价乘以成新度折扣率计算的房屋成本价和取得土地使用权时的基准地价进行评估，税务机关根据评估价格确定扣除项目金额。

3. 转让房地产的成交价格低于房地产评估价格，又无正当理由的

是指纳税人申报的转让房地产的实际成交价低于房地产评估机构评定的交易价，纳税人又不能提供凭据或无正当理由的行为。转让房地产的成交价格低于房地产评估价格又无正当理由的，由税务机关参照房地产评估价格确定转让房地产的收入。

二、应纳税额的计算方法

土地增值税按照纳税人转让房地产所取得的增值额和规定的税率计算征收，用公式表示为：

应纳税额 = ∑（每级距的土地增值额 × 适用税率）

由于土地增值税采用超率累进税率，故分步计算比较繁琐，可引进速算扣除系数以简化计算过程。计算公式如下：

1. 增值额未超过扣除项目金额 50% 的部分：

应纳税额 = 增值额 × 30%

2. 增值税超过扣除项目金额 50%，未超过 100% 的部分：

应纳税额 = 增值额 × 40% - 扣除项目金额 × 5%

3. 增值额超过扣除项目金额 100%，未超过项目 200% 的部分；

应纳税额 = 增值额 × 50% - 扣除项目金额 × 15%

4. 增值额超过扣除项目金额 200% 的部分：

应纳税额 = 土地增值税 ×60% －扣除项目金额 ×35%

以上公式中的 5%、15%、35% 为速算扣除系数。

【例 9－1】祥云房地产开发公司销售房地产收入为 6 500 万元，该公司取得土地使用权所支付的金额为 2 000 万元，支付给房地产评估机构的评估费 100 万元。计算其应纳土地增值税的税额。

第一种方法，不使用速算扣除数：

(1)增值额 =6 500 －2 000 －100 =4 400(万元)

(2)增值额与扣除项目金额之比 =4 400 ÷2 100 =209.5%

故该纳税人适用税率为 30%、40%、50%、60% 四档。

(3)应纳土地增值税税额 =1 050 ×30% +1 050 ×40% +2 100 ×50% +200 ×60% =1 905(万元)

第二种方法，运用速算扣除数：

(1)增值额 =6 500 －2 000 －100 =4 400(万元)

(2)增值额与扣除项目金额之比 =4 400 ÷2 100 =209.5%

由于增值额与扣除项目金额之比超过 200%，税率为 60%，速算扣除系数为 35%。

(3)应纳土地增值税税额 =4 400 ×60% －2 100 ×35% =1905(万元)

第五节　土地增值税税收优惠

一、对建造普通标准住宅的税收优惠

纳税人建造普通标准住宅出售，增值额未超过扣除项目金额 20% 的，免征收土地增值税。

这里所说的“普通标准住宅”，是指按所在地一般民用住宅标准建造的居住用住宅。高级公寓、别墅、度假村等不属于普通标准住宅。普通标准住宅与其他住宅的具体划分界限由各省、自治区、直辖市人民政府规定。纳税人建造普通标准住宅出售，增值额未超过扣除项目金额 20% 的，免征土地增值税；增值额超过扣除项目金额 20% 的，应就其全部增值额按规定计税。

对于纳税人既建造普通标准住宅又从事其他房地产开发的，应分别核算增值额。不分别核算增值额或不能准确核算增值额的，其建造的普通标准住宅不能适用这一免税规定。

二、对国家征用收回的房地产的税收优惠

因国家建设需要依法征用、收回房地产的，免征土地增值税。

这里所说的“因国家建设需要依法征用、收回的房地产”，是指因城市实施规划、国家建设的需要而搬迁。由纳税人自行转让原房地产的，比照有关规定免征土地增值税。

三、对个人转让房地产的税收政策

个人因工作调动或改善居住条件而转让原自用住房，经向税务机关申报核准，凡居住满 5 年或 5 年以上的，免予征土地增值税；居住满 3 年未满 5 年的，减半征收土地增值税；居住未满 3 年的，按规定计征土地增值税。

第六节　土地增值税征收管理

一、土地增值税的纳税时间

纳税人应当在转让房地产合同签订后 7 日内，到房地产所在地主管税务机关办理纳税申报，并向税务机关提交房屋及建筑物产权、土地使用权证书、土地转让、房产买卖合同、房地产评估报告及其他与转让房地产有关的资料。纳税人因经常发生房地产转让而难以在每次转让后申报的，经税务机关审核同意后，可以定期进行纳税申报，具体期限由税务机关根据情况确定。

二、土地增值税的纳税地点

土地增值税的纳税人应向房地产所在地主管税务机关办理纳税申报，并在税务机关核定的期限内缴纳税款。纳税地点的确定又分为两种情况：

1. 纳税人是法人

当转让的房地产坐落地与其机构所在地或经营所在地一致时，则在办理税务登记的原管辖税务机关申报纳税；如果转让的房地产坐落地与其机构所在地或经营地不一致时，则应在房地产坐落地所属税务机关申报纳税。

2. 纳税人是自然人

当转让的房地产坐落地与其住所地一致时，则在其住所地税务机关申报纳税；当转让的房地产坐落地与其住所地不一致时，则在办理过户手续所在地税务机关申报纳税。

【本章小结】

土地增值税是对有偿转让国有土地使用权、地上建筑物及其他附着物，并取得增值收益的单位和个人征收的一种税。本章主要介绍了土地增值税的征税范围、纳税人、税目、税率、计税依据及应纳税额的计算和税款征收。土地增值税以纳税人转让房地产取得的增值额为计税依据。

土地增值税实行 4 级超率累进税率：增值额未超过扣除项目金额 50% 的部分，税率为 30%；增值额超过扣除项目金额 50%、未超过 100% 的部分，税率为 40%；增值额超过扣除项目金额 100%、未超过 200% 的部分，税率为 50%；增值额超过扣除项目金额 200% 的部分，税率为 60%。

【思考与练习】

一、单项选择题

1. 下列各项中应征土地增值税的项目是(　　)。

A. 以房地产进行联营投资　　B. 城市企业房产交换

C. 合作建房、建成后自用　　D. 国家征用房地产

2. 居民个人转让房地产要缴纳土地增值税的有(　　)。

A. 继承的房地产　　B. 将房屋赠予直系亲属

C. 转让居住 5 年以上的私房　　D. 个人互换自有住房

3. 旧房及建筑物的转让中，其重置成本价由(　　)评定。

A. 土地管理局　　B. 房管局

C. 房地产证估机构　　D. 资产评估事务所

4. 土地增值税的纳税人应在转让房地产合同签订后的(　　)日内，到税务机关办理纳税申报。

A. 3　　B. 7　　C. 10　　D. 30

5. 纳税人建造普通标准住宅出售，增值额超过扣除项目金额20%的，应就其(　　)按规定计算缴纳土地增值税。

A. 出售金额　　B. 扣除项目金额

C. 全部增值额　　D. 出售金额减去扣除项目金额

二、多项选择题

1. 下列各项中，属于土地增值税征收税范围，应按规定计算征收土地增值税的有(　　)。

A. 国有土地使用权转让　　B. 存量房地产买卖

C. 房地产的代建房行为　　D. 房地产的继承

2. 下列各项中，不属于土地增值税征税范围的有(　　)。

A. 房地产评估增值　　B. 房地产的出租

C. 房地产的继承　　D. 房地产的交换

3. 下列各项中，按规定可以免征或者暂免征收土地增值税的有(　　)。

A. 被兼并企业将房地产转让到兼并企业

B. 兼并企业将其接受的被兼并企业的房地产对外转让

C. 单位之间互换房地产

D. 个人之间互换自有居住用房地产

4. 根据《土地增值税暂行条例实施细则》的规定，纳税人在计算房地产开发费用时，财务费用中的借款利息支出，凡能够按照转让房地产项目计算分摊并提供金融机构证明的，允许据实扣除。但(　　)不能计入利息支出扣除。

A. 超过商业银行同类同期贷款利率计算的利息金额

B. 超过国家规定上浮幅度的利息支出

C. 超过贷款期限的利息部分

D. 金融机构加收的罚息

5. 土地增值税纳税人在确定扣除项目金额时，可以扣除的与房地产转让有关的税金有(　　)。

A. 营业税　　B. 城市维护建设税

C. 印花税　　D. 企业所得税

三、计算分析题

宏达公司将其所拥有的新建办公楼一幢出售给华宇公司，售价为4900万元，按照宏达公司提供的有关资料，宏达公司在取得该土地使用权时，共支付土地出让金850万元，在建设该办公楼过程中，支付有关拆迁补偿费160万元，支付前期开发费用70万元，支付建筑安装工程费1520万元，支付基础设施费240万元，支付开发间接费用134万元，建造过程中发生贷款利息支出76万元，支付有关税金245万元，计算宏达公司应缴纳的土地增值税税额。

第十章 印花税法律制度

【学习目标】

通过学习本章内容，熟悉印花税的纳税义务人、税目、税率等基本知识；学会印花税应纳税额的计算。

第一节 印花税的纳税人与征税范围

一、印花税的纳税人

印花税是对经济活动和经济交往中书立、使用、领受具有法律效力的凭证的单位和个人征收的一种税。根据《中华人民共和国印花税暂行条例》第一条规定，在我国境内书立、领受条例所列凭证的单位和个人，都是印花税的纳税人。这里所称的“单位”，是指国内各类企业、事业、机关、团体、部队，根据《国务院关于外商投资企业和外国企业运用增值税、消费税、营业税等税收暂行条例有关问题的通知》的规定，中外合资企业、合作企业、外商独资企业、外国公司和其他经济组织及其在华机构等单位，应按规定缴纳印花税。这里所称的“个人”，是指除上述单位之外的中国公民和外国公民。

根据书立、领受应税凭证的不同，印花税的纳税人分为：立合同人、立账簿人、立据人、领受人和使用人。

1. 立合同人

立合同人指合同的当事人。所谓当事人，是指对凭证有直接权利义务关系的单位和个人，不包括保证人、证人、鉴定人。当事人的代理人有代理纳税的义务。如果一份合同由两方或两方以上当事人共同签订的，签订合同的各方都是纳税人。

2. 立账簿人

立账簿人是指开立并使用营业账簿的单位和个人。

3. 立据人

立据人是指书立产权转移书据的单位和个人。如果该项凭证是由两方或两方以上单位或个人共同书立的，各方都是纳税人。

4. 领受人

领受人是指领取并持有该项凭证的单位和个人。

5. 使用人

在国外书立和领受但在国内使用的应税凭证，以使用人为纳税人。

6. 各类电子应税凭证的签订人。

即以电子形式签订的各类应税凭证的当事人。

印花税纳税人的规定，充分考虑了权利义务相一致的原则。既然某一单位或个人书立、领受了应税凭证，就具有了该凭证所可享受的权利，也就应该来履行该凭证所应负的纳税义务。权利义务相一致，既易于纳税人所接受，也便于征收管理。

二、印花税的征税对象和征税范围

1. 印花税的征税对象

印花税以经济活动和经济交往中书立、领受的商事、产权凭证为征税对象。所称“凭证”，是指在中国境内具有法律效力，受中国法律保护的凭证。

2. 印花税的征税范围

现行《印花税暂行条例》规定的应税凭证的具体范围包括以下几类：

（1）合同或具有合同性质的凭证 合同或具有合同性质的凭证包括购销、加工承揽、建设工程承包、财产租赁、货物运输、仓储保管、借款、财产保险、技术等合同、凭证。所称“合同”，是指根据《中华人民共和国合同法》订立的合同。所称“具有合同性质的凭证”，是指具有合同效力的协议、契约、合同、单据、确认书及其他各种名称的凭证。

（2）产权转移书据 产权转移书据包括财产所有权和版权、商标专用权、专利权、专有技术使用权等转移所书立的转移书据。所称“产权转移书据”，是指单位和个人产权的买卖、继承、赠与、交换、分割等所书立的书据。

（3）营业账簿 所谓“营业账簿”，是指单位或者个人记载生产经营活动的财务会计核算账簿。包括单位和个人从事生产经营活动所设立的各种账册。

（4）权利许可证 权利许可证照包括房屋产权证、工商营业执照、商标注册证、专利证、土地使用证等证照。

（5）经财政部确定征税的其他凭证 印花税的征税范围采用正列举法，按列举税目征税。对于实际经济交往中的诸多凭证，只要其性质属于列举征税的范围，不管其以何种形式、何种名称书立，均应按规定缴纳印花税。

第二节　印花税的计税依据、税率和税收优惠

一、印花税的计税依据

根据应税凭证的种类，印花税的计税依据分别规定有以下几种：

1. 以凭证所载金额为计税依据

以凭证所载金额作为计税依据的，一般适用于合同或具有合同性质的凭证以及产权转移书据。

2. 以实收资本和资本公积总额为计税依据

以实收资本和资本公积总额作外计税依据的，只适用于营业账簿中的记载资金的账簿。

3. 以凭证或账簿的件数为计税依据

对那些本身不反映经济内容也不记载金额的凭证，如权利许可证照，以及企业的日记账

簿和各种明细分类账簿等辅助性的、核算内容各异的账簿，规定按凭证或账簿的件数纳税。

二、印花税的税率

印花税的税率采用比例税率和定额税率两种。

1. 比例税率

《印花税暂行条例》规定，对一些载有金额的凭证，如各类合同、资金账簿等，都采用比例税率。这类凭证都标明确定的金额，可以按比例计算应纳税额，从而既能保证财政收入，又能体现合理负担的原则。

在印花税的13个税目种，采用比例税率的有11个税目和营业账簿这一税目中的资金账簿部分。现行税率共分四档，分别为0.05‰、0.3‰、0.5‰、1‰。

适用0.05‰税率的是：借款合同。

适用0.3‰税率的是：购销合同、建筑安装工程承包合同、技术合同。

适用0.5‰税率的是：加工承揽合同、建设工程勘察设计合同、货物运输合同、产权转移书据、营业账簿税目中的记载资金的账簿。

适用1‰税率的是：财产租赁合同、仓储保管合同、财产保险合同。2005年1月24日起股权转让书据税率由2‰调整为1‰。

2. 定额税率

《印花税暂行条例》规定，对一些无法计算金额的凭证，如各种权利许可证照，或者虽载有金额，但作为计税依据明显不合理的凭证，如其他账簿等采用定额税率，既简化了征管手续，又便于纳税人掌握。

在印花税的13个税目中，采用定额税率的是权利许可证照一个税目及营业账簿税目中的其他账簿部分，税额均为每件5元。

印花税税目税率见表10-1：

表10-1　印花税税目税率

税目	范围	税率	纳税人	说明
1. 购销合同	包括供应、预购、采购、购销、结合及协作、调剂、补偿、易货等合同	按购销金额0.3‰贴花	立合同人	
2. 加工承揽合同	包括加工、定作、修缮、修理、印刷广告、测绘、测试等合同	按加工或承揽收入0.5‰贴花	立合同人	
3. 建设工程勘察设计合同	包括勘察、设计合同	按收取费用0.5‰贴花	立合同人	
4. 建筑安装工程承包合同	包括建筑、安装工程承包合同	按承包金额0.3‰贴花	立合同人	

续表

税目	范围	税率	纳税人	说明
5. 财产租赁合同	包括租赁房屋、船舶、飞机、机动车辆、机械、器具、设备等合同	按租赁费金额0.1‰贴花。税额不足1元，按1元贴花	立合同人	
6. 货物运输合同	包括民用航空运输、铁路运输、海上运输、内河运输、公路运输河联运合同	按运输费用0.5‰贴花	立合同人	单据作为合同使用的，按合同贴花
7. 仓储保管合同	包括仓储、保管合同	按仓储保管费用0.1‰贴花	立合同人	仓单或栈单作为合同使用的，按合同贴花
8. 借款合同	银行及其他金融组织和借款人(不包括银行同业拆借)所签订的借款合同	按借款金额0.05‰贴花	立合同人	单据作为合同使用的，按合同贴花
9. 财产保险合同	包括财产、责任、保证、信用等保险合同	按保险费收入0.1‰贴花	立合同人	单据作为合同使用的，按合同贴花
10. 技术合同	包括技术开发、转让、咨询、服务等合同	按所载金额0.3‰贴花	立合同人	
11. 产权转移书据	包括财产所有权和版权、商标专用权、专利权、专有技术使用权等转移书据	按所载金额0.5‰贴花	立据人	
12. 营业账簿	生产经营用账簿	记载资金的账簿，按实收资本和资本公积的合计金额0.5‰贴花。其他账簿按件贴花五元	立账簿人	
13. 权利许可证照	包括政府部门发给的房屋产权证、工商营业执照、商标注册证、土地使用证	按件贴花五元	领受人	

三、印花税的税收优惠

1. 凭证的正式签署本已按规定交纳了印花税，其副本或者抄本对外不发生权利义务关系，只是留存备查。但以副本或者抄本使用的，则应另贴印花。

2. 对财产所有人将财产赠给政府、社会福利单位、学校所立的书据免税。

3. 对国家制定的收购部门与村民委员会、农民个人书立的农副产品收购合同免税。

4. 对无息、贴息贷款合同免税。

5. 对外国政府或者国际金融组织向我国政府及国家金融机构提供优惠贷款所书立的合同免税。

6. 对房地产管理部门与工人签订的业余生活居住的租赁合同免税。

7. 对农牧业保险合同免税。

8. 经财政部批准免税的其他凭证。

第三节 印花税应纳税额的计算与征收管理

一、印花税应纳税额的计算方法

1. 印花税的计税依据

根据应税凭证的种类，印花税的计税依据分别规定有以下几种：

(1) 以凭证所载金额计税 以凭证所载金额计税一般适用于合同或具有合同性质的凭证以及产权转移书据。

2. 以实收资本和资本公积总额计税 以实收资本和资本公积总额计税适用于营业账簿中的记载资金的账簿。

3. 以凭证或账簿的件数计税 对那些本身不反映经济内容，也不记载金额的凭证，如权利许可证照、企业的日记账簿和各种明细分类账簿等辅助性的、核算内容各异的账簿，规定按凭证或账簿的件数纳税。

2. 印花税应纳税额的计算

纳税人的应纳税额根据应纳税凭证的限制，分别按比例税率或定额税率计算。

实行比例税率的凭证，应纳印花税额的计算公式为：

应纳税额 = 凭证所载应税金额 × 适用比例税率

实行定额税率的凭证，应纳印花税额的计算公式为：

应纳税额 = 应税凭证件数 × 适用定额税率

【例 10 - 1】某公司 2007 年 10 月开业，领受房屋产权证、工商营业执照、土地使用证各一件，商标注册证 2 件；与其他企业订立加工承揽合同一份，合同载明力圣公司提供的原材料金额 500 万元，需支付的加工承揽费 50 万元；另订立财产保险合同一份，保险金额为 1 000 万元，保险费 12 万元。计算该公司 2007 年 10 月应纳印花税税额。

【解析】

(1) 有关合同应缴纳的印花税税额 = 500 000 × 0.05‰ + 120 000 × 1‰ = 370（元）

有关权利许可证照应纳印花税税额 = 5 × 5 = 25（元）

该公司 2007 年 10 月合计应缴纳的印花税税额 = 370 + 25 = 395（元）

二、印花税的征收管理

1. 印花税的纳税方法

(1)自行贴花 纳税人在书立和领受应税凭证时，应按规定的税率计算出该凭证应纳的税额，然后在应纳税凭证上一次贴足印花，并加以注销。这种缴纳方法，一般适用于应税凭证较少或同一凭证缴纳税款次数较少的纳税人。

(2)汇贴或汇缴 这种方法适用于应纳税额较大或者贴花次数频繁的纳税人。一份凭证应纳税额超过500元的应向税务机关申请填写缴款书或者完税证，采用汇贴、汇缴的方法纳税。汇缴的期限由税务机关根据应纳税额的大小予以核定，但最长不超过1个月。纳税人应将同类应税凭证编号装订成册，并将印花税票或缴款书中的一联贴附于后，盖章注销，保存备查。

(3)委托代征 这一办法主要是通过税务机关的委托，经由发放或者办理应纳税凭证的单位代为征收印花税税款。凡通过国家有关部门发放、签证、公正或仲裁的应税凭证，可由税务机关委托这些部门代征。

2. 印花税的纳税环节

在国内书立、领受的凭证，应在书立或领受时贴花，产权转移书据在立据时贴花，营业账簿在启用时贴花，权利许可证照在领用时贴花。在国外签订的合同，在我国境内履行的，应在使用时贴花。对于在书立时无法确定计税金额的凭证，如技术转让合同中的转让收入等可在签订时按定额5元贴花，以后结算时再按实际的计税金额和规定的税率计算应纳税额补贴印花。

3. 印花税的纳税地点

印花税一般实行就地纳税。对于全国性商品物资订货会上所签订合同应纳的印花税，由纳税人回其所在地后及时办理贴花完税手续；对地方主办、不涉及省级关系的订货会、展销会上所签合同的印花税，其纳税地点由各省、自治区、直辖市人民政府自行确定。

4. 印花税的违章处罚

自2004年1月29日起，印花税纳税人有下列行为之一的，由税务机关根据情节轻重予以处罚：

(1)在应纳税凭证上未贴或少贴印花税票的，或者已粘贴在应税凭证上的印花税票未注销或未划销的，由税务机关追缴其不交或少缴的税款、滞纳金并处不缴或者少缴的税款50%以上5倍以下的罚款；

(2)已贴用的印花税票揭下重用造成未缴或少缴印花税的，由税务机关追缴其不交或少缴的税款、滞纳金并处不缴或者少缴的税款50%以上5倍以下的罚款，构成犯罪的，依法追究刑事责任；

(3)伪造印花税票的，由税务机关责令改正，处以2000元以上10000元以下的罚款，情节严重的处以1万元以上5万元以下的罚款，构成犯罪的，依法追究刑事责任；

(4)按期汇总缴纳印花税的纳税人，超过税务机关核定的纳税期限，未缴或少缴印花税款的，由税务机关追缴其不交或少缴的税款、滞纳金并处不缴或者少缴的税款50%以上5倍以下的罚款；情节严重的，同时撤销其汇缴许可证，构成犯罪的，依法追究刑事责任；

(5)纳税人违反以下规定的，由税务机关责令限期改正，可处以2000元以下罚款，情节严重的，处以2000元以上1万元以下的罚款：

1)凡汇缴印花税的凭证，应加注税务机关指定的汇缴戳记，编号并装订成册后，将已贴印花或者缴款书的一联粘附册后，盖章注销，保存备查；

2)纳税人对纳税凭证应妥善保存。国家对保存期限有规定的按规定，没有明确规定的应在履行完毕后保存1年。

(6)代售户对取得的税款逾期不缴或挪作他用，或者违反合同将所领印花税票转托他人代售或者转至其他地区销售，或者未按规定详细提供领、售印花税票情况的，税务机关可视其情节轻重，给予警告或取消代售资格的处罚。

【本章小结】

印花税是对经济活动和经济交往中书立、使用、领受具有法律效力的凭证的单位和个人征收的一种税。本章主要介绍了印花税的纳税义务人、税目、税率、应纳税额的计算、纳税方法和征收管理等内容。印花税纳税义务人包括立合同人、立账簿人、立据人、领受人和使用人。印花税包括13个税目，适用比例税率和定额税率。印花税的计税依据为各种应税凭证上记载的计税金额。印花税的纳税方法可采用自行贴花办法、汇贴或汇缴办法和委托代征办法。

【思考与练习】

一、单项选择题

1. 下列关于印花税纳税义务人说法不正确的有(　　)。

A. 各类合同的纳税人是立合同人

B. 产权转移书据的纳税人是立据人

C. 权利许可证的纳税人是发放及领受双方

D. 在国外书立、领受，但在国内使用的应税凭证，其纳税人是使用人

2. 下列项目中，属于缴纳印花税的凭证有(　　)。

A. 家庭财产两全保险合同

B. 专利证书副本

C. 劳动输出合同

D. 向学校捐赠财产所立书据

3. A公司向B汽车运输公司租入5辆载重汽车，双方签订的合同规定，5辆载重汽车的总价值为240万元，租期3个月，租金为12.8万元，则A公司应缴印花税额(　　)。

A. 32元　　B. 128元　　C. 600元　　D. 2 400元

4. A公司与B公司签订了购销合同，由A公司向B公司提供价值300 000元的钢材，B公司向A公司提供价值400 000元的水泥，货物价差由A公司付款补足。已知购销合同的印花税税率为0.03%，A、B两公司共缴纳印花税为(　　)。

A. 90元　　B. 120元　　C. 420元　　D. 480元

5. 汽车修配厂与机械进出口公司签订购买价值2 000万元测试设备合同，为购买此设备向工商银行签订借款2 000万元的借款合同。后因故购销合同作废，改签融资租赁合同，租赁费1 000万元。根据上述情况，该厂一共应缴纳印花税为(　　)。

A. 1 500元　　B. 6 500元　　C. 7 000元　　D. 7 500元

二、多项选择题

1. 根据印花税暂行条例的规定，纳税人应该缴纳印花税的合同有(　　)。

A. 贴息贷款合同　　B. 技术转让合同

C. 借款合同　　D. 财产租赁合同

2. 对将已贴用的印花税票揭下重用的纳税人，税务机关可处以罚款，罚款的方式包括（　　）。

A. 重用印花税票金额1倍至3倍

B. 重用印花税票金额1倍至5倍

C. 重用印花税票金额5倍

D. 2 000元以上10 000元以下

3. 下列各项中，应征印花税的项目有（　　）。

A. 产品加工合同　　B. 法律咨询合同

C. 技术开发合同　　D. 出版印刷合同

三、计算分析题

某企业2012年度有关资料如下：

1. 实收资本比2011年增加100万元；

2. 与银行签订一年期借款合同，借款金额300万元，年利率5%；

3. 与甲公司签订以货换货合同，本企业的货物价值350万元，甲公司的货物价值450万元；

4. 与乙公司签订受托加工合同，乙公司提供价值80万元的原材料，本企业提供价值15万元的辅助材料并收 加工费20万元；

5. 与丙公司签订转让技术合同，转让收入40万元；

6. 与货运公司签订运输合同，载明运输费用8万元(其中含装卸费0.5万元)。

7. 与铁路部门签订运输合同，载明运输费及保管费共计20万元。

要求：逐项计算该企业2006年应缴纳的印花税。

第十一章 资源税法

【学习目标】

通过本章的学习，使大家熟悉资源税的概念和国家开征资源税的目的；理解资源税的征税范围、纳税人、扣缴义务人的规定、税目与税额等；重点掌握课税数量确定的基本方法和应纳税额的计算；了解资源税的纳税申报。

第一节 资源税概述

一、资源税的概念

资源税法是指国家制定的用以调整资源税征收与缴纳之间权利及义务关系的法律规范。资源税是以自然资源为课税对象征收的一种税。现行资源税的法律规范，是2011年9月30日国务院颁布的《中华人民共和国资源税暂行条例》（以下简称《资源税暂行条例》）及2011年10月28日财政部国家税务总局分布的《中华人民共和国资源税暂行条例实施细则》（以下简称《资源税实施细则》）。

二、开征资源税的意义

1. 通过合理调节资源级差收入水平，有利于促进企业间公平竞争

我国各地资源分布状况参差不齐，资源开发条件也存在很大差异。不同的开发主体因利用自然资源的开发条件不同，就必然给开采矿产资源的主体利润水平带来差异，甚至十分悬殊。处于资源丰富、矿体品位高、开发条件好的地域的开发主体，收入水平就高，反之，收入水平就低，这就难以客观地反映经营主体的生产经营成果。只有通过开征有合理差别税率的资源税，将因资源状况和开发条件差异形成的级差收入用税收的形式收归国有，才能给企业创造一个平等竞争的外部条件。

2. 通过征收资源税，可促进国有资源的合理开采

我国的矿产资源虽然丰富，但人口众多，如果不合理开采将祸及子孙万代。在开征资源税以前，资源的开发和利用处于一种无序状态，降低了资源的开发和使用效益，助长了一些企业采富弃贫、采易弃难、乱采乱挖等破坏和浪费国家资源的现象。开征资源税后，国家根据资源和开发条件的优劣，采取不同的税额，把资源开采和利用，同纳税人的利益结合起来，可以有利于国家对自然资源的保护和管理；也有利于经营者从自身利益出发，提高资源的开发利用率，科学、合理、有效地开发利用资源。

第二节　资源税纳税人与扣缴义务人

一、资源税的纳税人

资源税的纳税义务人是指在中华人民共和国境内开采应税资源的矿产品或者生产盐的单位和个人。

单位是指国有企业、集体企业、私营企业、股份制企业、其他企业和行政单位、事业单位、军事单位、社会团体及其他单位;个人是指个体经营者和其他个人;其他单位和其他个人包括外商投资企业、外国企业及外籍人员。

中外合作开采石油、天然气，按照现行规定只征收矿区使用费，暂不征收资源税。因此，中外合作开采石油、天然气的企业不是资源税的纳税义务人。

二、资源税的扣缴义务人

收购未税矿产品的单位为资源税的扣缴义务人。规定资源税的扣缴义务人，主要是针对零星、分散、不定期开采的情况，为了加强管理，避免漏税，由扣缴义务人在收购矿产品时代扣代缴资源税。

收购未税矿产品的单位是指独立矿山、联合企业和其他单位。独立矿山是指只有采矿或只有采矿和选矿，独立核算、自负盈亏的单位，其生产的原矿和精矿主要用于对外销售。联合企业是指采矿、选矿、冶炼(或加工)连续生产的企业或采矿、冶炼(或加工)连续生产的企业，其采矿单位，一般是该企业的二级或二级以下核算单位。其他单位也包括收购未税矿产品的个体户在内。

第三节　资源税的税目与税额

资源税采取从量定额的办法征收，实施“普遍征收，级差调节”的原则。

普遍征收是指对在我国境内开发的一切应税资源产品征收资源税;级差调节是指运用资源税对因资源贮存状况、资源优劣、开采条件、地理位置等客观存在的差别而产生的资源级差收入，通过实施差别税额标准进行调节。资源条件好的，税额高一些;资源条件差的，税额低一些。

一、资源税的税目与税率

(一)税目

现行资源税的税目及子目主要是根据资源税应税产品和纳税人开采资源的行业特点设置的。

1. 原油

原油是指开采的天然原油，不包括以油母页岩等炼制的原油。

2. 天然气

天然气是指专门开采的天然气和与原油同时开采的天然气，暂不包括煤矿生产的天然气。

3. 煤炭

煤炭指原煤，不包括洗煤、选煤和其他煤炭制品。

4. 其他非金属矿原矿

其他非金属矿原矿是指原油、天然气、煤炭和井矿盐以外的非金属矿原矿，包括宝石、金刚石、玉石、膨润土、石墨、石英砂、萤石、重晶石、毒重石、蛭石、长石、氟石、滑石、白云石、硅灰石、凹凸棒石、黏土、高岭土石、耐火黏土、云母、大理石、花岗石、石灰石、菱镁矿、天然碱、石膏、硅线石、工业用金刚石、石棉、硫铁矿、自然硫、磷铁矿等。

5. 黑色金属矿原矿

黑色金属矿原矿是指纳税人开采后自用、销售的，用于直接入炉冶炼或作为主产品先人选精矿，制造人工矿、再最终入炉冶炼的黑色金属矿石原矿，包括铁矿石、锰矿石和铬矿石。

6. 有色金属矿原矿

有色金属矿原矿包括铜矿石、铅锌矿石、铝土矿石、钨矿石、锡矿石、锑矿石、铝矿石、镍矿石、黄金矿石等。

7. 盐

一是固体盐，包括海盐原盐、湖盐原盐和井矿盐，二是液体盐（卤水），是指氯化钠含量达到一定浓度的溶液，是用于生产碱和其他产品的原料。

纳税人在开采主矿产品的过程中伴采的其他应税矿产品，凡未单独规定适用税额的，一律按主矿产品或视同主矿产品税目征收资源税。

未列举名称的其他非金属矿原矿和其他有色金属矿原矿，由省、自治区、直辖市人民政府决定征收或暂缓征收资源税，并报财政部和国家税务总局备案。

（二）税率

资源税采取从价定率或从量定额的办法计征，分别以应税产品的销售额乘以纳税人具体适用的比例税率或者以应税产品的销售数量乘以纳税人具体适用的定额税率计算。

表 11-1　　资源税税目、税率表

税目		税率
一、原油		销售额的 5% ~10%
二、天然气		销售额的 5% ~10%
三、煤炭	焦煤	每吨 8 ~20 元
	其他煤炭	每吨 0.3 ~5 元
四、其他非金属矿原矿	普通非金属矿原矿	每吨或每立方米 0.5 ~20 元
	贵重非金属矿原矿	每千克或每克拉 0.5 ~20 元
五、黑色金属矿原矿		每吨 2 ~30 元
六、有色金属矿原矿	稀土矿	每吨 0.4 ~60 元
	其他有色金属矿原矿	每吨 0.4 ~30 元
七、盐	固体盐	每吨 10 ~60 元
	液体盐	每吨 2 ~10 元

二、资源税扣缴义务人适用的税额

1. 独立矿山、联合企业收购未税矿产品的单位，按照本单位应税产品税额标准，依据收购的数量代扣代缴资源税。

2. 其他收购单位收购的未税矿产品，按税务机关核定的应税产品税额标准，依据收购的数量代扣代缴资源税。

对于划分资源等级的应税产品，其在《几个主要品种的矿山资源等级表》中未列举名称的纳税人适用的税额，由省、自治区、直辖市人民政府根据纳税人的资源状况，参照《资源税税目税额明细表》和《几个主要品种的矿山资源等级表》中确定的邻近矿山的税额标准，在浮动30%的幅度内核定，并报财政部和国家税务总局备案。

第四节　资源税应纳税额的计算

一、计税依据

（一）从价定率征收的计税依据

实行从价定率征收的以销售额作为计税依据。销售额是指为纳税人销售应税产品向购买方收取的全部价款和价外费用，但不包括收取的增值税销项税额。

（二）从量定额征收的计税依据

实行从量定额征收的以销售数量为计税依据。销售数量，包括纳税人开采或者生产应税产品的实际销售数量和视同销售的自用数量。

实际生产经营活动中，有些情况是比较特殊的，因此，有些具体情况的课税数量采取如下办法：

1. 纳税人不能准确提供应税产品销售数量或移送使用数量的，以应税产品的产量或主管税务机关确定的折算比，换算成的数量为课税数量；

2. 原油中的稠油、高凝油与稀油划分不清或不易划分的，一律按原油的数量课税；

3. 对于连续加工前无法正确计算原煤移送使用量的煤炭，可按加工产品的综合回收率，将加工产品实际销量和自用量折算成原煤数量，以此作为课税数量；

4. 金属和非金属矿产品原矿，因无法准确掌握纳税人移送使用原矿数量的，可将其精矿按选矿比折算成原矿数量，以此作为课税数量。折算公式是：

选矿比 = 精矿数量 ÷ 耗用原矿数量

5. 纳税人以自产的液体盐加工固体盐，按固体盐税额征税，以加工的固体盐数量为课税数量。纳税人以外购的液体盐加工成固体盐，其加工固体盐所耗用液体盐的已纳税额准予抵扣。

对于纳税人开采或者生产不同税目应税产品的，应当分别核算；不能准确提供不同税目应税产品的课税数量的，从高适用税额。

二、资源税应纳税额的计算

资源税的应纳税额，按照从价定率或者从量定额的办法，分别以应税产品的销售额乘以纳税人具体适用的比例税率或者以应税产品的销售数量乘以纳税人具体适用的定额税率计算。

1. 实行从价定率征收的，根据应税产品的销售额和规定的适用税率计算应纳税额，计算公式为：

应纳税额 = 销售额 × 适用税率

[例 11 - 1] 某油田 2012 年 3 月销售原油 20000 吨，开具增值税专用发票取得销售额 10000 万元，增值税额 1700 万元，其适用资源税税率为 8%。请计算该油田 3 月应缴纳的资源税。

应纳税额 = 10000 × 8% = 800 万元

2. 实行从量定额征收的，根据应税产品的课税数量和的单位税额计算应纳税额，计算公式为：

应纳税额 = 课税数量 × 单位税额

代扣代缴应纳税额 = 收购未税矿产品的数量 × 适用的单位税额

[例 11 - 2] 某矿山 2012 年 5 月销售铜矿石原矿 30000 吨，移送入选精矿 4000 吨，选矿比为 20%，该矿山铜矿属于 5 等，按规定适用 12 元/吨单位税额。请计算该矿山 3 月应纳资源税税额。

(1) 外销铜矿石原矿的应纳税额：

应纳税额 = 课税数量 × 单位税额 = 30000 * 12 = 360000(元)

(2) 因无法准确掌握入选精矿石的原矿数量，按选矿比计算的应纳税额：

应纳税额 = 入选精矿 ÷ 选矿比 × 单位税额 = 4000 ÷ 20% × 12 = 240000(元)

(3) 合计应纳税额：

应纳税额 = 原矿应纳税额 + 精矿应纳税额 = 360000 + 240000 = 600000(元)

第五节　资源税的纳税申报

一、资源税的减税、免税项目

资源税贯彻普遍征收、级差调节的原则思想，因此规定的减免税项目比较少。

1. 开采原油过程中用于加热、修井的原油，免税；

2. 纳税人开采或者生产应税产品过程中，因意外事故或者自然灾害等原因遭受重大损失的，由省、自治区、直辖市人民政府酌情决定减税或者免税；

3. 国务院规定的其他减税、免税项目。具体包括：

(1) 自 2002 年 4 月 1 日起，对冶金联合企业矿山铁矿石资源税，减按规定税额标准的 40% 征收。对于由此造成地方财政减少的收入，中央财政将予以适当补助；

(2) 对有色金属矿的资源税在规定税额的基础上减征 30%，按规定税额标准的 70% 征收。

纳税人的减税、免税项目，应当单独核算课税数量；未单独核算或者不能准确提供课税数量的，不予减税或者免税。

二、资源税的纳税义务发生时间

1. 纳税人销售应税产品，其纳税义务发生时间为：

(1) 纳税人采取分期收款结算方式的，其纳税义务发生时间，为销售合同规定的收款日期的当天；

(2)纳税人采取预收货款结算方式的，其纳税义务发生时间，为发出应税产品的当天；

(3)纳税人采取其他结算方式的，其纳税义务发生时间，为收讫销售款或者取得索取销售款凭据的当天。

2. 纳税人自产自用应税产品的纳税义务发生时间，为移送使用应税产品的当天。

3. 扣缴义务人代扣代缴税款的纳税义务发生时间，为支付首笔货款或者开具应支付货款凭据的当天。

三、资源税的纳税期限

纳税期限是纳税人发生纳税义务后缴纳税款的期限。资源税的纳税期限为 1 日、3 日、5 日、10 日、15 日或者 1 个月，纳税人的纳税期限由主管税务机关根据实际情况具体核定。不能按固定期限计算纳税的，可以按次计算纳税。

纳税人以 1 个月为一期纳税的，自期满之日起 10 日内申报纳税；以 1 日、3 日、5 日、10 日或者 15 日为一期纳税的，自期满之日起 5 日内预缴税款，于次月 1 日起 10 日内申报纳税并结清上月税款。

四、资源税的纳税地点

1. 凡是缴纳资源税的纳税人，都应当向应税产品的开采或者生产所在地主管税务机关缴纳税款。

2. 如果纳税人在本省、自治区、直辖市范围内开采或者生产应税产品，其纳税地点需要调整的，由所在地省、自治区、直辖市税务机关决定。

3. 如果纳税人应纳的资源税属于跨省开采，其下属生产单位与核算单位不在同一省、自治区、直辖市的，对其开采的矿产品一律在开采地纳税，其应纳税款由独立核算、自负盈亏的单位，按照开采地的实际销售量(或者自用量)及适用的单位税额计算划拨。

4. 扣缴义务人代扣代缴的资源税，也应当向收购地主管税务机关缴纳。

【本章小结】

资源税的纳税人是从事应税资源开采或生产盐，并进行销售或自用的所有单位和个人。包括外商投资企业和外国企业，但中外合作开采石油、天然气，按照现行税法规定征收矿区使用费，暂不征收资源税。独立矿山、联合企业和其他收购未税矿产品的单位，为资源税的扣缴义务人。

资源税的税目即征税范围，目前有 7 大类，它们是：原油、天然气、煤炭、其他非金属矿原矿、黑色金属矿原矿、有色金属矿原矿和盐。

资源税采用定额税率，也称固定税额。并按资源等级和产区确定了差别税额。纳税人开采或生产应税产品销售的，以销售数量为课税数量；纳税人开采或生产应税产品自用的，以自用数量为课税数量。

【思考与练习】

一、单项选择题

1. 自 2002 年 4 月 1 日起对冶金联合企业矿山铁矿石资源税，减按规定税额标准的(　　)征收。

A. 30%　　B. 50%

C. 60%　　D. 40%

2. 下列煤炭资源中征收资源税的有(　　)。

A. 洗煤　　B. 选煤

C. 原煤　　D. 蜂窝煤

3. 扣缴义务人代扣代缴的资源税，应当向(　　)税务机关缴纳。

A. 生产所在地　　B. 开采地

C. 收购地　　D. 销售地

4.《资源税暂行条例》规定，纳税人开采或者生产应税产品销售的，以(　　)为课税数量。

A. 销售数量　　B. 开采数量

C. 生产数量　　D. 计划产量

5. 下列资源产品中，不征收资源税的有(　　)。

A. 原煤　　B. 盐

C. 原木　　D. 原油

6. 资源税纳税人自产自用应税产品的纳税义务发生时间是(　　)。

A. 应税资源产品开采的当天

B. 应税资源产品全部用完的当天

C. 应税资源产品投入使用的当天

D. 应税资源产品移送使用的当天

7. 下列油类产品中，应征收资源税的有(　　)。

A. 人造石油　　B. 天然原油

C. 汽油　　D. 柴油

8.《资源税暂行条例》规定，纳税人以一个月为一期纳税的，自期满之日起(　　)内申报纳税。

A. 5 日　　B. 7 日

C. 10 日　　D. 15 日

9. 资源税的纳税义务人不包括(　　)。

A. 在中国境内开采应税矿产品的单位和个人

B. 在中国境内生产盐的单位和个人

C 在中国境内生产自用应税资源产品的单位和个人

D. 进口应税资源产品的单位和个人

10. 下列产品中，不征资源税的是(　　)。

A. 液体盐　　B. 天然矿泉水

C. 原油开采时伴生的天然气　　D. 锰矿石原矿

二、多项选择题

1. 资源税的纳税人不能准确提供应税产品销售数量或移送使用数量的，可以(　　)为课税数量。

A. 应税产品实际产量　　B. 上年同期产量

C. 当年计划产量　　D. 主管税务机关确定的折算比换算成的数量

2. 资源税的纳税环节应当是(　　)。

A. 开采时　　B. 移送使用时

C. 生产销售时　　D. 最终消费时

3. 下列应征资源税的产品有(　　)。

A. 人造石油　　B. 天然原油

C. 原油中的稠油　　D. 用于加热修井的原油

4. 下列各项中，符合资源税法有关课税数量规定的有(　　)。

A. 纳税人开采应税产品销售的，以开采数量为课税数量

B. 纳税人生产应税产品销售的，以生产数量为课税数量

C. 纳税人开采或生产应税产品销售的，以销售数量为课税数量

D. 纳税人生产应税产品自用的，以自用数量为课税数量

5. 资源税的扣缴义务人包括(　　)。

A. 独立矿山　　B. 个体矿山

C. 联合企业　　D. 其他收购未税矿产品的单位

6. 资源税的纳税地点可以是应税资源产品的(　　)。

A. 开采地　　B. 生产地

C. 使用地　　D. 收购地

7. 下列属于资源税应税产品的有(　　)。

A. 精粉盐　　B. 锰矿石

C. 选煤　　D. 与原油同时开采的天然气

8. 下列表述中，符合资源税纳税义务发生时间规定的有(　　)。

A. 纳税人采取分期收款结算方式销售应税产品的，其纳税义务发生时间为销售合同规定的收款日期的当天

B. 纳税人采取预收货款结算方式销售应税产品的，其纳税义务发生时间为收到预收款的当天

C. 纳税人自产自用应税产品的，其纳税义务发生时间为移送使用应税产品的当天

D. 扣缴义务人代扣代缴税款的，其纳税义务发生时间为支付货款的当天

9. 资源税的纳税期限为纳税义务发生后(　　)以内。

A. 7 日　　B. 10 日

C. 15 日　　D. 1 个月

10. 根据《资源税暂行条例》规定，资源税的计税依据为应税资源产品的(　　)。

A. 销售收入额　　B. 实际产量

C. 实际销售数量　　D. 自用数量

三、判断题

1. 某盐场以自产的液体盐加工固体盐，应在液体盐移送使用环节，按照移送使用数量和单位税额计算缴纳资源税。(　　)

2. 资源税适用于中、外资企业，所以无论是何种纳税人，生产或进口应税资源矿产品时，都应缴纳资源税。(　　)

3. 凡在我国境内开采生产石油及天然气的内、外资企业及中外合作企业，均应缴纳资源税(　　)

4. 由各省、直辖市、自治区政府决定征收资源税的矿产品，如资源税率表中未列明的，其

税额参照资源税率表，按邻近矿山的税额标准，在30%的幅度内确定。(　　)

5. 资源税纳税人跨省开采应税资源产品，其下属生产单位与核算单位不在同一省、自治区、直辖市的，对其开采的矿产品一律在开采地纳税，其应纳税款由独立核算、自负盈亏的单位，按照开采地的实际销量(或自用量)及适用的单位税额计算划拨。(　　)

7. 资源税的征税范围仅限于在我国境内开采的应税矿产品和生产的盐，对进口的矿产品或盐不征资源税。(　　)

8. 在资源税率表中未列入的其它有色金属或非金属矿产品，决定征收或暂缓征收资源税由各省、直辖市、自治区人民政府决定。(　　)

9. 纳税人开采或生产应税产品自用的，免征资源税。(　　)

10. 纳税人生产销售的应税矿产品中，享受免税的部分未单独核算，应按最高税额计算征税。(　　)

四、计算分析题

1. 某煤矿2012年8月份生产原煤120万吨，其中销售80万吨，自用40万吨；另外8月份该煤矿还生产销售天然气30 000万立方米。已知该煤矿适用的单位税额为2元/吨，煤矿邻近的石油管理局天然气适用的单位税额为10元/千立方米。要求计算该煤矿8月份应纳的资源税税额。

2. 内地有一盐场2012年9月份用自产液体盐400万吨加工固体盐100万吨，其中80万吨在当月已销售，另有20万吨尚待销售；用外购液体盐500万吨加工成固体盐200万吨，当月全部实现对外销售；此外，该盐场还对外销售自产液体盐300万吨。已知该液体盐适用的单位税额为5元/吨，固体盐单位税额为30元/吨。要求计算该盐场当月应纳的资源税税额。

3. 某矿山2012年5月份销售铜矿石原矿20 000吨，同时用铜矿石原矿入选铜精矿，但由于特殊原因，税务机关无法准确掌握入选精矿已使用的铜矿石原矿数量，只知道入选后的铜精矿数量为8 000吨，选矿比为1∶12，该矿规定适用的单位税额为1.5元/吨。要求计算该矿山应纳的铜矿石资源税税额。

■ 第十二章　城镇土地使用税、城市维护建设税法律制度

【学习目标】

通过学习本章，掌握城镇土地使用税和城市维护建设税的纳税义务人、征税范围、税率等内容；学会城镇土地使用税和城市维护建设税应纳税额的计算，了解城镇土地使用税和城市维护建设税的税收优惠规定。

第一节　城镇土地使用税法律制度

一、城镇土地使用税法制度概述

城镇土地使用税是以国有土地为征税对象，对拥有土地使用权的单位和个人征收的一种税。现行城镇土地使用税法的基本规范，是2006年12月31日国务院修改并颁布的《中华人民共和国城镇土地使用税暂行条例》。

开征城镇土地使用税，有利于通过经济手段，加强对土地的管理，变土地的无偿使用为有偿使用，促进合理、节约使用土地，提高土地使用效益；有利于适当调节不同地区、不同地段之间的土地级差收入，促进企业加强经济核算，理顺国家与土地使用者之间的分配关系。

二、城镇土地使用税的纳税义务人

城镇土地使用税的纳税义务人，是指承担缴纳城镇土地使用税义务的所有单位和个人。城镇土地使用税的纳税人通常包括以下几类：

1. 拥有土地使用权的单位和个人；

2. 拥有土地使用权的单位和个人不在土地所在地的，其土地的实际使用人和代管人为纳税人；

3. 土地使用权未确定或权属纠纷未解决的，其实际使用人为纳税人；

4. 土地使用权共有的，共有各方都是纳税人，由共有各方分别纳税。几个人或几个单位共同拥有一块土地的使用权，这块土地的城镇土地使用税的纳税人应是对这块土地拥有使用权的每一个人或每一个单位。他们应以其实际使用的土地面积占总面积的比例，分别计算缴纳土地使用税。例如，某城市的甲与乙共同拥有一块土地的使用权，这块土地面积为1 200平方米，甲实际使用1/3，乙实际使用2/3，则甲应是其所占的土地400平方米（1 200×1/3）的城镇土地使用税的纳税人，乙是其所占的土地800平方米（1 200×2/3）的城镇土地使用税

纳税人。

三、城镇土地使用税的征税范围

城镇土地使用税的征税范围，包括在城市、县城、建制镇和工矿区内的国家所有和集体所有的土地。

上述城市、县城、建制镇和工矿区分别按以下标准确认：

1. 城市是指经国务院批准设立的市。

2. 县城是指县人民政府所在地。

3. 建制镇是指经省、自治区、直辖市人民政府批准设立的建制镇。

4. 工矿区是指工商业比较发达，人口比较集中，符合国务院规定的建制镇标准，但尚未设立建制镇的大中型工矿企业所在地，工矿区须经省、自治区、直辖市人民政府批准。

上述城镇土地使用税的征税范围中，城市的土地包括市区和郊区的土地，县城的土地是指县人民政府所在地的城镇的土地，建制镇的土地是指镇人民政府所在地的土地。

建立在城市、县城、建制镇和工矿区以外的工矿企业不需缴纳城镇土地使用税。

另外，自2009 年1月1 日起，公园、名胜古迹内的索道公司经营用地，应按规定缴纳城镇土地使用税。

四、城镇土地使用税应纳税额的计算

1. 计税依据

城镇土地使用税以纳税人实际占用的土地面积为计税依据，土地面积计量标准为每平方米。即税务机关根据纳税人实际占用的土地面积，按照规定的税额计算应纳税额，向纳税人征收土地使用税。

纳税人实际占用的土地面积按下列办法确定：

(1) 由省、自治区、直辖市人民政府确定的单位组织测定土地面积的，以测定的面积为准。

(2) 尚未组织测量，但纳税人持有政府部门核发的土地使用证书的，以证书确认的土地面积为准。

(3) 尚未核发土地使用证书的，应由纳税人申报土地面积，据以纳税，待核发土地使用证以后再作调整。

2. 税率

城镇土地使用税采用定额税率，即采用有幅度的差别税额，按大、中、小城市和县城、建制镇、工矿区分别规定每平方米土地使用税年应纳税额。具体标准如下：

(1) 大城市 1.5 元至 30 元；

(2) 中等城市 1.2 元至 24 元；

(3) 小城市 0.9 元至 18 元；

(4) 县城、建制镇、工矿区 0.6 元至 12 元。

大、中、小城市以公安部门登记在册的非农业正式户口人数为依据，按照国务院颁布的《城市规划条例》中规定的标准划分。人口在50 万以上者为大城市；人口在20 万至50 万之间者为中等城市；人口在20 万以下者为小城市。

各省、自治区、直辖市人民政府可根据市政建设情况和经济繁荣程度在规定税额幅度内，确定所辖地区的适用税额幅度。经济落后地区，土地使用税的适用税额标准可适当降低，但降低额不得超过上述规定最低税额的30％。经济发达地区的适用税额标准可以适当提高，但须报财政部批准。

土地使用税规定幅度税额主要考虑到我国各地区存在着悬殊的土地级差收益，同一地区内不同地段的市政建设情况和经济繁荣程度也有较大的差别。把土地使用税税额定为幅度税额，拉开档次，而且每个幅度税额的差距规定为20倍。这样，各地政府在划分本辖区不同地段的等级，确定适用税额时，有选择余地，便于具体操作。幅度税额还可以调节不同地区、不同地段之间的土地级差收益，尽可能地平衡税负。

3. 应纳税额计算

城镇土地使用税的应纳税额可以通过纳税人实际占用土地面积乘以该土地所在地段的适用税额求得。其计算公式为：

全年应纳税额＝实际占用土地面积（平方米）×适用税额

五、城镇土地使用税的税收优惠

按照《城镇土地使用税暂行条例》的规定，下列土地免缴土地使用税：

1. 国家机关、人民团体、军队自用的土地。

这部分土地是指这些单位本身的办公用地和公务用地。如国家机关、人民团体的办公楼用地，军队的训练场用地等。

2. 由国家财政部门拨付事业经费的单位自用的土地。

这部分土地是指这些单位本身的业务用地。如学校的教学楼、操场、食堂等占用的土地。

3. 宗教寺庙、公园、名胜古迹自用的土地。

宗教寺店自用的土地，是指举行宗教仪式等的用地和寺庙内的宗教人员生活用地。

公园、名胜古迹自用的土地，是指供公共参观游览的用地及其管理单位的办公用地。

以上单位的生产、经营用地和其他用地，不属于免税范围，应按规定缴纳土地使用税，如公园、名胜古迹中附设的营业单位如影剧院、饮食部、茶社、照相馆等使用的土地。

4. 市政街道、广场、绿化地带等公共用地。

5. 直接用于农、林、牧、渔业的生产用地。

这部分土地是指直接从事于种植养殖、饲养的专业用地，不包括农副产品加工场地和生活办公用地。

6. 经批准开山填海整治的土地和改造的废弃土地，从使用的月份起免缴土地使用税5年至10年。

具体免税期限由各省、自治区、直辖市地方税务局在《城镇土地使用税暂行条例》规定的期限内自行确定。

7. 对非营利性医疗机构、疾病控制机构和妇幼保健机构等卫生机构自用的土地，免征城镇土地使用税。

8. 企业办的学校、医院、托儿所、幼儿园，其用地能与企业其他用地明确区分的，免征城镇土地使用税。

9. 免税单位无偿使用纳税单位的土地（如公安、海关等单位使用铁路、民航等单位的土地），免征城镇土地使用税。纳税单位无偿使用免税单位的土地，纳税单位应照章缴纳城镇土地使用税。纳税单位与免税单位共同使用、共有使用权土地上的多层建筑，对纳税单位可按其占用的建筑面积占建筑总面积的比例计征城镇土地使用税。

10. 对行使国家行政管理职能的中国人民银行总行(含国家外汇管理局)所属分支机构自用的土地，免征城镇土地使用税。

11. 为了体现国家的产业政策，支持重点产业的发展，对石油、电力、煤炭等能源用地，民用港口、铁路等交通用地和水利设施用地，三线调整企业、盐业、采石场、邮电等一些特殊用地划分了征免税界限和给予政策性减免税照顾。

六、城镇土地使用税的征收管理与纳税申报

1. 纳税期限

城镇土地使用税实行按年计算、分期缴纳的征收方法，具体纳税期限由省、自治区、直辖市人民政府确定。

2. 纳税地点和征收机构

城镇土地使用税在土地所在地缴纳。纳税人使用的土地不属于同一省、自治区、直辖市管辖的，由纳税人分别向土地所在地的税务机关缴纳土地使用税;在同一省、自治区、直辖市管辖范围内，纳税人跨地区使用的土地，其纳税地点由各省、自治区、直辖市地方税务局确定。

土地使用税由土地所在地的地方税务机关征收，其收入纳入地方财政预算管理。

3. 纳税义务发生时间

(1)纳税人购置新建商品房，自房屋交付使用之次月起，缴纳城镇土地使用税。

(2) 纳税人购置存量房，自办理房屋权属转移、变更登记手续，房地产权属登记机关签发房屋权属证书之次月起，缴纳城镇土地使用税。

(3) 纳税人出租、出借房产，自交付出租、出借房产之次月起，缴纳城镇土地使用税。

(4) 以出让或转让方式有偿取得土地使用权的，应由受让方从合同约定交付土地时间的次月起缴纳城镇土地使用税;合同未约定交付时间的，由受让方从合同签订的次月起缴纳城镇土地使用税。

(5)纳税人新征用的耕地，自批准征用之日起满1年时开始缴纳土地使用税。

(6)纳税人新征用的非耕地，自批准征用次月起缴纳土地使用税。

(7)自2009年1月1日起，纳税人因土地的权利发生变化而依法终止城镇土地使用税纳税义务的，其应纳税款的计算应截止到土地权利发生变化的当月末。

第二节 城市维护建设税法律制度

一、城市维护建设税概述

1. 城市维护建设税的概念

城市维护建设税(简称城建税)，是对从事工商经营，缴纳增值税、消费税、营业税(简称“三税”)的单位和个人就其实际缴纳的“三税”税额为计税依据而征收的一种税。它属于特定目的税，是国家为加强城市的维护建设，扩大和稳定城市维护建设资金的来源而采取的一项税收措施。现行城市维护建设税的基本规范，是1985年2月8日国务院发布并于同年1月1日实施的《中华人民共和国城市维护建设税暂行条例》。

2. 城市维护建设税的特点

(1)税款专款专用。所征税款要求传门用于城市公共事业和公共设施的维护和建设。

(2)属于一种附加税。城市维护建设税是以纳税人实际缴纳的增值税、消费税、营业税税额为计税依据，随着"三税"同时征收，其本身没有特定的课税对象，其征管办法也完全比照"三税"的有关规定办理。

(3)根据城镇规模设计不同的比例税率。根据纳税人所在城镇的规模及资金需要设计税率。

二、城市维护建设税的纳税义务人

城建税的纳税义务人，是指负有缴纳增值税、消费税和营业税(以下简称"三税")义务的单位和个人，包括国有企业、集体企业、私营企业、股份制企业、其他企业和行政单位、事业单位、军事单位、社会闭体、其他单位，以及个体工商户及其他个人。

自 2010 年 12 月 1 日起，对外商投资企业、外国企业及外籍个人(以下简称外资企业)开始征收城市维护建设税。

城市维护建设税的代扣代缴、代收代缴，一律比照增值税、消费税、营业税的有关规定办理。增值税、消费税、营业税的代扣代缴、代收代缴义务人同时也是城市维护建设税的代扣代缴、代收代缴人。

三、城市维护建设税的税率

城建税实行纳税人所在地差别比例税率，所以在计算应纳税额时，应十分注意根据纳税人所在地来确定适用税率。

城建税的税率，是指纳税人应缴纳的城建税税额与纳税人实际缴纳的"三税"税额之间的比率。城建税按纳税人所在地的不同，设置了三档地区差别比例税率，即：

1. 纳税人所在地为市区的，税率为 7%；

2. 纳税人所在地为县城、镇的，税率为 5%；

3. 纳税人所在地不在市区、县城或者镇的，税率为 1%；开采海洋石油资源的中外合作油(气)田所在地在海上，其城市维护建设税使用 1% 的税率。

城建税的适用税率，应当按纳税人所在地的规定税率执行。但是，对下列两种情况，可按缴纳"三税"所在地的规定税率就地缴纳城建税：

(1)由受托方代扣代缴、代收代缴"三税"的单位和个人，其代扣代缴、代收代缴的城建税按受托方所在地适用税率执行；

(2)流动经营等无固定纳税地点的单位和个人，在经营地缴纳"三税"的，其城建税的缴纳按经营地适用税率执行。

四、城市维护建设税的计税依据

城建税的计税依据，是指纳税人实际缴纳的"三税"税额。纳税人违反"三税"有关税法而加收的滞纳金和罚款，是税务机关对纳税人违法行为的经济制裁；不作为城建税的计税依据，但纳税人在被查补"三税"和被处以罚款时，应同时对其偷漏的城建税进行补税和罚款。

城建税以"三税"税额为计税依据并同时征收，如果要免征或者减征"三税"，也就要同时免征或者减征城建税，但对出口产品退还增值税、消费税的，不退还已缴纳的城建税。

自2005年1月1日起，经国家税务总局正式审核批准的当期免抵的增值税税额应纳入城市维护建设税和教育费附加的计征范围，分别按规定的税(费)率征收城市维护建设税和教育费附加。2005年1月1日前，已按免抵的增值税税额征收的城市维护建设税和教育费附加不再退还，未征的不再补征。

五、城市维护建设税应纳税额的计算

城建税纳税人的应纳税额大小是由纳税人实际缴纳的"三税"税额决定的，其计算公式是：

应纳税额 =(纳税人实际缴纳的增值税 + 消费税 + 营业税税额) × 适用税率

如果该企业有国家税务局正式审核批准的当期免抵的增值税税额，其计算公式是：

应纳税额 =(纳税人实际缴纳的增值税 + 消费税 + 营业税税额 + 当期免抵税额) × 适用税率

【例12－1】某市区企业2013年9月份应缴纳增值税300 000元，其中因符合有关政策规定而被退库40 000元，缴纳消费税500 000元，缴纳营业税200 000元，因故被加收滞纳金3 000元。计算该企业应纳的城建税税额。

【解析】

应纳税额 =(300 000 - 40 000 + 500 000 + 200 000) × 7% = 67 200(元)

六、城市维护建设税的税收优惠

城建税原则上不单独减免，但因城建税又具附加税性质，当主税发生减免时，城建税相应发生税收减免。具体优惠规定如下：

1. 城建税按减免后实际缴纳的"三税"税额计征，即随"三税"的减免而减免；

2. 对于因减免税而需进行"三税"退库的，城建税也可同时退库；

3. 海关对进口产品代征的增值税、消费税，不征收城建税；

4. 对"三税"实行先征后返、先征后退、即征即退办法的，除另有规定外，对随"三税"附征的城市维护建设税和教育费附加，一律不退(返)还。

5. 对国家重大水利工程建设基金免征城市维护建设税。

七、城市维护建设税的征收管理与纳税申报

1. 纳税环节

城建税的纳税环节，是指城建税法规定的纳税人应当缴纳城建税的环节。城建税的纳税环节，实际就是纳税人缴纳"三税"的环节。纳税人只要发生"三税"的纳税义务，就要在同样的环节，分别计算缴纳城建税。

2. 纳税地点

城建税以纳税人实际缴纳的增值税、消费税、营业税税额为计税依据，分别与"三税"同时缴纳。所以，纳税人缴纳"三税"的地点，就是该纳税人缴纳城建税的地点。但是，属于下列情况的，纳税地点为：

(1)代扣代缴、代收代缴"三税"的单位和个人，同时也是城市维护建设税的代扣代缴、代收代缴义务人，其城建税的纳税地点在代扣代收地。

(2)跨省开采的油田，下属生产单位与核算单位不在一个省内的，其生产的原油，在油

井所在地缴纳增值税，其应纳税款由核算单位按照各油井的产量和规定税率，计算汇拨各油井缴纳。所以，各油井应纳的城建税，应由核算单位计算，随同增值税一并汇拨油井所在地，由油井在缴纳增值税的同时，一并缴纳城建税。

（3）对管道局输油部分的收入，由取得收入的各管道局于所在地缴纳营业税。所以，其应纳城建税，也应由取得收入的各管道局于所在地缴纳营业税时一并缴纳。

（4）对流动经营等无固定纳税地点的单位和个人，应随同“三税”在经营地按适用税率缴纳。

3. 纳税期限

由于城建税是由纳税人在缴纳“三税”时同时缴纳的，所以其纳税期限分别与“三税”的纳税期限一致。由于《城市维护建设税暂行条例》是在 1994 年分税制前制定的，1994 年后，增值税、消费税由国家税务局征收管理，而城市维护建设税由地方税务局征收管理，因此，在缴税入库的时间上不一定完全一致。

第三节　教育费附加和地方教育附加的有关规定

教育费附加和地方教育附加是对缴纳增值税、消费税、营业税的单位和个人，就其实际缴纳的税额为计算依据征收的一种附加费。

教育费附加是为加快地方教育事业，扩大地方教育经费的资金而征收的一项专用基金。国务院于 1986 年 4 月 28 日颁布了《征收教育费附加的暂行规定》，决定从同年 7 月 1 日开始在全国范围内征收教育费附加。自 2006 年 9 月 1 日起施行的《中华人民共和国教育法》规定：“税务机关依法足额征收教育费附加，由教育行政部门统筹管理. 主要用于实施义务教育。省、自治区、直辖市人民政府根据国务院的有关规定，可以决定开征用于教育的地方附加费，专款专用。”2010 年财政部下发了《关于统一地方教育附加政策有关问题的通知》对各省、自治区的地方教育附加进行了统一。

一、教育费附加和地方教育费附加的征收范围及计征依据

教育费附加和地方教育费附加对缴纳增值税、消费税、营业税的单位利个人征收，以其实际缴纳的增值税、消费税和营业税为计征依据，分别与增值税、消费税和营业税同时缴纳。

二、教育费附加和地方教育费附加计征比率

教育费附加计征比率曾几经变化，1986 年开征时，规定为 1%；1990 年 5 月《国务院关于修改〈征收教育费附加的暂行规定〉的决定》中规定为按照 1994 年 2 月 7 日《国务院关于教育费附加征收问题的紧急通知》的规定，现行教育费附加征收比率为 3%，地方教育费附加征收率统一为 2%。

三、教育费附加和地方教育费附加的计算

教育费附加和地方教育费附加的计算公式为：

应纳教育费附加或地方教育费附加 =（纳税人实际缴纳的增值税 + 消费税 + 营业税税额）×（3% 或 2%）

如果该企业有国家税务局正式审核批准的当期免抵的增值税税额，其计算公式是：

应纳教育费附加或地方教育费附加 =（纳税人实际缴纳的增值税 + 消费税 + 营业税税额 + 当期免抵税额）×（3% 或 2%）

【例 12 - 2】北京市区一家企业 2012 年 3 月份实际缴纳增值税 200 000 元，缴纳消费税 300 000 元，缴纳营业税 100 000 元。计算该企业应缴纳的教育费附加。

应纳教育费附加 =（实际缴纳的增值税 + 实际缴纳的消费税 + 实际缴纳的营业税）× 征收比率 =（200 000 + 300 000 + 100 000）× 3% = 600 000 × 3% = 18 000（元）

应纳地方教育费附加 =（实际缴纳的增值税 + 实际缴纳的消费税 + 实际缴纳的营业税）× 征收比率 =（200 000 + 300 000 + 100 000）× 2% = 600 000 × 2% = 12 000（元）

四、教育费附加和地方教育费附加的减免规定

（一）对海关进口的产品征收的增值税、消费税，不征收教育费附加。

（二）对由于减免增值税、消费税和营业税而发生退税的，可同时退还已征收的教育费附加。但对出口产品退还增值税、消费税的，不退还已征的教育费附加。

（三）对国家重大水利工程建设基金免征教育费附加。

【本章小结】

城镇土地使用税的纳税义务人，是使用城市、县城、建设制镇和工矿区土地的单位和个人。其征税范围是：城市、县城、建制镇和工矿区内属于国家所有和集体所有的土地，不包括农村集体所有的土地。上述征税范围中城市的土地包括市区和郊区的土地。城镇土地使用税以纳税人实际占用的土地面积为计税依据，城镇土地使用税采用有幅度的地区差别定额税率，单位为元/平方米。

城建税以缴纳增值税、消费税、营业税的单位和个人为纳税义务人。进口货物的纳税人不缴纳城建税。城建税采用地区差别比例税率，共分三档：市区，7%；县城、镇，5%；不在市区、县城、镇，1%。城建税的计税依据是纳税人实际缴纳的增值税、消费税、营业税税额之和，它没有独立的计税依据。出口产品退还增值税、消费税，不退还已缴纳的城建税；进口产品需征收增值税、消费税，但不征收城建税，即城建税出口不退，进口不征。教育费用附加与城建税的计税依据、纳税人和征管方式基本一致。

【思考与练习】

一、单项选择题

1. 城镇土地使用税的征收，由（　）的税务机关进行。

A. 土地所在地　　B. 纳税人机构所在地

C. 纳税人经营所在地　　D. 国家税务总局指定地方

2. 城镇土地使用税的计税依据是（　）

A. 建筑面积　　B. 实际占用土地面积

C. 使用面积　　D. 居住面积

3. 按照城镇土地使用税的有关规定，下列表述正确的是（　）

A. 城镇土地使用税是由拥有土地所有权的单位或个人缴纳

B. 土地使用权未确定或权属纠纷未解决的暂不缴纳税款

C. 土地使用权共有的. 由共有各方分别按其使用面积占总面积的比例计算纳税

D. 对外商投资企业和外同企业不按实际使用面积纳税

4. 下列情况不缴纳土地使用税的有(　)。

A. 校办工厂用地　　B. 市政街道绿化用地

C. 出版社用地　　D. 区妇联开办对外营业的理发店用地

5. 某百货商场实际占用的土地面积为200平方米，经税务机关核定，该土地每平方米年应纳税额为4元，该商场每季度应缴纳的城镇土地使用税税额为(　)。

A. 800元　　B. 200元　　C. 500元　　D. 1 000元

6. 城市维护建设税按纳税人所在地的不同，设置了三档税率。它们属于(　)。

A. 定额税率　　B. 幅度比例税率　　C. 差别比例税率　　D. 累进税率

7. 流动经营等无固定纳税地点的单位和个人，在经营地缴纳增值税、消费税、营业税的，其城市维护建设税的缴纳按(　)适用税率。

A. 住所所在地　　B. 经营地　　C. 税务机关指定地点

8. 某纳税人当月应纳增值税2万元，减免1万元，补缴上月漏缴的增值税0.5万元。本月应缴城市维护建设税(　)。(城建税率7%)

A. 0.14万元　　B. 0.07万元　　C. 10.175万元　　D. 0.105万元

9. 城市维护建设税纳税人所在地在县城、镇的，其适用的城建税税率为(　)。

A. 7%　　B. 5%　　C. 3%　　D. 1%

10. 某一乡镇企业(地处农村)三月份应缴纳增值税30万元，营业税12万元，则该乡镇企业当月应纳城市维护建设税为(　)。

A. 4 200元　　B. 3 000元　　C. 1 200元　　D. 1 800元

二、多项选择题

1. 下列项目中，应缴纳土地使用税的有(　)。

A. 共青团中央机关用地　　B. 军品仓库用地

C. 寺庙开办的餐馆用地　　D. 公园中饮食部用地

2. 下列单位和个人属于城镇土地使用税纳税人的有(　)。

A. 占有并使用国有土地的外资企业

B. 拥有并使用国有土地的国有企业

C. 已拥有并使用国有土地的私营企业

D. 所有拥有国有土地使用权的单位和个人

E. 实际进行经营活动未确定国有土地权属的我国公民

3. 下列占用城镇土地的行为中. 需征城镇土地使用税的有(　)。

A. 军办企业的用地　　B. 机场飞行区用地

C. 水利设施及管扩用地　　D. 水电站发电厂厂房用地

E. 免税单位无偿使用纳税单位的土地

4. 下列各项中，符合城镇土地使用税暂行条例规定的有(　)。

A. 拥有土地使有权的单位和个人为纳税义务人

B. 拥有土地使用权的单位和个人不在土地所在地的，其土地的实际使用人和代管人为纳

税义务人

C. 土地使用权未确定或权属纠纷未解决的，其实际使用人为纳税义务人

D. 土地使用权共有的，由共有各方协商确定某一方为纳税义务人

5. 下列土地中，免缴城镇土地使用税的有(　)。

A. 国家机关自用的土地

B. 个人所有的住宅及院落用地

C. 直接用于农、林、牧、渔业的生产用地

D. 生产企业闲置的土地

6. 下列各项中，符合城市维护建设税法规规定的有(　)。

A. 城市维护建设税的计税依据是纳税人实际缴纳的增值税、消费税、营业税税额，包括对“三税”加收的滞纳金和罚款

B. 海关对进口产品代征增值税、消费税时，同时代征城市维护建设税

C. 对出口产品退还增值税、消费税的，不退还已缴纳的城市维护建设税

D. 免征或减征增值税、消费税、营业税的，要同时免征或减征城市维护建设税

7. 城建税的纳税义务人可以是(　)。

A. 私营企业　　B. 行政单位

C. 外商投资企业　　D. 事业单位

8. 可以作为城建税计税依据的项目有(　)。

A. “三税”实纳税额

B. 纳税人滞纳“三税”而加收的滞纳金

C. 纳税人偷逃“三税”被处的罚款

D. 纳税人偷逃“三税”被查补的税款

9. 城建税的税收减免规定有(　)。

A. 随“三税”的减免而减免

B. 随“三税”的退库而退库(因减免税)

C. 减免的“三税”税额应作为城建税的计税依据

D. 个别缴纳城建税有困难的，由税务总局批准给予减免

10. 城市维护建设税适用的税率有(　)。

A. 1%　　B. 3%　　C. 5%　　D. 7%

三、判断题

1. 土地使用税的征收对象是单位和个人占用的国家所有和集体所有的土地，所以农民的自留地属集体所有，无论在何处，都应缴纳土地使用税。(　)

2. 城镇土地使用税实行按年计算、分期缴纳的征收方法，具体纳税期限由省、自治区、直辖市人民政府确定。(　)

3. 直接用于农、林、牧、渔业的生产用地包括农副产品加工场地和生活、办公用地免征土地使用税。(　)

4. 经批准改造的废弃土地用于植树造林，按规定从使用的月份起免缴土地使用税5～10年。(　)

7. 纳税人出租、出借房产，自交付出租、出借房产之当月起，缴纳城镇土地使用税。(　)

8. 凡在中华人民共和国境内拥有土地使用权的单位和个人，均应依法缴纳城镇土地使用税。(　)

9. 城镇土地使用税在土地所在地缴纳。若纳税人使用的土地不属于同一省、自治区、直辖市管辖的，由纳税人向其机构所在地或居住地的主管税务机关缴纳。(　)

10. 城镇土地使用税采取有幅度的差别税额，按大、中、小城市和县城、建制镇、工矿区分别确定每平方米土地使用税年应纳税额。(　)

四、计算分析题

1. 某市一快餐店实行统一核算，土地使用证上载明，该店实际占用土地情况：中心店占地面积为4000平方米，一分店占地2400平方米，二分店占地1200平方米，仓库占地500平方米，自办托儿所占地200平方米。经税务机关确认，该单位所占用土地分别适用市政府确定的以下税额：中心店位于一等地段，每平方米年税额7元；一分店和托儿所位于二等地段，每平方米年税额4元；二分店位于三等地段，每平方米年税额4元；仓库位于五等地段，每平方米年税额1元。要求计算快餐店年应纳城镇土地使用税税额。

2. 某一地处城市市区的股份制企业，2013年9月份应依法缴纳增值税30万元，消费税15万元，营业税10万元。该企业应缴纳的城市维护建设税为多少？

■ 第十三章　税收征收管理法律制度

【学习目标】

通过学习，了解税收征收管理的意义；掌握税务登记的的范围、种类和程序等；掌握账簿、凭证和发票的管理；理解纳税申报的概念和方式；重点掌握税款的征收方式和征收制度；熟悉违反税收征收管理的法律责任。

第一节　税收征收管理概述

所谓税收征收管理，指的是税务机关代表国家行使征税权，指导纳税人和其他税务当事人正确履行义务，并对税务活动进行规划、组织、控制、监督、检查的一系列相互联系的活动。在法律上，税收征收管理一般包括税务管理、税款征收和税务检查等活动。纳税人、扣缴义务人和其他有关单位应当按照国家的关规定如实和税务机关提供与纳税和代扣代缴、代收代缴税款有关的信息。根据上述规定，纳税人、扣缴义务人和其他有关单位是税务行政管理的相对人。

现行的税收征收管理法律制度主要是1992年9月4日第七届全国人大常委会第27次会议通过的、经过1995年2月28日第八届全国人大常委会第12次会议和2001年第九届全国人大常委会第21次会议修改的《中华人民共和国税收征收管理法》(以下简称《税收征管法》)。

一、税收征收管理的立法目的

1. 加强税收征收管理

所谓税收征收管理，指的是税务机关代表国家行使征税权，指导纳税人和其他税务当事人正确履行义务，并对税务活动进行规划、组织、控制、监督、检查的一系列相互联系的活动。税收征管工作的好坏，直接关系到税收职能作用能否很好地发挥。当然加强税收征收管理，成为《税收征管法》立法的首要目的。

2. 规范税收征收和缴纳行为

《税收征管法》既要为税务机关、税务人员依法行政提供标准和规范，税务机关、税务人员必须依照该法的规定进行税收征收，违者要承担法律责任；同时也要为纳税人缴纳税款提供标准和规范，纳税人只有按照法律规定的程序和办法缴纳税款，才能更好地保障自身的权益。这一目的为《税收征管法》其他条款的修定指明了方向。

3. 保障国家税收收入

税收收入是国家财政的主要来源，组织税收收入是税收基本职能之一。《税收征管法》是税收征收管理的标准的规范，其根本目的是保障税收收入的及时、足额入库。

4. 保护纳税人的合法权益

税收征收管理作为国家的行政行为，一方面维护国家的利益，另一方面要保护纳税人的合法权益不受侵犯。纳税人按照国家税收法律、行政法规的规定缴纳税款之外的任何其他款项，都是对纳税人合法权益的侵害。

5. 促进经济发展和社会进步

税收是国家宏观调控的重要杠杆，《税收征管法》是市场经济的重要法律规范，这就要求税收征收管理的措施，如税务登记、纳税申报、税款征收、税收检查及税收政策等以促进经济发展和社会进步为目标，方便和保护纳税人。

二、税收征收管理法的适用范围

凡依法由税务机关征收的各种税收的征收管理，均适用《税收征管法》。我国税收的征收机关有税务、海关、财政等部门，《税收征管法》只适用于由税务机关征收的各种税收的征收管理。

《税收征管法》第五条规定："国务院税务主管部门主管全国税收征收管理工作。各地国家税务局和地方税务局应当按照国务院规定的税收征收管理范围分别进行征收管理。"税务机关是指各级税务局、税务分局、税务所和省以下税务局的稽查局。稽查局专司偷税、逃避追缴欠税、骗税、抗税案件的查处。国家税务总局应明确划分税务局和稽查局的职责，避免职责交叉。

《税收征管法》第四条规定："法律、行政法规规定负有纳税义务的单位和个人为纳税人。法律、法规规定负有代扣代缴税款义务的单位和个人为扣缴义务人。"

第二节　税务管理

税务管理是指税务机关依据税收征管法律、制度在税收征收管理中对税款征纳过程实施的基础性的管理制度和管理行为，它与税款征收、税务检查共同构成税收征收管理的重要内容。根据《税收征管法》的规定，税务管理包括税务登记管理、账簿凭证管理、纳税申报等内容。

一、税务登记管理

税务登记是税务机关对纳税人的生产、经营活动进行登记管理的一项法定制度，也是纳税人依法履行纳税义务的法定手续。

税务登记是税收征收管理工作的首要环节和基础工作，税务机关对纳税人进行账簿、凭证管理、纳税申报管理、税款征收、税务检查等等，一般都是从税务登记开始的。它是征纳双方法律关系成立的依据和证明，也是纳税人必须依法履行的义务。

实行税务登记有利于税务机关掌握税源，合理配置征管力量，组织征收管理活动；有利于增强纳税人税收法制观念和纳税意识，自觉接受税务机关监督管理，维护自身合法权益。

根据《税务登记管理办法》的规定，县以上(含本级，下同)国家税务局(分局)、地方税务局(分局)是税务登记的主管税务机关，负责税务登记的开业税务登记、变更税务登记、注销税务登记和税务登记证验证、换证以及非正常户处理、外出经营报验登记等有关事项。

1. 开业税务登记

(1)开业税务登记的对象。根据有关规定，开业税务登记的纳税人分为以下两类：

①领取营业执照从事生产、经营的纳税人，包括：

1)企业，即从事生产经营的单位或组织，包括国有、集体、私营企业，中外合资合作企业、外商独资企业，以及各种联营、联合、股份制企业等。

2)企业在外地设立的分支机构和从事生产、经营的场所。

3)个体工商户。

4)从事生产、经营的事业单位。

②其他纳税人。根据有关法规规定，不从事生产、经营，但依照法律、法规的规定负有纳税义务的单位和个人，除临时取得应税收入或发生应税行为以及只缴纳个人所得税、车船税的外，都应按规定向税务机关办理税务登记。

(2)开业税务登记的时间和地点：

①从事生产、经营的纳税人，应当自领取营业执照之日起30日内，向生产、经营地或者纳税义务发生地的主管税务机关申报办理税务登记，如实填写税务登记表并按照税务机关的要求提供有关证件、资料。

②除上述以外的其他纳税人，除国家机关和个人外，应当自纳税义务发生之日起30日内，持有关证件向所在地主管税务机关申报办理税务登记。

以下几种情况应比照开业登记办理：

①扣缴义务人应当自扣缴义务发生之日起30日内，向所在地的主管税务机关申报办理扣缴税款登记，领取扣缴税款登记证件；税务机关对已办理税务登记的扣缴义务人，可以只在其税务登记证件上登记扣缴税款事项，不再发给扣缴税款登记证件。

②跨地区的非独立核算分支机构应当自设立之日起30日内，向所在地税务机关办理注册税务登记。

③有独立的生产经营权、在财务上独立核算并定期向发包人或者出租人上缴承包费或租金的承包承租人，应当自承包承租合同签订之日起30日内，向其承包承租业务发生地税务机关申报办理税务登记，税务机关核发临时税务登记证及副本。

④从事生产、经营的纳税人外出经营，在同一地连续12个月内累计超过180天的，应当自期满之日起30日内，向生产、经营所在地税务机关申报办理税务登记，税务机关核发临时税务登记证及副本。

⑤境外企业在中国境内承包建筑、安装、装配、勘探工程和提供劳务的，应当自项目合同或协议签订之日起30日内，向项目所在地税务机关申报办理税务登记，税务机关核发临时税务登记证及副本。

(3)开业税务登记的内容

纳税人在申报办理税务登记时，应根据经济类型和核算方式的不同，要如实填写税务登记表。税务登记表的主要内容包括：单位名称、法定代表人或者业主姓名及其居民身份证、护照或者其他合法证件的号码；住所、经营地点；登记类型及所属主管单位；核算方式；生产经营方式；生产经营范围；注册资金(资本)、投资总额；生产经营期限；财务负责人、联系电话；国家税务总局确定的其他有关事项。

(4)开业税务登记需要准备的证件和资料

纳税人在申报办理税务登记时，应当根据不同情况向税务机关如实提供以下证件和资料:工商营业执照或其他核准执业证件及工商登记表;有关合同、章程、协议书;组织机构统一代码证书;法定代表人和董事会成员名单;法定代表人或负责人或业主的居民身份证、护照或者其他合法证件;住所或经营场所证明;委托代理协议书复印件。其他需要提供的有关证件、资料，由省、自治区、直辖市税务机关确定。企业在外地的分支机构或从事生产经营的场所，在办理税务登记时，还应当提供由总机构所在地税务机关出具的在外地设立分支机构的证明。

(5)税务登记证的使用

税务登记证件包括税务登记证及其副本、临时税务登记证及其副本。扣缴税款登记证件包括扣缴税款登记证及其副本。税务登记证件的主要内容包括:纳税人名称、税务登记代码、法定代表人或负责人、生产经营地址、登记类型、核算方式、生产经营范围(主营、兼营)、发证日期、证件有效期等。

除按照规定不需要发给税务登记证件的以外，纳税人办理下列事项必须持税务登记证

①开立银行账户。

②申请减税、免税、退税。

③申请办理延期申报、延期缴纳税款。

④领购发票。

⑤申请开具外出经营活动税收管理证明。

⑥办理停业、歇业。

⑦其他有关税务事项。

税务机关对税务登记证件实行定期验证和换证制度。纳税人应当在规定的期限内持有关证件到主管税务机关办理验证或者换证手续。

纳税人遗失税务登记证件的，应当在15日内书面报告主管税务机关，并登报声明作废，纳税人应当将税务登记证件正本在其生产、经营场所工办公场所公开悬挂，接受税务机关检查。税务登记证件不得转借、涂改、损毁、买卖、伪造，否则将承担法律责任。

2. 变更税务登记

(1)变更税务登记的范围

纳税人办理税务登记后，发生改变名称、改变法定代表人、改变经济性质或经济类型、改变住所和经营地点(不涉及主管税务机关变动的)、改变生产经营或经营方式、增减注册资金(资本)、改变隶属关系、改变生产经营期限、改变或增减银行账号、改变生产经营权属以及改变其他税务登记内容的，应当向原税务登记机关申报办理变更税务登记。

(2)变更税务登记的时间和地点

纳税人已在工商行政管理机关办理变更登记的，应当自工商行政管理机关变更登记之日起30日内，向原税务登记机关办理变更登记。纳税人按照规定不需要在工商行政管理机关办理变更登记，或者其变更登记的内容与工商登记内容无关的，应当自税务登记内容实际发生变化之日起30日内，或者自有关机关批准或者宣布变更之日起30日内，持有关证件向原税务登记机关办理变更登记。

(3)变更税务登记的程序

纳税人在工商行政管理机关办理变更登记的，应如实提供下列证件、资料，申报办理变更税务登记:工商登记变更表及工商营业执照;纳税人变更登记内容的有关证明文件;税务机关发放的原税务登记证件(登记证正、副本和登记表等);其他有关资料。

纳税人按照规定不需要在工商行政管理机关办理变更登记，或者其变更登记的内容与工商登记内容无关的，应持下列证件申报办理变更税务登记:纳税人变更登记内容的有关证明文件;税务机关发放的原税务登记证件(登记证正、副本和税务登记表等);其他有关资料。纳税人提交的有关变更登记的证件、资料齐全的，经税务机关审核，符合规定的，税务机关应予以受理;不符合规定的，税务机关应通知其补正。税务机关应当自受理之日起30日内，审核办理变更税务登记。纳税人税务登记表和税务登记证中的内容都发生变更的，税务机关按变更后的内容重新核发税务登记证件，并收回原《税务登记证》(正、副本);纳税人税务登记表的内容发生变更而税务登记证中的内容未发生变更的，税务机关不重新核发税务登记证件。

3. 停业、复业登记

实行定期定额征收方式的个体工商户需要停业的，应当在停业前向税务机关申报办理停业登记。纳税人的停业期限不得超过一年。

(1)停业登记

纳税人在申报办理停业登记时，应如实填写停业申请登记表，说明停业理由、停业期限、停业前的纳税情况和发票的领、用、存情况，并结清应纳税款、滞纳金、罚款。税务机关应收存其税务登记证件及副本、发票领购簿、未使用完的发票和其他税务证件。税务机关经过审核(必要时可实地审查)，应当责成申请停业的纳税人结清税款并收回税务登记证件、发票领购簿和发票，

纳税人在停业期间发生纳税义务的，应当按照税收法律、行政法规的规定申报缴纳税款。

(2)复业登记

纳税人应当于恢复生产经营之前，向税务机关申报办理复业登记，如实填写《停、复业报告书》，领回并启用税务登记证件、发票领购簿及其停业前领购的发票。

纳税人停业期满不能及时恢复生产经营的，应当在停业期满前向税务机关提出延长停业登记申请，并如实填写《停、复业报告书》。

4. 注销税务登记

(1)注销税务登记的适用范围

纳税人因经营期限届满而自动解散;企业由于改组、分立、合并等原因而被撤销;企业资不抵债而破产;纳税人住所、经营地址迁移而涉及改变原主管税务机关的;纳税人被工商行政管理部门吊销营业执照;以及纳税人依法终止履行纳税义务的其他情形。

(2)注销税务登记的时限要求

纳税人发生解散、破产、撤销以及其他情形，依法终止纳税义务的，应当在向工商行政管理机关办理注销登记前，持有关证件向原税务登记管理机关申报办理注销税务登记;按照规定不需要在工商管理机关办理注销登记的，应当自有关机关批准或者宣告终止之日起15日内，持有关证件向原税务登记管理机关申报办理注销税务登记。

纳税人因住所、生产、经营场所变动而涉及改变主管税务登记机关的，应当在向工商行政管理机关申请办理变更或注销登记前，或者住所、生产、经营场所变动前，向原税务登记机关

申报办理注销税务登记，并在30日内向迁达地主管税务登记机关申报办理税务登记。

纳税人被工商行政管理机关吊销营业执照的，应当自营业执照被吊销之日起15日内，向原税务登记机关申报办理注销税务登记。

(3)注销税务登记应提供有关证件、资料。

纳税人如实填写《注销税务登记申请审批表》，连同下列资料、证件报税务机关：

①注销税务登记申请书。

②主管部门批文或董事会、职代会的决议及其他有关证明文件。

③营业执照被吊销的应提交工商机关发放的注销决定。

④主管税务机关原发放的税务登记证件(《税务登记证》正、副本及登记表等)。

⑤其他有关资料。

5. 外出经营报验登记

纳税人到外县(市)临时从事生产经营活动的，应办理外出经营报验登记。

纳税人到外县(市)临时从事生产经营活动的，应当在外出生产经营以前，持税务登记证向主管税务机关申请开具《外出经营活动税收管理证明》(以下简称《外管证》)。

税务机关按照一地一证的原则，核发《外管证》，《外管证》的有效期限一般为30日，最长不得超过180天。

纳税人应当在《外管证》注明地进行生产经营前向当地税务机关报验登记，并提交税务登记证件副本和《外管证》。

纳税人在《外管证》注明地销售货物的，除提交以上证件、资料外，应如实填写《外出经营货物报验单》，申报查验货物。

纳税人外出经营活动结束，应当向经营地税务机关填报《外出经营活动情况申报表》，并结清税款、缴销发票。纳税人应当在《外管证》有效期届满后10日内，持《外管证》回原税务登记地税务机关办理《外管证》缴销手续。

二、账簿、凭证管理

账簿是纳税人、扣缴义务人连续地记录其各种经济业务的账册或簿记，包括总账、明细账、日记账以及其他辅助性账簿。凭证是用来记录经济业务，明确经济责任并据以登记账簿的书面证明。账簿、凭证管理在税收征管中占有十分重要的地位。

1. 设置账簿的范围

(1)从事生产、经营的纳税人应当自领取营业执照或发生纳税义务之日起15日内设置账簿；

(2)扣缴义务人应当自税收法律、行政法规规定的扣缴义务发生之日起10日内，按照所代扣、代收的税种，分别设置账簿；

(3)生产、经营规模小又确无建账能力的纳税人，可以聘请经批准从事会计代理记账业务的专业机构或经税务机构认可的财会人员代为建账和办理账务。

所有纳税人和扣缴义务人都必须根据合法、有效的凭证进行账务处理。

账簿、会计凭证和报表，应当使用中文。民族自治地方可以同时使用当地通用的一种民族文字，外商投资企业和外国企业可以同时使用一种外国文字。

2. 财务会计制度的管理

凡从事生产、经营的纳税人必须将所采用的财务、会计制度和具体的财务、会计处理方法，按照税务机关的规定，自领取税务登记证件之日起15日内，及时报送主管税务机关备案。

当从事生产、经营纳税人、扣缴义务人所使用的财务会计制度和具体的财务、会计处理办法与国务院和财政部、国家税务总局有关税收方面的规定相抵触时，纳税人、扣缴义务人必须按照国家有关法规计缴税款。

3. 账簿、凭证的保管

账簿、记账凭证、报表、完税凭证、发票、出口凭证以及其他涉税资料不得伪造、变造和擅自损毁。其保管期限除另有规定外，应当保存10年。

三、发票管理

发票是指在购销商品、提供或者接受服务以及从事其他经营活动中，开具、收取的收付款的书面证明。它是确定经营收支行为发生的法定凭证，是会计核算的原始依据，也是税务稽查的重要依据。

发票是一种经济责任证书，不同于订货单、加工单等单据;作为会计核算的原始凭证，发票不同于企业内部制作的验收入库单、出库单等原始凭据;发票是一种法律责任证书，不同于经济合同、契约书据。

发票有其固定的形式特征：

(1)内容基本相同 尽管行业不同，但发票的主要内容是基本相同的，一般包括发票名称、字轨号码、联次用途、客户名称、开票日期、品名规格、计量单位、数量、单价、大小写金额、结算方式、开票人签章、开票日期、开票单位(个人)名称（章)等栏目内容。

(2)套印发票监制章 发票的发票联应套印税务机关的发票监制章，否则，发票就不具有其应有的经济和法律作用。

(3)具有基本联次 普通发票一般具有存根联(即第1联，开票方留存备查)、发票联(即第2联，收执方作为付款或收款原始凭证)和记账联(即第3联，开票方作为记账原始凭证)等基本联次;增值税专用发票的基本联次，采用税控装置开具增值税专用发票，第一联为抵扣联，第二联为发票联，第三联为记账联。发票的基本联次形成一个完整的整体。发票的三个形式特征是缺一不可的统一整体，既是区别于其他经济凭证或法律证据的基本标志，也是鉴别一种凭证是不是发票的基本尺度。

1. 发票的印制、领购、使用管理

发票管理是指税务机关依法对发票的印制、领购、使用全过程进行组织、协调、监督所开展的各项活动的总称，是税源监控的主要手段，也是税收征收管理的重要组成部分。

(1)发票的印制 增值税专用发票由国务院税务主管部门指定的企业印制;其他发票，按照国务院税务主管部门的规定，分别由省、自治区、直辖市国家税务局、地方税务局指定企业印制。未经税务机关指定，不得私自印制、伪造、变造发票。

(2)发票的领购 依法办理税务登记的单位和个人，在领取税务登记证件后，向主管税务机关申请领购发票。申请领购发票的单位和个人应当提出购票申请，提供经办人身份证明、税务登记证件或者其他有关证明，以及财务印章或者发票专用章的印模，经主管税务机关审核后，发给发票领购簿。领购发票的单位和个人凭发票领购簿核准的种类、数量以及购票方式，向主管税务机关领购发票。需要临时使用发票的单位和个人，可以直接向税务机关申请办理。

(3)发票的使用 销售商品、提供服务以及从事其他经营活动的单位和个人，对外发生经营业务收取款项，收款方应当向付款方开具发票；特殊情况下，由付款方向收款方开具发票。所有单位和从事生产、经营活动的个人在购买商品、接受服务以及从事其他经营活动支付款项，应当向收款方取得发票。取得发票时，不得要求变更品名和金额。不符合规定的发票，不得作为财务报销凭证，任何单位和个人有权拒收。

(4)开具发票的基本要求 开具发票应符合以下要求：

①单位和个人应在发生经营业务、确认营业收入时，才能开具发票，未发生经营业务一律不得开具发票；

②开具发票时应按号顺序填开，填写项目齐全、内容真实、字迹清楚、全部联次一次性复写或打印，内容完全一致，并在发票联和抵扣联加盖单位财务印章或者发票专用章。发票专用章或者财务专用章不得在印制发票时套印。如确有需要的，应当报省税务机关批准。填错的发票，全部联次应当完整保存；

③填写发票应当使用中文。民族自治地区可以同时使用当地通用的一种民族文字；外商投资企业和外资企业可以同时使用一种外国文字；

④使用电子计算机开具发票必须报主管税务机关批准，并使用税务机关统一监制的机外发票。开具后的存根联应当按照顺序号装订成册，以备税务机关检查；

⑤开具发票时限、地点应符合规定；

⑥任何单位和个人不得转借、转让、代开发票；未经税务机关批准，不得拆本使用发票；不得自行扩大专业发票使用范围。任何单位和个人未经税务机关批准，不得跨规定的使用区域携带、邮寄、运输空白发票。

发票限于领购单位和个人在本省、自治区、直辖市内开具。任何单位和个人未经批准，不得跨规定的使用区域携带、邮寄、运输空白发票。禁止携带、邮寄或者运输空白发票出入境。开具发票的单位和个人应当建立发票使用登记制度，设置发票登记薄，并定期向主管税务机关报告发票使用情况。开具发票的单位和个人应当在办理变更或者注销税务登记的同时，办理发票的变更、缴销手续。开具发票的单位和个人应当按照税务机关的规定存放和保管发票，不得擅自损毁。已经开具的发票存根联和发票登记簿，应当保存五年。保存期满，报经税务机关查验后销毁。

通过发票印制、领购、使用全过程管理，保证发票的使用合法性、真实性和正确性，促进用票人加强经济核算与财务管理，提高税收征管的质量，维护社会主义经济秩序。

2. 发票的种类

我国发票按其用途及反映的内容不同，可以分为增值税专用发票、普通发票、专业发票。

(1)增值税专用发票 增值税专用发票是指一般纳税人专门用于结算销售货物和提供加工、修理修配劳务或提供应税服务时使用的一种发票。

(2)普通发票 普通发票主要由营业税纳税人和增值税小规模纳税人使用，增值税一般纳税人在不能开具专用发票的情况下也可使用普通发票。

普通发票的领购和管理应符合以下规定：

①需要使用发票的单位和个人，应当按照规定提出购票申请，提供税务登记证件或者其他有效证明，经税务机关审核后，办理购票手续；

②发票由税务机关统一对外出售。未经省税务机关授权，任何单位和个人不得对外出售发票；

③发票仅限于单位和个人在本市、县内使用，跨市、县使用发票的，按照省税务机关的规定执行；

④单位总机构与分支机构不在同一市、县的，应当分别使用所在地税务机关提供的发票；

⑤租店、租柜经营的单位和个人，未经主管税务机关批准，不得使用出租单位的发票。所需发票，按照规定到经营地主管税务机关领购；

⑥临时到本市、县以外从事经营活动的单位和个人，应当凭所在地税务机关的证明，向经营地税务机关申请领购、开具发票；

⑦跨市、县从事临时经营活动的单位和个人申请领购发票的，所在地税务机关可以根据省税务机关的规定，要求其提供保证人或者交纳不超过 1 万元的保证金，并限期缴销发票。按期缴销发票的，解除保证人的担保义务或者退还保证金；未按期缴销发票的，由保证人或者以保证金承担法律责任。税务机关收取保证金应当开具收据。

(3) 专业发票

专业发票是指国有金融、保险企业的存贷、汇兑、转账凭证、保险凭证；国有邮政、电信企业的邮票、邮单、话务、电报收据等。

四、纳税申报

1. 纳税申报的概念

纳税申报是指纳税人、扣缴义务人按照法律、行政法规的规定，在申报期限内就纳税事项向税务机关书面申报的一种法定手续。纳税申报是纳税人履行纳税义务，界定纳税人法律责任的主要依据，是税务机关税收管理信息的主要来源。

理解纳税申报概念应注意把握以下几点：

(1) 纳税申报的对象 纳税申报的对象主要包括两类：一是依法负有纳税义务的单位和个人，即纳税人。即从事生产、经营活动负有纳税义务的企业、事业单位、其他组织和个人；临时取得应税收入或发生应税行为，以及其他不从事生产、经营活动但依照法律、行政法规的规定负有纳税义务的单位和个人。享有减免税待遇的纳税人，在减免税期间也应当按照规定办理纳税申报。二是依法负有代扣代缴、代收代缴义务的单位和个人。

(2) 纳税申报的内容 纳税人、扣缴义务人的纳税申报的内容为纳税事项。主要包括：税种、税目、应税项目或者应代扣代缴、代收代缴税款项目、适用税率或者单位税额、计税依据、扣除项目及标准、应退税项目及税额、应减免税项目及税额、应纳税额或者应代扣代缴、代收代缴税额、税款所属期限、延期缴纳税款、欠税、滞纳金等。纳税人（扣缴义务人）在办理纳税申报时应如实填写纳税申报表（代扣代缴、代收代缴税款报告表），并根据不同的情况相应报送法律法规规定的有关证件和资料。

(3) 纳税申报期限 纳税申报期限是指纳税人、扣缴义务人向税务机关办理纳税申报的期限。

这里应注意纳税期限一般不等于纳税申报期限，纳税期限是指税收法律、法规规定的或者税务机关依照税收法律、法规的规定确定的纳税人应税行为发生后据以计算应纳税额的期限，由于纳税人会计核算从凭证、账簿记录到编制财务会计报告有一个过程，不可能以计算应纳税额的日期为纳税日期，因此税法往往在规定纳税期限的同时还规定纳税申报的期限，以给纳税人留下充足的办理会计核算手续的期限。

根据《税收征管法》及其《实施细则》的规定，纳税人、扣缴义务人按照规定的期限办理纳税申报或者报送代扣代缴、代收代缴税款报告表确有困难，如财务会计处理上确有特殊困难，会计账务尚未处理完毕，不能计算应纳税额，需要延期的，应当在规定的期限内向税务机关提出书面延期申请，经税务机关核准，可以延期申报。但是，经过核准延期办理申报事宜的，也应当在纳税期限内按照上期实际缴纳的税额或者税务机关核定的税额预缴税款，并在核准的延期内办理税款结算。纳税人、扣缴义务人因不可抗力，不能按期办理纳税申报或者报送代扣代缴、代收代缴税款报告表的，可以延期办理；但是，应当在不可抗力情形消除后立即向税务机关报告。税务机关应当查明事实，予以核准。

(4)纳税申报报送的证件、资料。纳税人办理纳税申报时，应当如实填写纳税申报表，并根据不同的情况相应报送下列有关证件、资料：

①财务会计报表及其说明材料；

②与纳税有关的合同、协议书及凭证；

③税控装置的电子报税资料；

④外出经营活动税收管理证明和异地完税凭证；

⑤境内或者境外公证机构出具的有关证明文件；

⑥税务机关规定应当报送的其他有关证件、资料。

⑦扣缴义务人办理代扣代缴、代收代缴税款报告时，应当如实填写代扣代缴、代收代缴税款报告表，并报送代扣代缴、代收代缴税款的合法凭证以及税务机关规定的其他有关证件、资料。

2. 纳税申报的方式

纳税人应依照法律、法规规定的申报期限、申报内容如实填写纳税申报表，办理纳税申报手续。纳税申报方式包括：

(1)直接申报 直接申报是指纳税人、扣缴义务人在规定的申报期限内直接到主管税务机关自行办理纳税申报的方式。这是传统的申报方式。

(2)邮寄申报 指经税务机关批准的纳税人使用统一规定的纳税申报特快专递专用信封，通过邮政部门办理交寄手续，并向邮政部门索取收据作为申报凭据的方式。

纳税人采取邮寄方式办理纳税申报的，应当使用统一的纳税申报专用信封，并以邮政部门收据作为申报凭据。邮寄申报以寄出的邮戳日期为实际申报日期。

(3)数据电文申报 数据电文是指经税务机关确定的电话语音、电子数据交换和网络传输等电子方式。例如目前纳税人的网上申报，就是数据电文申报方式的一种形式。

纳税人采取电子方式办理纳税申报的，应当按照税务机关规定的期限和要求保存有关资料，并定期书面报送主管税务机关。纳税人、扣缴义务人采取数据电文方式办理纳税申报的，其申报日期以税务机关计算机网络系统收到该数据电文的时间为准税务机关征收部门负责受理、签收纳税人的申报资料，审核纳税申报资料是否齐全、申报是否及时等工作。

除上述方式外，实行定期定额缴纳税款的纳税人，可以实行简易申报、简并征期等申报纳税方式。“简易申报”是指实行定期定额缴纳税款的纳税人在法律、行政法规规定的期限内或税务机关依据法规的规定确定的期限内缴纳税款的，税务机关可以视同申报；“简并征期”

是指实行定期定额缴纳税款的纳税人，经税务机关批准，可以采取将纳税期限合并为按季、半年、年的方式缴纳税款。

第三节　税款征收

税款征收是指税务机关依照税收法律、行政法规的规定，将纳税人依法向国家缴纳的税款及时足额地组织征收入库的一系列活动的总称。它是税收征收管理工作的中心环节，是全部税收征管工作的目的和归宿，是整个税收工作中占据极为重要的地位。

一、税款征收遵循原则：

1. 征收唯一主体原则

《税收征管法》第二十九条规定，除税务机关、税务人员以及经税务机关依照法律、行政法规委托的单位和人员外，任何单位和个人不得进行税款征收活动。第四十一条同时规定，采取税收保全措施、强制执行措施的权力，不得由法定的税务机关以外的单位和个人行使。这些规定都说明了税务机关是征收税款的唯一主体。

2. 依法征税原则

《税收征管法》第二十八条规定，税务机关依照法律、行政法规的规定征收税款，未经法定机关和法定程序调整，征纳双方不得随意变动。

3. 按法定权限和程序执法和保护纳税人合法权益原则

《税收征管法》第二十八条规定，不得违反法律、行政法规的规定开征、停征、多征、少征、提前征收、延缓征收或者摊派税款。

4. 按规定入库原则

《税收征管法》第五十三条规定，国家税务局和地方税务局应当按照国家规定的税收征收管理范围和税款入库预算级次，将征收的税款缴入国库。对审计机关、财政机关依法查出的税收违法行为，税务机关应当根据有关机关的决定、意见书，依法将应收的税款、滞纳金按税款入库预算级次缴入国库，并将结果及时回复有关机关。

5. 税款优先原则

所谓税款优先，一是税收优先于无担保债权；二是纳税人欠缴的税款发生在纳税人以其财产设定抵押、质押或者纳税人的财产被留置之前的，税收应当先于抵押权、质权和留置权执行；三是税收优先于罚款、没收违法所得，即纳税人欠缴税款，同时又被行政机关决定处以罚款、没收违法所得的，税收优先于罚款、没收违法所得。

二、税款征收方式

税款征收方式是指税务机关确定的对纳税人应纳税款计算核定、征收入库的具体方法和形式。它是税款的计算、核定、缴纳这一运动过程的程序和手续的总称。税务机关应根据各税种的不同特点和纳税人的生产经营及财务管理情况，本着方便税务机关控管和纳税人缴纳税款的原则，对不同的纳税人分别确定相应的税款征收方式。

1. 查账征收

查账征收是指由纳税人依据账簿记载，先自行计算缴纳，事后经税务机关查账核实，如有不符合税法规定的，则多退少补的一种税款征收方式。它适用于经营规模较大、财务会计制度健全、会计记录完整、能够认真履行纳税义务的纳税人。

这种征收方法虽然手续简便，但也存在易于发生税务机关失察，造成偷、欠税等不良现象的问题。

2. 查定征收

查定征收是指由税务机关根据纳税人的从业人员、生产设备、原材料耗用等因素在正常情况下的生产、销售情况，对其生产的应税产品查定产量和销售额，然后依照税法规定的税率征收的一种税款征收方式。

这种方式适用于生产经营规模较小、产品零星、税源分散、会计账册不健全的纳税人。

3. 查验征收

查验征收是由税务机关对纳税申报人的应税产品进行查验后征税，并贴上完税证、查验证或盖查验戳，并据以征税的一种税款征收方式。

具体做法是：纳税人购进商品或自行加工的产品上市出售前，应向主管税务机关报验，加盖验讫章后方可上市。纳税人报验时，要填写查验登记表，登记报验时间、品种、数量、金额等，一式两份，一份由纳税人留存，一份交主管税务机关留存，每月末，税务机关根据查验登记表上的记载，计算当月应缴税额。

这种方法适用于经营品种比较单一、经营地点、时间和商品来源不固定的纳税人。

4. 定期定额征收

是指税务机关依照有关法律、法规的规定，按照一定的程序，核定纳税人在一定经营时期内的应纳税经营额及收益额，并以此为计税依据，确定其应纳税额的一种税款征收方式。

具体做法是：由纳税人在季度或年度终了后规定的时间内，向主管税务机关申报营业和利润情况。税务机关通过典型调查，掌握代表性资料，逐户确定一定经营时间内的营业额和所得额，并以此为计税依据，确定其应纳税额进行征收。

这种方式适用于生产经营规模小，又无建账能力，经主管税务机关审核批准可以不设置账簿或暂缓建账的小型纳税人。

5. 代扣代缴

代扣代缴是指按照税法规定，负有扣缴税款的法定义务人，在向纳税人支付款项时，从所支付的款项中直接扣收税款并按照规定的期限和缴库方法申报解缴的一种征收方式。其目的是对零星分散、不易控制的税源实行源泉控制。

6. 委托代征

委托代征是指受托单位按照税务机关核发的代征证书的要求，以税务机关的名义向纳税人征收一些零散税款的一种税款征收方式。《税收征管法实施细则》规定：税务机关根据有利于税收控管和方便纳税的原则，可以按照国家有关规定委托有关单位和人员代征零星分散和异地缴纳的税收，并发给委托代征证书。受托单位和人员按照代征证书的要求，以税务机关的名义依法征收税款，纳税人不得拒绝；纳税人拒绝的，受托代征单位和人员应当及时报告税务机关。

这种方式主要适用于零星、分散和流动性大的税款征收，如集贸市场税款的征收。

7. 其他方式

除以上税款征收方式外还有邮寄申报纳税、自计自填自缴、自报核缴方式等。

三、税款征收制度

1. 延期缴纳税款制度

纳税人和扣缴义务人必须在税法规定的期限内缴纳、解缴税款。但考虑到纳税人在履行纳税义务的过程中，可能会遇到特殊困难的客观情况，不能按期缴纳税款的，经省、自治区、直辖市国家税务局、地方税务局批准，可以延期缴纳税款，但最长不得超过3个月，但同一笔税款不得滚动审批。

2. 税收滞纳金征收制度

纳税人未按照规定期限缴纳税款的，扣缴义务人未按照规定期限解缴税款的，税务机关除责令限期缴纳外，从滞纳税款之日起，按日加收滞纳税款万分之五的滞纳金。拒缴滞纳金的，可以按不履行纳税义务实行强制执行措施，强制划拨或强制征收。

3. 税款核定制度

核定应纳税额是按其他征收方法难以合理准确地征收税款时采取的一种征税方法。核定应纳税额是针对由于纳税人的原因导致税务机关难以查账征收税款，而采取的一种被迫或补救措施，这种核定应以合法、合理为依据，不是随意确定。

（1）核定应纳税额的情形 根据《税收征管法》第三十五条、第三十七条的规定，有下列情形之一的纳税人，税务机关有权核定其应纳税额：

①依照法律、行政法规的规定可以不设置账簿的；

②依照法律、行政法规的规定应当设置账簿但未设置的；

③擅自销毁账簿或者拒不提供纳税资料的；

④虽设置账簿，但账目混乱或者成本资料、收入凭证、费用凭证残缺不全，难以查账的；

⑤发生纳税义务，未按照规定的期限办理纳税申报，经税务机关责令限期申报，逾期仍未申报的；

⑥纳税人申报的计税依据明显偏低，又无正当理由的；

⑦未按照规定办理税务登记的从事生产、经营的纳税人以及临时经营的纳税人。

（2）核定应纳税额的方法 从核定应纳税额的适用范围来看，主要是纳税人不能真实、完整、准确、及时提供纳税资料的情况。为了减少核定应纳税额的随意性，使核定的税额更接近纳税人的实际情况和负担水平。《实施细则》对税务机关核定税额的方法作了明确的规定。

纳税人有上述核定应纳税额的适用范围所列情况之一的，税务机关有权采用下列任何一种方法核定其应纳税额：

①参照当地同类行业或类似行业中经营规模和收入相近的纳税人的税负水平核定；

②按照营业收入或成本加合理费用和利润的方法核定；

③按照耗用的原材料、燃料、动力等推算或测算核定；

④按照其他合理方法核定。

采用上述所列一种方法不足以正确核定应纳税额时，可以同时采用两种以上的方法核定。

4. 税收保全措施

税收保全措施是指税务机关对可能由于纳税人的行为或某种客观原因，致使以后税款的征收不能保证或难以保证的案件，采取限制纳税人处理或转移商品、货物或其他财产的措施。

税务机关有根据认为从事生产、经营的纳税人有逃避纳税义务行为的，可以在规定的纳税期之前，责令限期缴纳税款；在限期内发现纳税人有明显增加转移、隐匿其应纳税的商品、货物及其他财产迹象的，税务机关应责令其提供纳税担保。如果纳税人不能提供纳税担保，经县以上税务局（分局）局长批准，税务机关可以采取下列税收保全措施：

（1）书面通知纳税人开户银行或其他金融机构冻结纳税人的金额相当于应纳税款的存款；

（2）扣押、查封纳税人的价值相当于应纳税款的商品、货物或其他财产。

纳税人在上述规定的限期内缴纳税款的，税务机关必须立即解除税收保全措施；限期期满仍未缴纳税款的，经县以上税务局（分局）局长批准，税务机关可以书面通知纳税人开户银行或其他金融机构，从其冻结的存款中扣缴税款，或依法拍卖或变卖扣押、查封的商品、货物或其他财产，以拍卖或变卖所得抵缴税款。

税务机关采取税收保全措施时，对上款所列纳税人、扣缴义务人、纳税担保人未缴纳的滞纳金同时强制执行。

采取税收保全措施不当，或纳税人在期限内已缴纳税款，税务机关未立即解除税收保全措施，使纳税人的合法权益遭受损失的，税务机关应当承担赔偿责任。

个人及其所扶养家属维持生活必需的住房和用品，不在税收保全的措施范围之内。

5. 采取强制执行措施

（1）适用强制执行的情形 根据《税收征管法》的规定，从事生产、经营的纳税人、扣缴义务人未按照规定的期限缴纳或者解缴税款，纳税担保人未按照规定的期限缴纳所担保的税款，由税务机关责令限期缴纳，逾期仍未缴纳的，经县以上税务局（分局）局长批准，税务机关可以采取下列强制执行措施：

①书面通知其开户银行或者其他金融机构从其存款中扣缴税款；

②扣押、查封、依法拍卖或者变卖其价值相当于应纳税款的商品、货物或者其他财产，以拍卖或者变卖所得抵缴税款。

税务机关采取强制执行措施时，对上述纳税人、扣缴义务人、纳税担保人未缴纳的滞纳金同时强制执行。个人及其所扶养家属维持生活必需的住房和用品，不在强制执行措施的范围之内。

（2）强制执行的实施 税务机关将扣押、查封的商品、货物或者其他财产变价抵缴税款时，应当按照拍卖优先的原则委托依法成立的拍卖机构拍卖；无法委托拍卖或者不适于拍卖的，可以委托当地商业企业代为销售；或者责令被执行人限期处理；无法委托商业企业销售，被执行人也无法处理的（包括拒绝处理或者逾期不处理等），由税务机关变价处理。国家禁止自由买卖的商品、货物、其他财产，应当交由有关单位按照国家规定的价格收购。拍卖、变卖抵税财物进行时，应当通知被执行人到场，被执行人未到场的，不影响执行。税务机关及其工作人员不得参与被拍卖或者变卖商品、货物或者其他财产的竞买或收购，也不得委托他人为其竞买或收购。

拍卖，是指税务机关将抵税财物依法委托拍卖机构，以公开竞价的形式，将特定财物转让给最高应价者的买卖方式。变卖，是指税务机关将抵税财物委托商业企业代为销售、责令纳税人限期处理或由税务机关变价处理的买卖方式。

抵税财物，是指被税务机关依法实施税收强制执行而扣押、查封或者按照规定应强制执行的已设置纳税担保物权的商品、货物、其他财产或者财产权利。被执行人，是指从事生产经营的纳税人、扣缴义务人或者纳税担保人等税务行政相对人。

拍卖或者变卖所得抵缴税款、滞纳金、罚款以及扣押、查封、保管、拍卖、变卖等费用后，剩余部分应当在 3 日内退还被执行人。

税务机关滥用职权，违法采取强制执行措施，或者采取强制执行措施不当，使纳税人、扣缴义务人或者纳税担保人的合法权益遭受损失的，应当依法承担赔偿责任。

6. 离境清税制度

《税收征管法》第四十四条规定，欠缴税款的纳税人及其法定代表人需要出境的，应当在出境前向税务机关结清应纳税款或者提供担保。未结清税款，又不提供担保的，税务机关可以通知出境管理机关阻止其出境。

7. 税款的退还和追征制度

（1）税收的退还《税收征管法》规定，纳税人超过应纳税额缴纳的税款，税务机关发现后应当立即退还；纳税人自结算缴纳税款之日起 3 年内发现的，可以向税务机关要求退还多缴的税款并加算银行同期存款利息，税务机关及时查实后应当立即退还，涉及从国库中退库的，依照法律、行政法规有关国库管理的规定退还。

（2）税款的追征《税收征管法》规定，因税务机关责任，致使纳税人、扣缴义务人未缴或者少缴税款的，税务机关在3 年内可以要求纳税人、扣缴义务人补缴税款，但是不得加收滞纳金。因纳税人、扣缴义务人计算等失误，未缴或少缴税款的，税务机关在 3 年内可以追征税款、滞纳金；有特殊情况的追征期可以延长到 5 年。所称特殊情况是指纳税人或扣缴义务人因计算错误等失误，未缴或少缴、未扣或少扣，未收或少收税款，累计金额在 10 万元以上的。

对偷税、抗税、骗税的，税务机关追征其未缴的税款、滞纳金或所骗取的税款，不受此期限的限制。

第四节　税务检查

一、税务检查的概念

税务检查又称纳税检查，是指税务机关根据税收法律、行政法规的规定，对纳税人、扣缴义务人履行纳税义务、扣缴义务及其他有关税务事项进行审查、核实、监督活动的总称。它是税收征收管理工作的一项重要内容，是确保国家财政收入和税收法律法规贯彻落实的重要手段。

二、税务检查的范围

1. 检查纳税人的账簿、记账凭证、报表和有关资料，检查扣缴义务人代扣代缴、代收代缴税款账簿、记账凭证和有关资料。

2. 到纳税人的生产、经营场所和货物存放地检查纳税人应纳税的商品、货物或者其他财产，检查扣缴义务人与代扣代缴、代收代缴税款有关的经营情况。

3. 责成纳税人、扣缴义务人提供与纳税或者代扣代缴、代收代缴税款有关的文件、证明材料和有关资料。

4. 询问纳税人、扣缴义务人与纳税或者代扣代缴、代收代缴税款有关的问题和情况。

5. 到车站、码头、机场、邮政企业及其分支机构检查纳税人托运、邮寄应纳税商品、货物或者其他财产的有关单据、凭证和有关资料。

6. 经县以上税务局(分局)局长批准，凭全国统一格式的检查存款账户许可证明，查询从事生产、经营的纳税人、扣缴义务人在银行或者其他金融机构的存款账户。税务机关在调查税收违法案件时，经设区的市、自治州以上税务局（分局)局长批准，可以查询案件涉嫌人员的储蓄存款。

税务机关依法进行税务检查时，有权向有关单位和个人调查纳税人、扣缴义务人和其他当事人与纳税或者代扣代缴、代收代缴税款有关的情况，有关单位和个人有义务向税务机关如实提供有关资料及证明材料，不得拒绝、隐瞒。

税务机关调查税务违法案件时，对与案件有关的情况和资料，可以记录、录音、录像、照相和复制。

税务机关查询所获得的资料，不得用于税收以外的用途。

第五节　违反税收征收管理法的法律责任

一、纳税人、扣缴义务人违反税收征收管理法的法律责任

1. 纳税人、扣缴义务人违反税务管理基本规定行为的处罚

纳税人有下列行为之一的，由税务机关责令限期改正，可以处 2 000 元以下的罚款;情节严重的处 2 000 元以上 1 万元以下的罚款:

(1)未按规定的期限申报办理税务登记、变更或注销登记的;

(2)未按规定设置、保管账簿或保管记账凭证和有关资料的;

(3)未按规定将财务、会计制度或财务、会计处理办法和会计核算软件报送税务机关备查的;

(4)未按规定将全部银行账号向税务机关报告的;

(5)未按规定安装、使用税控装置，或损毁或擅自改动税控装置的;

(6)纳税人未按规定办理税务登记证件验证或换证手续的。

纳税人未按照规定使用税务登记证件的，或转借、涂改、损毁、买卖、伪造税务登记证件的，处 2 000 元以上 1 万元以下的罚款;情节严重的处 1 万元以上 5 万元以下的罚款。

2. 扣缴义务人违反账簿、凭证管理的处罚

扣缴义务人未按规定设置，保管代扣代缴、代收代缴税款账簿、记账凭证和有关资料的，由税务机关责令限期改正，可以处 2 000 元以下的罚款;情节严重的处 2 000 元以上 5 000 元以下的罚款。

3. 纳税人、扣缴义务人未按规定进行纳税申报的法律责任

纳税人未按规定期限办理纳税申报和报送有关纳税资料的，或扣缴义务人未按规定的期限向税务机关报送代扣代缴、代收代缴税款报告表和有关资料的，由税务机关责令限期改正，可以处 2 000 元以下的罚款;情节严重的处 2 000 元以上 1 万元以下的罚款。

4. 对逃避缴纳税款的认定及其法律责任

纳税人伪造、变造、隐匿、擅自销毁账簿、记账凭证，或在账簿上多列支或不列、少列收入，

或经税务机关通知申报而拒不申报或进行虚假的纳税申报，不缴或少缴应纳税款的，是逃避缴纳税款。对纳税人逃避缴纳税款的，由税务机关追缴其不缴或少缴的税款、滞纳金，并处不缴或少缴的税款50%以上5倍以下的罚款；构成犯罪的，依法追究刑事责任。

扣缴义务人采取前款所列手段，不缴或少缴已扣、已收税款，由税务机关追缴其不缴或少缴的税款、滞纳金，并处不缴或少缴的税款50%以上5倍以下的罚款；构成犯罪的，依法追究刑事责任。

《中华人民共和国刑法》（以下简称《刑法》）第二百零一条规定："纳税人采取欺骗、隐瞒手段进行虚假纳税申报或者不申报，逃避缴纳税款数额较大并且占应纳税额10%以上的，处3年以下有期徒刑或者拘役，并处罚金；数额巨大并且占应纳税额30%以上的，处3年以上7年以下有期徒刑，并处罚金。扣缴义务人采取前款所列手段，不缴或者少缴已扣、已收税款，数额较大的，依照前款的规定处罚。对多次实施前两款行为，未经处理的，按照累计数额计算。有第一款行为，经税务机关依法下达追缴通知后，补缴应纳税款，缴纳滞纳金，已受行政处罚的，不予追究刑事责任；但是，五年内因逃避缴纳税款受过刑事处罚或者被税务机关给予二次以上行政处罚的除外。"

5. 进行虚假纳税申报或不进行纳税申报行为的法律责任

纳税人、扣缴义务人编造虚假计税依据的，由税务机关责令限期改正，并处5万元以下的罚款。

纳税人不进行纳税申报，不缴或少缴税款的，由税务机关追缴其不缴或少缴的税款、滞纳金，并处不缴或少缴的税款50%以上5倍以下的罚款。

6. 逃避追缴欠税的法律责任

纳税人欠缴应纳税款，采取转移或隐匿财产的手段，妨碍税务机关追缴欠缴税款的，由税务机关追缴欠缴的税款、滞纳金，并处不缴或少缴的税款50%以上5倍以下的罚款；构成犯罪的，依法追究刑事责任。

纳税人欠缴应纳税款，采取转移或隐匿财产的手段，致使税务机关无法追缴欠缴的税款，数额在1万元以上不满10万元的，处3年以下有期徒刑或拘役，并处或单处欠缴税款1倍以上5倍以下罚金；数额在10万元以上的，处3年以上7年以下有期徒刑，并处欠缴税款1倍以上5倍以下罚金。

7. 骗取出口退税的法律责任

以假报出口或其他欺骗手段，骗取国家出口退税的，由税务机关追缴其骗取的退税款，并处骗取税款1倍以上5倍以下罚款；构成犯罪的，依法追究刑事责任。

《刑法》第二百零四条规定："以假报出口或者其他欺骗手段，骗取国家出口退税款，数额较大的，处5年以下有期徒刑或者拘役，并处骗取税款1倍以上5倍以下罚金；数额巨大或者有其他严重情节的，处5年以上10年以下有期徒刑，并处骗取税款1倍以上5倍以下罚金；数额特别巨大或者有其他特别严重情节的处10年以上有期徒刑或者无期徒刑，并处骗取税款1倍以上5倍以下罚金或者没收财产。"

8. 抗税的法律责任

以暴力、威胁方法拒不缴纳税款的，是抗税。对抗税行为，除由税务机关追缴其拒缴的税款、滞纳金外，依法追究刑事责任。情节轻微，未构成犯罪的，由税务机关追缴其拒缴的税款、滞纳金，并处拒缴税款1倍以上5倍以下罚款。情节严重的，处3年以上7年以下有期徒刑，并处拒缴税款1倍以上5倍以下罚款。

9. 在规定期限内不缴或少缴税款的法律责任

纳税人、扣缴义务人在规定的期限内不缴或少缴应纳或应解缴的税款，经税务机关责令限期缴纳，逾期仍未缴纳的，税务机关采取强制执行措施追缴其不缴或少缴的税款外，可以处不缴或少缴税款50%以上5倍以下的罚款。

10. 扣缴义务人不履行扣缴义务的法律责任

扣缴义务人应扣未扣、应收而不收税款的，由税务机关向纳税人追缴税款，对扣缴义务人处应扣未扣、应收未收税款50%以上3倍以下的罚款。

11. 不配合税务机关依法检查的法律责任

纳税人、扣缴义务人逃避、拒绝或以其他方式阻挠税务机关检查的，由税务机关责令改正，可以处1万元以下的罚款，情节严重的，处1万元以上5万元以下的罚款。

二、税务人员违反税收征收管理法的法律责任

1. 税务人员不依法行政的法律责任

(1)税务人员与纳税人、扣缴义务人勾结，唆使或协助纳税人、扣缴义务人实施违反《税收征管法》规定的行为，构成犯罪的，按照《刑法》关于共同犯罪的规定处罚；尚不构成犯罪的，依法给予行政处分。

(2)税务人员私分扣押、查封的商品、货物或其他财产，情节严重，构成犯罪的，依法追究刑事责任；尚不构成犯罪的，依法给予行政处分。

2. 税务人员渎职行为的法律责任

(1)税务人员利用职务上的便利，收受或索取纳税人、扣缴义务人财物或谋取纳税人、扣缴义务人财物或谋取其他不正当利益，构成犯罪的，依法追究刑事责任；尚不构成犯罪的，依法给予行政处分。

(2)税务人员徇私舞弊或玩忽职守，不征收或少征收应征税款的，致使国家税收遭受重大损失的，处5年以下有期徒刑或拘役；造成特别重大损失的，处5年以上有期限徒刑；尚不构成犯罪的，依法给予行政处分。

(3)税务人员滥用职权，故意刁难纳税人、扣缴义务人的，调离税收工作岗位，并依法给予行政处分。

(4)税务人员对控告、检举税收违法行为的纳税人、扣缴义务人以及其他检举人进行打击报复，给予行政处分；构成犯罪的，依法追究刑事责任。

三、银行及其他金融机构拒绝配合税务机关依法执行职务的法律责任

1. 银行和其他金融机构未依照《征管法》的规定在从事生产、经营的纳税人的账户中登录税务登记证件号码，或者未按规定在税务登记证件中登录从事生产、经营的纳税人的账户账号的，由税务机关责令其限期改正。处2 000元以上2万元以下的罚款；情节严重的处2万元以上5万元以下的罚款。

2. 为纳税人、扣缴义务人非法提供银行账户、发票、证明或者其他方便，导致未缴、少缴税款或者骗取国家出口退税款的，税务机关除没收其违法所得外，可以处未缴、少缴或者骗取的税款1倍以下的罚款。

3.《征管法》第七十三条规定："纳税人、扣缴义务人的开户银行或者其他金融机构拒绝接

受税务机关依法检查纳税人、扣缴义务人存款账户，或者拒绝执行税务机关作出的冻结存款或者扣缴税款的决定，或者在接到税务机关的书面通知后帮助纳税人、扣缴义务人转移存款，造成税款流失的，由税务机关处10万元以上50万元以下的罚款，对直接负责的主管人员和其他直接责任人员处1 000元以上1万元以下的罚款。”

【本章小结】

《税收征收管理法》只适用于由税务机关征收的各种税收的征收管理。

税务管理包括税务登记，账簿、凭证管理和纳税申报三部分。税务登记包括开业登记，变更登记、注销登记和停业、复业登记。账簿凭证管理具体又包括账簿、凭证管理，发票领购管理和税控管理。纳税申报中规定了申报对象、内容和期限等。

税款征收是税收征收管理工作中的中心环节，这部分内容也是本章的重点内容之一。这部分内容有税款征收的原则，征收方式和征收制度三个小部分，其中税款征收制度又是重点中的重点，包括税款征收制度共有代扣代缴、代收代缴税款制度延期缴纳税款制度，税收滞纳金征收制度，税收保全措施和税收强制执行措施等。

《税收征收管理法》规定的法律责任包括征、纳双方的法律责任、银行及其他金融机构的法律责任，应掌握各种妨碍税收征管行为的界定与处罚规定。

【思考与练习】

一、单项选择题

1. 下列属于税务管理的内容有（　）

A. 税务登记　　B. 账簿凭证管理

C. 税款征收　　D. 纳税申报

2.《税收征管法》对行政处罚的权限作出了规定，罚款额在（　）元以下的，可由税务所决定。

A. 2 000　　B. 3 000

C. 4 000　　D. 5 000

3. 因税务机关责任，致使纳税人、扣缴义务人未缴或少缴税款的，税务机关可以在（　）年内要求补缴。

A. 2 年　　B. 3 年

C. 5 年　　D. 7 年

4. 依据刑法规定，犯抗税罪，情节严重的，处3年以上7年以下有期徒刑，并处拒缴税款（　）罚金。

A. 1 倍以上5倍以下　　B. 1 倍以上3倍以下

C. 3 倍以上5倍以下　　D. 5 倍以上10倍以下

5. 纳税人、扣缴义务人编造虚假计税依据的，由税务机关责令限期改正，并处（　）元以下罚款。

A. 1 万　　B. 2 万

C. 5 万　　D. 10 万

6. 纳税人所属跨地区非独立核算的分支机构办理税务登记时（　）。

A. 由总机构办理税务登记，分支机构不必办理税务登记手续

B. 由分支机构自行办理税务登记手续

C. 分支机构只需办理注册税务登记

D. 由总机构办理税务登记，分支机构应办理注册税务登记

7. 经(　)批准，税务机关可以凭全国统一格式的检查存款账户许可证明，查核从事生产、经营的纳税人、扣缴义务人在银行或其他金融机构的存款账户。

A. 县以上人民政府负责人　B. 县以上财政局(分局)局长

C. 县以上税务局(分局)局长　D. 县以上人民银行(分行)行长

8. 纳税人因有特殊困难，经批准后，可以延长(　)个月缴纳税款。

A. 2　B. 3　C. 4　D. 5

9. 对纳税人填报的税务登记表、提供的证件和资料，税务机关应自收到之日起(　)日内审核完毕；符合规定的，予以登记，并发给税务登记证件。

A. 10　B. 15　C. 30　D. 60

10. 按照我国有关规定，普通发票应由(　)指定的企业印刷。

A. 财政部　B. 国家税务总局

C. 省、自治区、直辖市税务局　D. 市、县税务局

二、多项选择题

1. 根据税收征管法的规定，纳税人办理税务登记时，应根据不同情况相应提供的有关资料有(　)。

A. 有关合同、章程、协议书

B. 银行账号证明

C. 营业执照

D. 法定代表人(负责人)或业主居民身份证、护照或其他证明身份的合法证件

2. 下列可采用核定税额方式的有(　)。

A. 擅自销毁账簿

B. 外国企业会计账簿以外币计价的

C. 依照法律行政法规的规定应当设置而未设置账簿的

D. 纳税人申报的计税依据明显偏底，又无正当理由

3. 下列关于税务机关税款追征期的规定，正确说法是(　)。

A. 一般情况追征期为三年

B. 特殊情况追征期为五年

C. 特殊情况追征期为十年

D. 对纳税人偷税骗税少缴的税款无限期追征

4. 税款退还制度中，处理正确的有(　)。

A. 纳税人自缴款之日起三年内要求退还

B. 可要求加算银行同期存款利息

C. 因技术差错可要求退还多缴税款

D. 因税率下调可要求退还多缴税款

5. 下列属于偷税行为的有(　)。

A. 伪造、变造、隐匿、擅自销毁账簿的

B. 在账簿上多列支出的

C. 在账簿上少列收入的

D. 不缴或少缴应纳税款的

6. 纳税人未按照规定使用税务登记证件，或者转借、涂改、损毁、买卖、伪造税务登记证件的，应处以(　)；情节严重的处以(　)。

A. 2 000 元以上 5 000 元以下罚款

B. 2 000 元以上 1 万元以上罚款

C. 1 万元以上 5 万元以下罚款

D. 5 000 元以上 10 万元以下罚款

7. 经批准，税务机关可以采取的税收保全措施有(　)。

A. 书面通知纳税人开户银行或者其他金融机构冻结纳税人的金额相当于应纳税款的存款

B. 书面通知纳税人开户银行或者其他金融机构从其存款中扣缴税款

C. 扣押、查封纳税人的价值相当于应纳税款的商品、货物

D. 扣押、查封、变卖纳税人的价值相当于应纳税款的商品、货物

8. 目前税务机关核定税额的方法主要有(　)。

A. 参照当地同类行业或类似行业中，经营规模和收入水平相近的纳税人的收入额和利润率核定

B. 按照成本加合理费用和利润核定

C. 按照耗用的原材料、燃料、动力等推算或者测算核定

D. 按照其他合理的方法核定

9. 伪造或者出售伪造的增值税专用发票的，如果数量较大或者其他严重情节的，应处以(　)的处罚。

A. 3 年以上 10 年以下有期徒刑

B. 5 万元以上 50 万元以下罚金

C. 5 万元以上 10 万元以下罚金

D. 3 年以上 7 年以下有期徒刑

10. 税务检查权是税务机关在检查活动中依法享有的权利，税收征管法规定税务机关有权(　)。

A. 检查纳税人的账簿、记账凭证、报表和有关资料

B. 责成纳税人提供与纳税有关的文件、证明材或其他有关资料

C. 对纳税人进行查询和访问，了解有关纳税或解缴税款问题

D. 对纳税人的住宅及其生活场所进行检查

三、判断题

1. 根据《税收征管法》及其《实施细则》的规定，不从事生产经营活动，但是依照法律、行政法规负有纳税义务的单位和个人，可以不向税务机关办理税务登记。(　)

2. 因纳税人计算失误未缴少缴的税款，税务机关可在 3 年内追征，如属于偷税行为，可无限期追征。(　)

3. 增值税专用发票和其他发票一样，均由省级税务机关指定的企业印制。( )

4. 税务人员需要将已开具的发票调出检查时，应当出示税务检查证，而且应向被检查人开具收据。( )

5. 税收征收管理法只适用于由税务机关征收的各种税种。( )

6. 税务机关可以根据实际情况，决定停止某个税种或新开某个税种。( )

7. 纳税人在享受减免税待遇期间，仍应按规定办理纳税申报。( )

8. 税务人员利用职务便利，收受或索取纳税人财物的，只需承担行政处分，而不必承担刑事责任。( )

9. 单位伪造增值税专用发票的，除对单位进行罚款外，还要对其直接负责人处以刑事处罚。( )

10. 违反法律、行政法规的规定摊派税款的，对直接负责的主管人员和其他直接责任人员要依法给予行政处分。( )

四、案例分析题

2013 年 7 月刚从财经院校毕业的小汪公司被临时安排到内部审计部门从事内审工作，审计过程中发现2011 年度公司财务人员在计算企业所得税时，由于计算口径错误，导致公司多缴纳所得税 7 万元，小汪将这一事件向公司李总经理汇报，申请税务部门退还多收税款。李总经理认为，已过去一年多了，能向税务部门收回多缴税款吗？同时公司计划与另一企业合伙新成立一家公司，已办理工商登记，李总经理对小汪讲："你学财务的，熟悉税务登记程序，就委托你来办理此事吧"。如果你是小汪，你能处理好这两项任务吗？

■ 第十四章 税务行政法制

【学习目标】

通过学习，了解税收行政处罚的基本内容;熟悉税收行政复议和税收行政诉讼的内容和相关程序;掌握税收行政复议和行政诉讼的受案范围。

第一节 税务行政处罚

一、税务行政处罚的概念

税务行政处罚是指公民、法人或者其他组织有违反税收征收管理秩序的违法行为，尚未构成犯罪，依法应当承担行政法律责任的，由税务机关依法对其实施一定的制裁措施。主要包括以下几方面内容:

1. 当事人(纳税人和其他税务当事人)的行为违反了税收法律规范，侵犯了税收征收管理秩序。

2. 从当事人主观方面说，由于税务违法行为是一种过错行为，无论当事人行为的主观动机是属于故意还是过失，只要当事人有税务违法行为存在，并有法定依据给予行政处罚的，就要承担行政法律责任，依法给予税务行政处罚。

3. 当事人的行为尚未构成犯罪，依法应当给予行政处罚。税务机关对当事人实施行政处罚，需要注意:

(1)要区分税收违法与税收犯罪的界限 对此界限，《税收征管法》和新修订的《中华人民共和国刑法》已经作了规定。进行税务行政处罚的行为必须是尚不构成税收犯罪的行为，如果其行为构成犯罪，就应当追究刑事责任，税务机关就不应再给予行政处罚了。

(2)要区分税收违法行为是不是轻微 并不是对所有的税务违法行为都一定要给予行政处罚，如果税务违法行为显著轻微，没有造成危害后果，只要予以纠正，经过批评教育后可以不必给予处罚。

4. 实施行政处罚的主体是税务机关。

二、税务行政处罚的原则

1. 法定原则

法定原则或法定主义是法治的本质。税务行政处罚法定原则的基本内涵就是主体法定、职责法定、依据法定、程序法定、形式法定，即税务行政处罚要由法定的税务机关在法定的职权范围内根据法定依据按照法定程序以法定的形式实施。

2. 公正、公开原则

公正，一是要防止偏听偏信；二是要使当事人了解其违法行为的性质，并给其申辩的机会；三是要防止自查自断，实行查处分开制度。

公开，一是指税务行政处罚的规定要公开，凡是需要公民遵守的法律规范都要事先公布；二是指处罚程序要公开。

3. 以事实为根据原则

这是法律适用的基本原则。任何法律规范的适用必然基于一定的法律行为和事件，法律事实不清或者脱离了法律事实，法律的适用就不可能准确，法律对各种社会关系的调整功能就不可能有效发挥。

4. 过罚相当原则

过罚相当是指在税务行政处罚的设定和实施方面，都要根据税务违法行为的性质、情节、社会危害性的大小而定，防止畸轻、畸重或者一刀切的行政处罚现象。税务行政处罚的种类和给予处罚的幅度轻重，要与当事人违法行为对社会的危害程度的大小相符。

5. 处罚与教育相结合原则

税务行政处罚的目的是纠正违法行为，教育公民自觉守法，处罚只是手段，不是目的。因此，税务机关在实施行政处罚时，要责令当事人改正或者限期改正违法行为，对情节轻微的违法行为也不一定都要实施处罚。

6. 监督、制约原则

对税务机关实施行政处罚实行三方面的监督制约。一是税务机关内部的，如对违法行为的调查与处罚决定的分开，当场作出的处罚决定向所属行政机关备案等；二是税务机关与其他组织共同的，如决定罚款的机关与收缴的机构分离；三是税务机关外部的，包括税务机关系统上下级的和司法的，具体体现主要是税务行政复议和行政诉讼。

三、税务行政处罚的种类和程序

1. 税务行政处罚的种类

根据现行税收法法律、行政法规的规定，税务行政处罚的种类主要可以归纳为四种：罚款、没收非法所得、停止出口退税权、收缴发票和暂停供应发票。

2. 税务行政处罚的简易程序

税务行政处罚的简易程序是指税务机关及其执法人员，对于公民、法人或者其他组织违反税收征收管理秩序的行为，当场作出税务行政处罚决定的行政处罚程序。简易程序的适用要具备以下条件：

（1）案情简单、事实清楚、违法后果比较轻微且有法定依据应当给予处罚的违法行为；

（2）给予的处罚较轻，仅适用于对公民处以50元以下和对法人或者其他组织处以1000元下罚款的案件。

符合上述条件，税务行政执法人员当场作出税务行政处罚决定，应当按照下列程序进行：

（1）向当事人出示税务检查证或者其他税务行政执法身份证件；

(2)告知当事人受到税务行政处罚的违法事实、依据和陈述申辩权；

(3)听取当事人陈述申辩意见；

(4)填写具有预定格式、编有号码的税务行政处罚决定书，并当场交付当事人。

税务行政处罚决定书应当包括：税务机关名称；编码；当事人姓名(名称)、住址等；税务违法行为事实、依据；税务行政处罚种类、罚款数额；作出税务行政处罚决定的时间、地点；罚款代收机构名称、地址；缴纳罚款期限；当事人逾期缴纳罚款是否加处罚款；当事人不服税务行政处罚的复议权和起诉权；税务行政执法人员签字或者盖章。

税务行政执法人员当场制作的税务行政处罚决定书，应当报所属税务机关备案。

3. 税务行政处罚的一般程序

除了适用简易程序的税务违法案件外，对于其他违法案件，税务机关在作出处罚决定之前都要经过立案、调查取证、告知与听取意见(有的案件还要举行听证)、审查、决定、执行程序。适用一般程序的案件一般是情节比较复杂、处罚比较重的案件。

(1)立案与调查 立案是指行政机关通过行政管理或者社会公众的举报发现行政违法行为线索，再经过计算机或者人工归类对采集的案源进行选案，确定具体的调查对象。经初步审核分析，认为当事人具有行政违法嫌疑的，进行立项建档，制订调查计划，为正式调查作好必要的准备。选案是立案的前期阶段，也是案件查处的一项极为重要的工作，选案适当，立案准确，就为案件查处的顺利进行打下了良好的基础。立案是进行调查取证的前提，是查处违法行为的开端。查处行政违法行为，必须首先经过立案。税务机关查处税务行政违法行为，必须经过选案、立案，准确确定调查对象。

调查是行政机关查处行政违法案件过程中的法定必经程序。调查是行政机关对当事人发生的违法行为经过检查、勘验、鉴定等手段获取证据，查清事实的过程，为正确适用法律规范提供坚实的事实根据。不经过细致的调查工作去查清行为事实，就不可能正确适用法律规范，对违法行为就不可能作出正确处理，也就不可能实现行政处罚的目的。

(2)听证 听证是指税务机关在对当事人某些违法行为作出处罚决定之前，按照一定形式听取调查人员和当事人意见的程序，使作出的行政决定更加公正、合理的程序。

税务行政处罚听证的范围是对公民作出 2 000 元以上或者对法人或其他组织作出 1 万元以上罚款的案件。税务行政处罚听证主持人应由税务机关内设的非本案调查机构的人员(如法制机构工作人员)担任。税务行政处罚听证程序如下：

①凡属听证范围的案件，在作出处罚决定之前，应当首先向当事人送达《税务行政处罚事项告知书此告知当事人已经查明的违法事实、证据、处罚的法律依据和拟给予的处罚，并告知有要求举行听证的权利；

②要求听证的当事人，应当在收到《税务行政处罚事项告知书》后 3 日内向税务机关书面提出听证要求，逾期不提出的，视为放弃听证权利；

③税务机关应当在当事人提出听证要求后的 15 日内举行听证，并在举行听证的 7 日前将《税务行政处罚听证通知书》送达当事人，通知当事人举行听证的时间、地点、主持人的情况；

④除涉及国家秘密、商业秘密或者个人隐私的不公开听证的外，对于公开听证的案件，应当先期公告案情和听证的时间、地点并允许公众旁听；

⑤听证会开始时，主持人应当首先声明并出示税务机关负责人授权主持听证的决定，然

后查明当事人或其代理人、调查人员及其他人员是否到场，宣布案由和听证会的组成人员名单，告知当事人有关的权利义务，记录员宣读听证会纪律；

⑥听证会开始后，先由调查人员就当事人的违法行为进行指控，并出示事实证据材料，提出处罚建议，再由当事人或其代理人就所指控的事实及相关问题进行申辩和质证，然后控辩双方辩论；辩论终结，当事人进行最后陈述；

⑦听证的全部活动，应当由记录员制作笔录并交当事人阅核、签章；

⑧完成听证任务或有听证终止情形发生时，主持人宣布终止听证；

⑨听证结束后，主持人应当制作听证报告并连同听证笔录附卷移交审查机构审查。

4. 税务行政处罚决定

审查机构作出审查意见并报送税务机关负责人审批后，应当根据不同情况分别制作以下处理决定书再报税务机关负责人签发：

(1)有应受行政处罚的违法行为的，根据情节轻重及具体情况予以处罚；

(2)违法行为轻微，依法可以不予行政处罚的不予行政处罚；

(3)违法事实不能成立，不得予以行政处罚；

(4)违法行为已构成犯罪的，移送公安机关。

税务机关作出罚款决定的行政处罚决定书，应当载明罚款代收机构的名称、地址和当事人应当缴纳罚款的数额、期限等，并明确当事人逾期缴纳是否加处罚款。

第二节　税务行政复议

一、税务行政复议的概念

行政复议是指行政相对人认为行政主体的具体行政行为侵犯其合法权益，依法向行政复议机关提出复查该具体行政行为的申请，行政复议机关依照法定程序对被申请的具体行政行为进行合法性、适当性审查，并作出行政复议决定的一种法律制度。税务行政复议是我国行政复议制度的一个重要组成部分，具体是指纳税人、扣缴义务人、纳税担保人等税务当事人或其他行政相对人认为税务机关及其工作人员作出的税务具体行政行为侵犯其合法权益，依法向上一级税务机关或本级人民政府提出复查该具体行政行为的申请，由复议机关对该具体行政行为的合法性和适当性进行审查并作出裁决的制度和活动。

1. 税务行政复议的特点

(1)税务行政复议是由有复议权的行政机关主持的裁决活动 首先，税务行政复议是国家行政机关主持的活动，而不是由司法机关主持的诉讼活动或由权力机关等主体实施的监督活动；其次，税务行政复议是由有复议权的行政机关主持的活动。复议权是法律授予对引起争议的具体行政行为进行审查并作出裁决的权力，它既不是税务机关的专有权力，也不是任何行政机关都可行使的权力。按照《行政复议法》的规定，能够行使税务行政复议权的机关主要是上一级税务机关和本级人民政府。

(2)税务行政复议以税务具体行政行为为审查对象 即税务行政复议以申请人不服税务机关及其工作人员作出的税务具体行政行为为前提。税务具体行政行为是指税务机关及其工作人员针对特定的人、特定的具体事项，作出的有关纳税人等税务当事人或其他行政相对人权利义务的单方行为，可直接作为行政相对人履行义务或行政主体强制执行的依据。

(3)税务行政复议因不服具体行政行为的利害关系人申请而发生 当事人提出申请是引起税务行政复议的前提条件。“不告不理”的原则也同样适用于税务行政复议。没有申请人的申请，就启动不了行政复议程序，也就无所谓行政复议活动。

(4)税务行政复议不仅审查具体行政行为的合法性，而且还审查具体行政行为的适当性 这一特征使行政复议与以审查具体行政行为合法性为原则的行政诉讼区别开来。

(5)税务行政复议在与行政诉讼衔接方面也有自己的特点 按照《税收征管法》和《行政复议法》的规定，对于因征税及滞纳金问题引起的争议，税务行政复议是税务行政诉讼的必经前置程序，未经复议，行政相对人不能向法院起诉；对其他税务争议，如因处罚、保全措施及强制执行等引起的争议，行政相对人才可以选择适用复议或诉讼程序。

2. 税务行政复议的原则

税务行政复议原则是贯穿于税务行政复议始终的一些基本指导思想，反映了税务行政复议规律的内在要求。具体讲，税务行政复议应坚持如下原则：

(1)一级复议原则 这一原则的基本含义是：除非法律另有规定，对引起争议的税务具体行政行为一般只经一级税务复议机关复议即可结案。即申请人对复议决定不服，原则上不能再向其他复议机关申请复议，而只能向法院提起行政诉讼。如果申请人在法定期限内不向法院起诉，复议决定即产生终局的法律效力。

实行一级复议制的主要理由是：

①便于在行政领域简便、快捷地解决行政争议，提高行政工作效率，使行政法律关系尽早处于稳定状态；

②司法最终解决原则。行政复议不是终局的救济途径，有两审终审的行政诉讼制度作保障，一次复议已经足够。

按照《行政复议法》的规定，对国家税务总局作出的具体行政行为不服，申请人应当首先向原机关申请复议，对复议决定不服，既可以向国务院申请裁决(终局裁决)，也可以向法院起诉。这一规定，可以视作为一级复议制的例外情况。

(2)合法性与合理性全面审查原则 行政诉讼原则上只审查具体行政行为的合法性。这与司法审查的性质有关。司法权可以监督行政权，但是不能代替行政权，因此，对行政机关依自由裁量权作出的行为，无论是否适当，司法机关一般不应干涉。行政复议则不同，其上一级主管部门或本级人民政府对行政执法活动所实行的职权监督，因领导和管理关系而产生，其监督范围可以包括被监督对象执法行为的一切方面，既包括对具体行政行为合法性的监督，也包括适当性监督。因此，行政复议对具体行政行为的监督在深度方面要大于行政诉讼。

(3)合法、公正、公开、及时、便民原则

①合法原则。合法原则包含三层含义：首先，受理税务行政复议申请的机关必须是法律赋予复议权的税务机关或人民政府。其次，税务复议机关审查复议案件适用的依据必须合法。对申请人认为不合法并要求依法处理的依据以及行政复议机关自己认为不合法的依据，要中止复议并按行政复议法的规定对有关依据进行处理。再次，复议程序必须合法。税务复议机关在受理复议申请、调查取证、审查具体行政行为以及作出行政复议决定的各个环节，都要严格按照法律规定的程序和期限办理。

②公正原则。即复议机关在案件审理过程中，要严格依法办事，公正、平等地对待双方当事人，以事实为依据，以法律为准绳。鉴于在税务行政管理活动中，纳税人等行政相对人总是处于被管理的劣势，因此，在行政复议活动中，复议机关尤其要确保行政相对人充分行使复议权，切实维护其合法权益，做到有错必究，公正无私。

③公开原则。公开原则要求税务复议机关审理复议案件、作出复议决定应当向社会公开，接受来自社会各方面的监督，确保案件得到合法、公正的处理。首先，复议案件过程公开。它要求行政复议机关尽可能听取申请人、被申请人和第三人的意见，让他们更多地介入行政复议程序。因此，《行政复议法》规定行政复议以书面审理为原则，必要时可向有关组织和个人调查情况，听取各方意见；其次，复议案件的材料公开。它要求行政复议机关在申请人、第三人的请求下，公开与行政复议有关的一切材料，包括被申请人提出的书面答复、作出具体行政行为的证据及其他有关材料。

④及时原则。基于行政复议的效率特性以及行政复议与司法监督环节衔接的需要，行政复议机关应当在保障工作质量的前提下，尽可能在法定期限内迅速结案，税务行政复议也不例外。要及时审查复议申请，尽快开展复议审理工作，并按时作出复议决定，不能久拖不办、办而不决。

⑤便民原则。便民原则是指在行政复议过程中，要方便于民，尽量为复议申请人着想，考虑到各种情况，在复议的申请、受理、审理等方面，使申请人感到快捷、简便，不能让申请人处处感到不方便。《行政复议法》通篇都体现了便民原则和对申请人权利的尊重。

(4)书面复议原则

指行政复议机关对行政复议申请人提出的申请和被申请人提交的答辩，以及其他有关材料一般采取非公开对质性的审查，并在此基础上作出行政复议决定。行政复议以书面审理为原则，是基于以下考虑：

①书面审理有利于提高解决行政争议的效率、减少行政复议成本；

②行政复议机关对被申请人的具体行政行为所涉及到的行政事务比较熟悉，在一般情况下通过书面审查完全可以查明事实真相。但书面审查毕竟有其局限性，因此，行政复议法规定，在申请人提出要求或行政复议机关负责法制工作的机构认为有必要时，可以向有关组织和个人调查情况，听取申请人、被申请人和第三人的意见。

此外，税务行政复议还应坚持复议不停止执行、复议不得和解、被申请人负举证责任等原则。

二、税务行政复议管辖

1. 行政复议管辖的概念

行政复议管辖，是指哪一类行政争议应由哪一个或哪一级行政机关进行复议并作出决定的权限划分，以此来确定行政复议机关受理行政复议案件的分工和权限。

2. 税务行政复议管辖规定

由于国税、地税机关实行不同的管理体制，因此，《税务行政复议规则》在国、地税复议机关管辖的规定上也略有不同。

(1)一般管辖 一般管辖分为上一级税务机关管辖、申请人选择管辖和国家税务总局本机关管辖三种情况。

①根据《行政复议法》第12条第2款的规定，《税务行政复议规则》规定，对省级以下各级国税机关作出的税务具体行政行为不服的，向其上一级税务机关申请复议；对省级国税机关作出的具体行政行为不服的，向国家税务总局申请复议；

②由于地税机关实行省以下垂直管理体制，因此，《税务行政复议规则》规定，对省级以下各级地税机关作出的具体行政行为不服的，申请人应当向上一级地税机关申请复议；对省级地税机关作出的具体行政行为不服的，申请人既可以向国家税务总局申请复议，也可以向省级人民政府申请复议，由申请人选择；

③对国家税务总局作出的具体行政行为，申请人首先必须向税务总局申请复议。对税务总局复议决定不服，申请人既可以向法院提起行政诉讼，也可以向国务院申请裁决，国务院的裁决为最终裁决。

(2)特殊管辖 对一般管辖以外的行政主体作出的税务具体行政行为，实行特殊管辖，具体为：

①对税务机关依法设立的派出机构，依照法律、法规或者规章的规定，以自己的名义作出的税务具体行政行为不服的，向设立该派出机构的税务机关申请复议；

②对扣缴义务人作出的代扣税款行为不服的，向主管该扣缴义务人的税务机关的上一级税务机关申请复议；

③对受税务机关委托的单位作出的代征税款行为不服的，向委托税务机关的上一级税务机关申请复议；

④对被撤销的税务机关在撤销前作出的税务具体行政行为不服的，向继续行使其职权的税务机关的上一级税务机关申请复议；

⑤对国、地税机关共同作出的税务具体行政行为不服的，向国家税务总局申请复议；

⑥对税务机关与其他机关共同作出的具体行政行为不服的，向其共同的上一级行政机关申请复议。

三、税务行政复议的受案范围

税务行政复议受案范围是指行政相对人对哪些税务争议可以申请行政复议。也就是行政复议机关受理行政复议案件的主管权限。并不是任何税务行政争议都可以向税务行政复议机关申请复议，只有法律规定可以申请行政复议的税务争议才属于税务行政复议的受案范围。

行政复议法将行政复议的受案范围扩大到全部具体行政行为。国家税务总局在制定新的《税务行政复议规则》时，考虑到了这一变化，在受案范围的规定上，除扩大列举了申请人对哪些税务具体行政行为可申请复议外，还以概括方式规定，申请人对税务机关及其工作人员作出的全部税务具体行政行为都可申请复议。具体规定为：

1. 税务机关作出的征税行为，如征收税款，加收滞纳金；扣缴义务人、受税务机关委托征收的单位作出的代扣代缴、代收代缴税款行为。

2. 税务机关作出的责令纳税人提供纳税担保行为；

3. 税务机关作出的税收保全措施；

4. 税务机关未及时解除税收保全措施，使纳税人等合法权益遭受损失的行为；

5. 税务机关作出的税收强制执行措施；

6. 税务机关作出的税务行政处罚行为；

7. 税务机关下列不予依法办理或答复的行为：

(1)不予审批减免税或出口退税；

(2)不予抵扣税款；

(3)不予退还税款；

(4)不予颁发税务登记证、发售发票；

(5)不予开具完税凭证和出具票据；

(6)不予认定为增值税一般纳税人；

(7)不予核准延期申报、批准延期缴纳税款。

8. 税务机关作出的取消增值税一般纳税人资格的行为；

9. 税务机关作出的通知出境管理机关阻止出境行为；

10. 税务机关作出的其他税务具体行政行为。

四、税务行政复议参加人

税务行政复议参加人，是指依法参加税务行政复议活动、保护自己合法权益或者维护法定职权的申请人(行政相对人)、被申请人(税务机关)、第三人和复议代理人等。

1. 申请人

申请人是指对税务机关作出的税务具体行政行为不服，依据法律、法规的规定，以自己的名义向行政复议机关提起复议申请的纳税人、扣缴义务人、纳税担保人等税务当事人及其他行政相对人。

2. 被申请人

被申请人是指其具体行政行为被行政复议申请人指控违法侵犯其合法权益，并被复议机关通知参加复议的行政主体。

3. 第三人

第三人是指因与被申请复议的具体行政行为有利害关系而参加到行政复议中去的行政相对人。

五、税务行政复议的申请和受理

1. 申请

申请，是指公民、法人或其他组织向法定复议机关作出的要求，其对某一具体行政行为进行审查并作出裁决的意思表示。申请是税务行政复议程序的第一个环节，是税务行政复议制度的启动器。

(1)申请方式 申请人既可以书面方式申请复议，也可以口头方式申请复议。书面申请不再有原来的内容和格式等条件限制；口头申请也不仅仅适用于不识字的申请人。

(2)申请期限《行政复议法》规定，公民、法人或者其他组织认为行政机关的具体行政行为侵犯其合法权益的，可以自知道该具体行政行为之日起60日内向复议机关申请复议。

(3)申请条件《行政复议法》中复议申请条件仅限于以下三种：

①申请的行为属于行政复议的受案范围，如对公务员进行处分的内部行政行为不能申请复议；

②申请必须在法定期限内提出，如无特殊情况不能超过60日提出复议申请；

③申请人必须具备主体资格，即法定权益未受具体行政行为侵害的人，不能提出复议申

请。

是否属于复议机关管辖，不是复议申请的条件。收到复议申请书的复议机关因无管辖权可以拒绝受理，但是它必须告知申请人向哪个复议机关申请复议。

2. 税务行政复议的受理

根据《行政复议法》的规定，税务行政复议机关收到复议申请后，应当在5日内进行审查。审查的内容主要包括：是否符合法定复议范围；申请人是否在法定期限内提出复议申请；申请人是否具备提出申请的主体资格；本机关是否具有管辖权。审查完毕，收到复议申请的机关应根据不同情况分别作出处理：

(1)复议申请不符合条件的，不予受理并书面告知理由和可以在收到不予受理裁决书之日起15日内向法院起诉的权利；

(2)对符合行政复议法规定，但是不属于本机关受理的行政复议申请，应当告知申请人向有关行政复议机关提出申请。

除以上情况外，行政复议申请自复议机关法制工作机构收到之日起即为受理。《行政复议法》规定的受理为推定受理，即复议机关不下达不予受理裁决书应视为受理，受理时间自复议机关法制工作机构收到申请之日起。

申请人依法提出复议申请，复议机关无正当理由拒绝受理的，上级税务机关应当责令其受理，必要时，上级税务机关也可以直接受理。此外，申请人也可以在收到不予受理裁决之日起15日内向人民法院提起行政诉讼。

六、税务行政复议的审查与决定

1. 税务行政复议审查

税务行政复议审查，是指税务行政复议机关对申请税务行政复议的案件，进行实质性审查的活动。

根据《行政复议法》第22条的规定，税务行政复议实行书面审查制度，但是申请人提出要求或行政复议机关负责法制工作的机构认为有必要时，应当听取申请人、被申请人和第三人的意见，并可以向有关组织和人员调查了解情况。

2. 税务行政复议决定

税务行政复议决定，是指税务行政复议机关在查清复议案件事实的基础上，依法对税务具体行政行为是否合法和适当作出具有法律效力的决定。

税务行政复议机关负责法制工作的机构，应当对被申请人作出的具体行政行为进行审查，提出意见，经行政复议机关的负责人同意或者集体讨论通过后，作出行政复议决定。具体决定种类有：

(1)维持决定 具体行政行为认定事实清楚，证据确凿，适用依据正确，程序合法，内容适当，决定维持。

(2)履行决定 被申请人不履行法定职责的，决定其在一定期限内履行。

(3)撤销、变更确认决定 具体行政行为有下列情形之一的，决定撤销、变更或者确认该具体行政行为违法；决定撤销或者确认该具体行政行为违法的，可以责令被申请人在一定期限内重新作出具体行政行为：

①主要事实不清、证据不足的；

②适用依据错误的；

③违反法定程序的；

④超越或者滥用职权的；

⑤具体行政行为明显不当的。

税务行政复议机关作出行政复议决定，应当制作行政复议决定书，并加盖印章。复议决定书应当载明下列事项：

①申请人的姓名、性别、年龄、职业、住址等(法人或者其他组织的名称、地址、法定代表人的姓名)；

②被申请人的名称、地址、法定代表人的姓名；

③申请复议的要求和理由；

④复议机关认定的事实、理由，适用的法律、法规、规章和具有普遍约束力的决定、命令；

⑤复议结论；

⑥ 申请人不服复议决定向法院起诉的期限；

⑦ 复议决定被申请人补正、限期履行或者责令重新作出具体行政行为的，被申请人履行复议决定的期限；

⑧ 作出复议决定的日期。

复议决定书一经送达即发生法律效力，申请人和被申请人应当履行。如申请人对复议决定不服，可以在接到复议决定书之日起 15 日内向法院起诉。

七、税务行政复议决定的执行

申请人逾期不起诉又不履行的，税务机关可以分别情况进行处理：

1. 维持原具体行政行为的复议决定，由最初作出具体行政行为的税务机关申请法院强制执行，或者依法强制执行；

2. 改变原具体行政行为的复议决定，由复议机关申请法院强制执行，或者依法强制执行。

第三节　税务行政诉讼

一、税务行政诉讼的概念与特点

税务行政诉讼是指公民、法人和其他组织认为税务机关及其工作人员的税务具体行政行为违法或者不当，侵犯了其合法权益，依法向人民法院提起行政诉讼，由人民法院对税务具体行政行为的合法性和适当性进行审理并作出裁判的司法活动。其目的是保证人民法院正确、及时审理税务行政案件，保护纳税人、扣缴义务人等税务当事人及其他行政相对人的合法权益，维护和监督税务机关依法行使行政职权。

从税务行政诉讼与税务行政复议及其他行政诉讼活动的比较中可以看出，税务行政诉讼具有以下特点：

1. 税务行政诉讼是由人民法院进行审理并作出裁判的一种司法活动

这是税务行政诉讼与税务行政复议的根本区别。税务行政复议和税务行政诉讼是解决税务行政争议的两条重要途径。其主要区别有三：

（1）主体不同 税务行政复议原则上由原处理机关的上一级税务机关或本级人民政府管辖，而税务行政诉讼则由人民法院管辖。

（2）审理方式和程序不同 人民法院审理税务行政案件实行公开、合议、辩论、两审终审制，而税务复议机关审查税务复议案件则以书面审查为原则（必要时才采取其他方式），且实行一级复议制度。

（3）效力不同 人民法院对税务行政案件的判决和裁定具有终局性，当事人对判决不服只能进行申诉，且申诉不影响法院裁判的执行；税务行政复议则不同，除国务院所作的裁决外，其他级次的复议机关所作的税务复议决定不具有终局性和执行力，申请人对复议决定不服可向人民法院提起诉讼。

2. 税务行政诉讼以审理税务行政案件、解决税务行政争议为前提和内容

这是税务行政诉讼与其他行政诉讼活动相比的根本区别，具体体现在：

（1）被告必须是税务机关，或经法律、法规授权的行使国家税务行政管理权的机关、组织；

（2）税务行政诉讼解决的争议必须发生在税务行政管理过程中，即一方为税务机关的争议未必全是税务争议。税务机关以民事主体身份参与购买等行为时与对方当事人发生的纠纷就不是行政纠纷，由此而引起的诉讼也不是税务行政诉讼；

（3）因税款征纳问题发生的争议，行政相对人在向人民法院提起行政诉讼前，必须先经税务行政复议程序，即复议前置。

二、税务行政诉讼的原则

除共有原则外（如人民法院独立行使审判权，实行合议、回避、公开、辩论、两审、终审等），税务行政诉讼还必须和其他行政诉讼一样，遵循以下几个特有原则：

1. 人民法院特定主管原则

即人民法院对税务行政案件只有部分管辖权。根据《行政诉讼法》第十一条的规定，人民法院只能受理因具体行政行为引起的税务行政争议案。

2. 合法性审查原则

除审查税务机关是否滥用权力、税务行政处罚是否显失公正外，人民法院只对具体税务行为是否合法予以审查。与此相适应，人民法院原则上不直接判决变更。

3. 不适用调解原则

税收行政管理权是国家权力的重要组成部分，税务机关无权依自己意愿进行处置，因此，人民法院也不能对税务《行政诉讼法》律关系的双方当事人进行调解。

4. 起诉不停止执行原则

即当事人不能以起诉为理由而停止执行税务所作出的具体行政行为。

5. 行政机关负举证责任原则

税务行政诉讼中举证责任由被告即行政机关承担。

三、税务行政诉讼的受案范围

税务行政诉讼的受案范围，是指人民法院对税务机关的哪些行为拥有司法审查权。税务行政诉讼案件的受案范围除受《行政诉讼法》有关规定的限制外，也受《税收征管法》及其他相关法律、法规的调整和制约。具体说来，税务行政诉讼的受案范围与税务行政复议的受案范围基本一致，包括：

1. 税务机关作出的征税行为，如征收税款、加收滞纳金；扣缴义务人、受税务机关委托的单位作出代扣代缴、代收代缴行为及代征行为；

2. 税务机关作出的责令纳税人提交纳税保证金或者纳税担保行为；

3. 税务机关作出的行政处罚行为；

4. 税务机关作出的通知出境管理机关阻止出境行为；

5. 税务机关作出的税收保全措施；

6. 税务机关作出的税收强制执行措施：

7. 认为符合法定条件申请税务机关颁发税务登记证和发售发票，税务机关拒绝颁发、发售或者不予答复的行为；

8. 税务机关的复议行为。

四、税务行政诉讼的起诉和受理

1. 起诉

税务行政诉讼起诉，是指公民、法人或者其他组织认为自己的合法权益受到税务机关具体行政行为的侵害，而向人民法院提出诉讼请求，要求人民法院行使审判权，依法予以保护的诉讼行为。起诉，是法律赋予税务行政管理相对人、用以保护其合法权益的权利和手段。在税务行政诉讼等行政诉讼中，起诉权是单向性的权利，税务机关不享有起诉权，只有应诉权，即税务机关只能作为被告；与民事诉讼不同，作为被告的税务机关不能反诉。

纳税人、扣缴义务人等税务管理相对人在提起税务行政诉讼时，必须符合下列条件：

(1)原告是认为具体税务行为侵犯其合法权益的公民、法人或者其他组织；

(2)有明确的被告；

(3)有具体的诉讼请求和事实、法律根据；

(4)属于人民法院的受案范围和受诉人民法院管辖。

此外，提起税务行政诉讼，还必须符合法定的期限和必经的程序。根据《税收征管法》第八十八条及其他相关规定对税务机关的征税行为提起诉讼，必须先经过复议；对复议决定不服的，可以在接到复议决定书之日起 15 日内向人民法院起诉。对其他具体行政行为不服的，当事人可以在接到通知或者知道之日起 15 日内直接向人民法院起诉。

税务机关作出具体行政行为时，未告知当事人诉权和起诉期限。致使当事人逾期向人民法院起诉的，其起诉期限从当事人实际知道诉权或者起诉期限时计算。但最长不得超过 2 年。

2. 受理

经人民法院审查，认为符合起诉条件并立案审理的行为，称为受理。对当事人的起诉，人民法院一般从以下几方面进行审查并作出是否受理的决定：

(1)审查是否属于法定的诉讼受案范围；

(2)审查是否具备法定的起诉条件；

(3)审查是否已经受理或者正在受理；

(4)审查是否有管辖权；

(5)审查是否符合法定的期限；

(6)审查是否经过必经复议程序。

根据法律规定，人民法院接到诉状，经过审查，应当在7日内立案或者作出裁定不予受理。原告对不予受理的裁定不服的，可以提起上诉。

五、税务行政诉讼的审理和判决

1. 审理

人民法院审理行政案件实行合议、回避、公开审判和两审终审的审判制度。审理的核心是审查被诉具体行政行为是否合法，即作出该行为的税务机关是否依法享有该税务行政管理权；该行为是否依据一定的事实和法律作出；税务机关作出该行为是否遵照必备的程序等。

2. 判决

人民法院对受理的税务行政案件。经过调查、收集证据、开庭审理之后。分别作出如下判决：

(1)维持判决。适用于具体行政行为证据确凿，适用法律、法规正确，符合法定程序的案件。

(2)撤销判决。被诉的具体行政行为主要证据不足，适用法律、法规错误、违反法定程序，或者超越职权、滥用职权，人民法院应判决撤销或部分撤销，

(3)履行判决。税务机关不履行或拖延履行法定职责的，判决其在一定期限内履行。

(4)变更判决。税务行政处罚明显失于公正的，可以判决变更。

第四节　税务行政赔偿

一、税务行政赔偿的概念

税务行政赔偿是指税务机关作为履行国家赔偿义务的机关，对本机关及其工作人员的职务违法行为给纳税人和其他税务当事人的合法权益造成的损害，代表国家予以赔偿的制度。

国家赔偿，顾名思义就是以国家为赔偿主体的侵权损害赔偿。但显而易见，国家赔偿的费用虽然由国家负担，国家本身却无法履行赔偿义务，必须有机关代表国家履行赔偿义务。由于国家机关部门众多，各自的职能也不同，可能发生的对公民、法人和其他组织的合法权益造成损害的职务违法行为也会多种多样，很难确定由某一个固定机关代表国家履行赔偿义务，而只能按照谁侵权谁代表国家进行赔偿的原则确定履行国家赔偿义务的机关。

二、税务行政赔偿的构成要件

1. 税务机关及其工作人员存在职务违法行为

这是构成税务行政赔偿责任的核心要件，也是税务行政赔偿责任存在的前提。所谓职务违法行为，包括两层含义：

(1)税务机关及其工作人员侵害纳税人和其他税务当事人合法权益的行为发生在履行税收征收管理职责的过程中；

(2)该行为违反法律、法规、规章的规定。

2. 存在对纳税人和其他税务当事人合法权益造成损害的事实

这是构成税务行政赔偿责任的必备要件。如果税务机关及其工作人员违法行使职权没有侵犯纳税人和其他税务当事人合法权益，或者侵犯的是非法利益，均不发生税务行政赔偿。

这里的损害事实指的是实际发生的损害，对尚未发生的损害，税务机关没有赔偿义务。

3. 税务机关及其工作人员的职务违法行为与损害事实存在因果关系

如果税务机关及其工作人员在行使职务时虽有违法行为，纳税人和其他税务当事人合法权益也受到损害了，但是这种损害却不是税分机关及其工作人员的职务违法行为引起的，税务机关没有赔偿义务。

三、税务行政赔偿请求人

税务行政赔偿请求人是指有权对税务机关及其工作人员的职务违法行为造成的损害提出赔偿要求的人。根据《国家赔偿法》的规定，税务行政赔偿请求人可分为以下几类：

1. 受害的纳税人和其他税务当事人

作为税务机关及税务工作人员职务违法行为的直接受害者，他们有要求税务行政赔偿的当然权利。

2. 受害公民的继承人或其他有扶养关系的亲属

当受害公民死亡后，其权利由上述人继承。

3. 承受原法人或其他组织权利的法人或其他组织

当受害法人或者其他组织终止后，其权利由其承受者继承。

四、税务行政赔偿的赔偿义务机关

1. 一般情况下，哪个税务机关及其工作人员行使职权侵害纳税人和其他税务当事人的合法权益，该税务机关就是履行赔偿义务的机关。两个以上义务机关及其工作人员共同违法行使职权侵害纳税人和其他税务当事人合法权益的，则共同行使职权的税务机关均为赔偿义务机关，赔偿请求人有权对其中任何一个提出赔偿请求。税务机关及其工作人员与其他行政机关及其工作人员共同违法行使职权侵害纳税人和其他税务当事人合法权益的，税务机关作为赔偿义务机关之一，不得拒绝赔偿请求人的赔偿要求。

2. 经过上级税务机关行政复议的，最初造成侵权的税务机关为赔偿义务机关，但上级税务机关的复议决定加重损害的，则上级税务机关对加重损害部分履行赔偿义务。

3. 应当履行赔偿义务的税务机关被撤销的，继续行使其职权的税务机关是赔偿义务机关；没有继续行使其职权的，撤销该赔偿义务机关的行政机关为赔偿义务机关。

4. 受税务机关委托的单位行使被委托的税收征收管理职权，侵害纳税人和其他税务当事人的合法权益，作出委托授权的税务机关是履行赔偿义务的机关。

五、税务行政赔偿的请求时效

依据《国家赔偿法》规定，税务行政赔偿请求人请求赔偿的时效为 2 年，自税务机关及其工作人员行使职权时的行为被依法确认为违法之日起计算。如果税务行政赔偿请求人在赔偿请求时效的最后 6 个月内，因不可抗力或者其他障碍不能行使请求权的，时效中止。从中止时效的原因消除之日起，赔偿请求时效期间继续计算。

六、税务行政赔偿范围

税务行政赔偿的范围是指税务机关对本机关及其工作人员在行使职权时给受害人造成的哪些损害予以赔偿。依据《国家赔偿法》的规定，税务行政赔偿的范围包括：

1. 侵犯人身权的

（1）税务机关及其工作人员非法拘禁纳税人和其他税务当事人或者以其他方式剥夺纳税人和其他税务当事人人身自由的。按照我国法律规定，剥夺、限制公民的人身自由，只能由公安、国家安全机关和军队保卫部门依法实施，其他任何单位或者个人无权实施。应当注意，税务机关及其工作人员非法拘禁纳税人和其他税务当事人或者以其他方式剥夺纳税人和其他税务当事人人身自由的行为，与公安机关的违法拘留或者违法限制公民的人身自由的行为不同。"违法"是指法律规定了剥夺或者限制公民的人身自由的措施，行政机关有权依法实施，但实施过程中违反了法律规定；"非法"是指行政机关本无权采取剥夺、限制公民人身自由的措施，但却非法拘禁公民或者以其他方式剥夺公民人身自由。

（2）税务机关及其工作人员以殴打等暴力行为或者唆使他人以殴打等暴力行为造成纳税人和其他税务当事人身体伤害或者死亡的。

（3）税务机关及其工作人员造成纳税人和其他税务当事人身体伤害或者死亡的其他违法行为。

2. 侵犯财产权的

（1）税务机关及其工作人员违法征收税款及滞纳金的；

（2）税务机关及其工作人员对纳税人和其他税务当事人违法实施罚款、没收非法所得等行政处罚的；

（3）税务机关及其工作人员对纳税人和其他税务当事人的财产违法采取强制措施或者税收保全措施的；

（4）税务机关及其工作人员违反国家规定向纳税人和其他税务当事人征收财物、摊派费用的；

（5）税务机关及其工作人员造成纳税人和其他税务当事人财产损害的其他违法行为。

七、税务机关不承担赔偿责任的情形

一般情况下，有损害必赔偿，但在法定情况下，虽有损害发生，国家也不予赔偿。根据《国家赔偿法》规定，税务行政赔偿的例外情形包括：

1. 税务机关工作人员与行使职权无关的个人行为

国家之所以对行政侵权行为负责，承担其造成损害的赔偿义务，在于这种行为是一种职务行为，是代表国家作出的。对于行政机关工作人员与行使职权无关的个人行为，国家当然不能承担责任。因此，税务机关工作人员非职务行为对他人造成的损害，责任由其个人承担。区分职务行为与个人行为的标准是看行为人是否在行使职权，而不论其主观意图如何。

2. 因纳税人和其他税务当事人自己的行为致使损害发生的

在损害不是由税务机关及其工作人员的职务违法行为引起，而是由纳税人和其他税务当事人自己的行为引起的情况下，税务机关不承担赔偿义务。但如果出现混合过错，即对损害的发生，受害人自己存在过错，税务机关及其工作人员也存在过错，应根据双方过错的大小各自承担责任。此时，税务机关应承担部分赔偿义务。

3. 法律规定的其他情形

一般这是指损害已通过其他方式得到补偿，如获得保险公司赔偿等。

八、税务行政赔偿程序和税务行政追偿制度

税务行政赔偿的程序由两部分组成，一是非诉讼程序，即税务机关自行解决税务行政赔

偿问题的内部程序；二是税务行政赔偿诉讼程序，即司法程序。

1. 税务行政赔偿非诉讼程序

(1) 税务行政赔偿请求的提出 依据《国家赔偿法》规定，税务赔偿请求人应当先向负有履行赔偿义务的税务机关提出赔偿要求，这是税务行政赔偿的必经程序。税务赔偿请求人要求赔偿的项数，可以是一项，也可以是数项，这依税务机关及其工作人员职务违法行为的损害后果而定。在共同职务违法行为侵害赔偿案件中，赔偿请求人有权向其中任何一个赔偿义务机关要求赔偿，收到赔偿请求的赔偿义务机关应当依法先予全部赔偿，而不仅是赔偿自己致害的那一部分。这是因为受害人所受损害是它们共同职务违法行为所致，它们对赔偿义务负有无限连带责任。

如果税务行政赔偿请求人在要求税务行政赔偿的同时，还要求上级税务复议机关或者人民法院确认致害的职务行为违法或者要求撤销该行为，则也可以在申请税务行政复议或者提起税务行政诉讼时，一并提出税务行政赔偿请求。

(2) 赔偿请求的形式 依据《国家赔偿法》的规定，要求税务行政赔偿应当递交申请书。申请书应当载明下列事项：受害人的姓名、性别、年龄、工作单位和住所；法人或者其他组织的名称、住所和法定代表人或者主要负责人的姓名、职务；具体的要求、事实根据和理由；申请的年、月、日。

(3) 对税务行政赔偿请求的处理

税务行政赔偿请求人在法定期限内提出赔偿请求后，负有赔偿义务的税务机关应当自收到申请之日起两个月内依照法定的赔偿方式和计算标准给予赔偿；逾期不赔偿或者赔偿请求人对赔偿数额有异议的，赔偿请求人可以在期间届满之日起 3 个月内向人民法院提起诉讼。

2. 税务行政赔偿诉讼程序

当税务赔偿义务机关逾期不予赔偿或者税务行政赔偿请求人对赔偿数额有异议时，税务行政赔偿请求人可以向人民法院提起诉讼，此时进入税务行政赔偿诉讼程序。应当注意，税务行政赔偿诉讼与税务行政赔偿非诉讼程序中规定的可以在提起税务行政诉讼的同时一并提出税务行政赔偿请求的情形不同：

(1) 在提起税务行政诉讼时一并提出赔偿请求无须经过税务机关先行处理，而税务行政赔偿诉讼的提起必须以税务机关的先行处理为条件；

(2) 依据《行政诉讼法》规定，税务行政诉讼不适用调解，而税务行政赔偿诉讼可以进行调解，因为税务行政赔偿诉讼的核心是税务行政赔偿请求人的人身权、财产权受到的损害是否应当赔偿，应当赔偿多少，权利具有自由处分的性质，存在调解的基础；

(3) 依据《行政诉讼法》规定，在税务行政诉讼中，被告即税务机关承担举证责任，而在税务行政赔偿诉讼中，损害事实部分的举证责任不可能由税务机关承担，也不应由税务机关承担。

3. 税务行政追偿制度

税务行政追偿制度是指违法行使职权给纳税人和其他税务当事人合法权益造成损害的税务机关的工作人员主观有比较严重的过错，如故意和重大过失，税务机关赔偿其造成的损害以后，再追究其责任的制度。它解决的是税务机关与其工作人员之间的关系。

依据《国家赔偿法》的规定，履行赔偿义务的税务机关在赔偿受害人损失后，应当责令有故意或者重大过失的工作人员承担全部或者部分赔偿费用。由此可见，税务行政追偿实际上是一种制裁，它是对违法行使职权的机关工作人员的惩罚。规定追偿制度是为了促使行政机关工作人员克尽职守，防止其滥用职权。《国家赔偿法》还规定，对有故意或者重大过失的工作人员，应当依法给予行政处分；构成犯罪的，应当依法追究刑事责任。

九、税务行政赔偿方式和费用标准

1. 税务行政赔偿方式

税务行政赔偿方式是指税务机关代表国家承担赔偿责任的各种形式。依据《国家赔偿法》规定，税务行政赔偿以支付赔偿金为主要方式。如果赔偿义务机关能够通过返还财产或者恢复原状实施国家赔偿的，应当返还财产或者恢复原状。

（1）支付赔偿金 这是最主要的赔偿形式。它既可以是针对财产权损害的赔偿，也可以是针对人身权损害的赔偿。支付赔偿金简便易行，适用范围广，它可以使受害人的赔偿要求迅速得到满足。

（2）返还财产 这是对财产所有权造成损害后的赔偿方式。返还财产要求财产或者原物存在，只有这样才谈得上返还财产。返还财产所指的财产一般是特定物，但也可以是种类物，如罚款所收缴的货币。

（3）恢复原状 这是指对受到损害的财产进行修复，使之恢复到受损前的形状或者性能。使用这种赔偿方式必须是受损害的财产确能恢复原状且易行。

2. 税务行政赔偿的费用标准

（1）侵害纳税人和其他税务当事人人身权的赔偿标准 侵害纳税人和其他税务当事人人身权的按以下标准赔偿：

①侵犯人身自由的，每日赔偿金按照国家上年度职工日平均工资计算。所谓上年度，是指赔偿义务机关、复议机关作出赔偿决定时的上年度。复议机关决定维持原赔偿决定的，按作出原赔偿决定时的上年度执行。国家上年度职工日平均工资数额，应当以职工年平均工资除以全年法定工作日数的方法计算。年平均工资以国家统计局公布的数字为准；

②造成身体伤害的，应当支付医疗费，以及赔偿因误工减少的收入。减少的收入每日赔偿金按照国家上年度职工日平均工资计算，最高额为国家上年度职工平均工资的 5 倍；

③造成部分或者全部丧失劳动能力的，应当支付医疗费，以及残疾赔偿金，最高额为国家上年度职工平均工资的 10 倍，全部丧失劳动能力的为国家上年度职工平均工资的 20 倍。造成全部丧失劳动能力的，对其扶养的无劳动能力的人，还应当支付生活费；

④造成死亡的，应当支付死亡赔偿金、丧葬费，总额为国家上年度职工平均工资的 20 倍。对死者生前扶养的无劳动能力的人，还应当支付生活费。

上述规定的生活费发放标准参照当地民政部门有关生活救济的规定办理。被扶养的人是未成年人的，生活费给付至 18 周岁为止；其他无劳动能力的人，生活费给付至死亡时为止。

（2）侵害财产权的赔偿标准 侵害财产权的按以下标准赔偿：

①违法征收税款、加收滞纳金的，应当返还税款及滞纳金；

②违法对应予出口退税而未退税的，由赔偿义务机关办理退税；

③处罚款、没收非法所得或者违犯国家规定征收财物、摊派费用的，返还财产；

④查封、扣押、冻结财产的，解除对财产的查封、扣押、冻结，造成财产损坏或者灭失的，应当恢复原状或者给付相应的赔偿金；

⑤应当返还的财产损坏的，能恢复原状的恢复原状，不能恢复原状的，按照损害程度给付赔偿金；

⑥应当返还的财产灭失的，给付相应的赔偿金；

⑦财产已经拍卖的，给付拍卖所得的款项；

⑧对财产权造成其他损害的，按照直接损失给予赔偿。

按照《国家赔偿法》和国家赔偿费用管理办法的规定，各级国家税务局税务行政赔偿费用由国家税务总局作出年度预算，向财政部申请核拨。各级地方税务局税务行政赔偿费用由省级财政负担。

【本章小结】

税务行政处罚是指公民、法人或者其他组织有违反税收征收管理秩序的违法行为，尚未构成犯罪，依法应当承担行政法律责任的，由税务机关依法对其实施一定的制裁措施。包括罚款、没收非法所得、停止出口退税权、收缴发票和暂停供应发票。

税务行政复议是指行政相对人认为行政主体的具体行政行为侵犯其合法权益，依法向行政复议机关提出复查该具体行政行为的申请，行政复议机关依照法定程序对被申请的具体行政行为进行合法性、适当性审查，并作出行政复议决定的一种法律制度。行政复议是由行政机关处理纳税争议和处罚争议的方式。

税务行政诉讼是指公民、法人和其他组织认为税务机关及其工作人员的税务具体行政行为违法或者不当，侵犯了其合法权益，依法向人民法院提起行政诉讼，由人民法院对税务具体行政行为的合法性和适当性进行审理并作出裁判的司法活动。税务行政诉讼的被告只能是行政机关，主要是税务机关。诉讼中举证责任由被告承担。

税务行政赔偿是指税务机关作为履行国家赔偿义务的机关，对本机关及其工作人员的职务违法行为给纳税人和其他税务当事人的合法权益造成的损害，代表国家予以赔偿的制度。一般情况下，哪个税务机关及其工作人员行使职权侵害纳税人和其他税务当事人的合法权益，该税务机关就是履行赔偿义务的机关。赔偿范围包括侵犯人身权的赔偿和侵犯财产权的赔偿两部分。

【思考与练习】

一、单项选择题

1. 下列不属于税务行政处罚类型的有(　)。

A. 收缴发票和暂停供应发票　　B. 没收非法所得

C. 停止出口退税权　　D. 注销税务登记

2. 对扣缴义务人做出的具体行政行为不服的，向(　)申请复议。

A. 主管该扣缴义务人的税务机关

B. 主管该扣缴义务人的人民政府

C. 主管该扣缴义务人的税务机关的上一级税务机关

D. 主管该扣缴义务人的税务机关的上一级人民政府

3. 造成公民身体伤害的，应当支付医药费，以及赔偿因误工减少的收入。减少收入每日赔偿金按照国家上年度职工日平均工资计算，最高限额为上年度职工平均工资的(　)。

A. 1 倍　B. 2 倍　C. 3 倍　D. 5 倍

4. 下列税务行政复议受理案件中,必须先经复议,对复议结果不服才可提起税务行政诉讼的有(　)。

A. 因税款征收问题引起争议的案件

B. 因责令纳税人提交纳税保证金引起争议的案件

C. 因税收保全措施引起争议的案件

D. 因税务机关作出行政处罚引起争议的案件

5. (　)有可能成为税务机关行政诉讼的被告。

A. 纳税人　B. 扣缴义务人　C. 税务机关　D. 纳税担保人

6. 某公司因拖欠税款被税务机关处以罚款,罚款未交,该公司分立为两个各自独立的公司,原公司的债权债务分别由分立后的公司享有和承担。原公司对被税务机关处以罚款不服,新分立的两公司也表示不服,则(　)。

A. 都可以作为原告起诉

B. 都不能作为原告起诉

C. 只能以原公司的名义起诉

D. 只能由新分立的公司中的一个作为原告起诉

二、多项选择题

1. 税务行政赔偿方式为(　)。

A. 支付赔偿金　B. 追究责任人的责任

C. 恢复原状　D. 返还财产

2. 下列各项属于税务行政复议的受案范围的有(　)。

A. 税务机关制定规范性文件的行为

B. 税务机关作出的行政处罚行为

C. 税务机关作出的税收强制执行措施

D. 税务机关作出的通知出境管理机关阻止出境行为

3. 纳税人、扣缴义务人等税务管理相对人在提起税务行政诉讼时,必须符合的条件有(　)。

A. 原告是认为具体税务行为侵犯其合法权益的公民、法人或者其他组织

B. 有明确的证人和鉴定人

C. 有具体的诉讼请求和事实、法律根据

D. 属于人民法院的受案范围和受诉人民法院管辖

4. 下列项目中，属于税务行政诉讼的判决形式有(　)。

A. 维持判决　B. 撤销判决

C. 履行判决　D. 变更判决

5. 税务行政处罚简易程序适用的情况是(　)。

A. 案情简单，事实清楚，违法后果比较轻微且有法定依据

B. 情节比较复杂，处罚比较重的案件

C. 对公民处以 50 元以上罚款的条件

D. 对法人处以1000元以下罚款的案件

6. 税务行政赔偿的方式有(　)。

A、支付赔偿金　　B、返还财产

C、行政处分　　D、恢复原状

三、判断题

1. 当事人不服税务机关审批减免税的行政行为的，必须先经税务机关复议，对复议决定仍不服的，可以在收到复议决定书之日起15日内向法院起诉;未经复议的，法院不予受理。(　)

2. 税务行政复议是税务行政诉讼的必经前置程序，未经复议不得向法院起诉，经复议仍不服的，才能起诉。(　)

3. 在共同税务职务行为侵害赔偿案件中,共同职务侵权的税务机关负连带赔偿责任。(　)

4. 纳税人对国家税务总局作出的具体行政行为不服的，可向国务院申请税收复议裁决。(　)

5. 纳税人对税务机关作出的取消增值税一般纳税人资格的行为不服,必须向上一级税务机关申请复议。(　)

读者反馈意见

亲爱的读者：

感谢您对《税法》的支持和热爱，为了今后为您提供更好的服务，请您抽出宝贵的时间来填写下面的意见反馈表，以便我们更好地对本教材做进一步改进，同时如果您在使用本教材的过程中遇到了什么问题，或者有什么好的建议，也请您来信、来电告诉我们。

地址：北京市丰台区科学城南极星大厦 108 室

电话：010 - 83794590/83794403

电子邮箱：caikai6223@263. net　QQ：649319527　QQ：1694299827

网址：WWW. KFHWH. CN

教材名称：《税法》

个人资料：

姓名：__________年龄：__________所在院校/专业__________

文化程度：__________通讯地址：__________

联系电话：__________电子信箱：__________

您使用本书是作为：□指定教材□选用教材□辅导教材

您对封面设计的满意度：

□很满意□满意□一般□不满意□改进建议__________

您对本书印刷质量的满意度：

□很满意□满意□一般□不满意□改进建议__________

您对本书的总体满意度：

从语言质量角度看□很满意□满意□一般□不满意□

从科技含量角度看□很满意□满意□一般□不满意□

本书最令您满意的是：

□指导明确□内容充实□讲解详尽□实例丰富

您认为本书在哪些地方应进行修改？（可附页）

____

____

您希望本书在哪些方面可进行改进？（可附页）

____

____